창의적 문제 해결을 위한
파이썬 프로그래밍

PYTHON PROGRAMMING

김진일 · 윤장혁 공저

YD 연두에디션
Edition

저자 약력

김진일

한남대학교 교양융복합대학의 부교수로 재직 중이며 증강현실, 무크 플랫폼, 상황학습 분야를 연구하고
있다. 프로그램 개발자, 프로젝트 메니저 등 산업 현장에서 얻은 경험을 바탕으로 전교생의 SW기초 교과
목의 신설 및 개발을 적극적으로 하고 있다.

윤장혁

한남대학교 교양융복합대학의 강의전담교수로 재직하면서 현재 "SW와 컴퓨팅사고" 과목의 강의를 담당
하고 있으며 산업 현장에서 개발자로 근무한 생생한 경험을 바탕으로 다양한 소프트웨어 강의를 진행하
고 있다.

창의적 문제 해결을 위한
파이썬 프로그래밍

발행일 2020년 2월 10일 초판 1쇄
2024년 3월 2일 초판 3쇄
지은이 김진일 · 윤장혁
펴낸이 심규남
기 획 염의섭 · 이정선
표 지 이경은 ┃ **본 문** 이경은
펴낸곳 연두에디션
주 소 경기도 고양시 일산동구 동국로 32 동국대학교 산학협력관 608호
등 록 2015년 12월 15일 (제2015-000242호)
전 화 031-932-9896
팩 스 070-8220-5528
ISBN 979-11-88831-39-5
정 가 23,000원

이 책에 대한 의견이나 잘못된 내용에 대한 수정정보는 연두에디션 홈페이지나 이메일로 알려주십시오.
독자님의 의견을 충분히 반영하도록 늘 노력하겠습니다.
홈페이지 www.yundu.co.kr

PREFACE

최근 전 세계는 소프트웨어가 새로운 가치 창출의 중심으로 급부상함에 따라 국가 경쟁력이 소프트웨어(Software)에 좌우되는 소프트웨어 중심사회로 변화하고 있다. 이러한 소프트웨어 중심사회에 살아가는 데 필요한 능력은 다양한 지식을 익히는 것과 함께 주어진 문제에 직면했을 때 문제 해결에 필요한 아이디어를 찾아서 소프트웨어를 활용하여 문제를 효과적으로 해결하는 것이다.

이를 위해서는 먼저 컴퓨터 시스템을 활용할 수 있는 능력과 함께 컴퓨팅 사고력(Computational Thinking), 논리적 사고력, 문제해결력을 키워야한다. 학습자들의 컴퓨팅 사고력을 키우기 위한 소프트웨어 교육은 곧 학습자들이 소프트웨어를 활용하여 작업을 처리하여 의미 있는 결과를 만들 수 있도록 문제 해결 도구를 습득하도록 해야 한다. 따라서 이 책에서는 여러 가지 프로그래밍 언어 중에서 배우기 쉽고, 쓰기 쉽고, 간결하고 효율적인 프로그래밍 언어인 파이썬 프로그래밍 언어를 선택한다.

1991년에 귀도 반 로섬에 의해 만들어진 파이썬은 머릿 속에서 구상한 막연한 알고리즘을 명료하고 간단하게 표현할 수 있고, 이렇게 짧고 명료하게 작성된 코드는 이해하기도 쉽지만 버그 발생이 적을 뿐만 아니라 발생한 버그의 발견도 쉽다.

이처럼 파이썬은 프로그래밍 언어가 무엇이고 어떤 일을 하는지를 쉽고 분명하게 보여 주는 언어이며, 프로그래밍 언어를 처음 접하는 입문자에게 적합한 교육용 언어이다. 그렇다고 파이썬이 단순한 교육용 언어에 그치는 것은 아니다. 파이썬에서는 풍부한 모듈들이 제공될 뿐만 아니라 타 언어 등에서 제공되는 라이브러리나 클래스 등을 활용할 수도 있다. 그러므로 단순한 교육적 가치만 있는 언어가 아니라 인공지능, 네트워크, 데이터베이스, 빅데이터 등 다양한 분야의 실무에서 활용될 수 있는 실제 활용 가치가 높은 언어이다.

그러면 사고를 절차적으로 표현하는 알고리즘을 통해 컴퓨팅 사고력(Computational Thinking)을 배양하기 위해서는 프로그래밍 교재는 어떤 내용을 포함해야 하는가?

첫째, 단순 코딩 작업을 넘어서 주어진 문제를 분석하고 알고리즘을 유도하며 코딩을 통해 문제를 해결하는 일련의 과정이 더 중요하게 다루어져야 한다. 처음 프로그래밍에 입문하면 교재에서 제공되는 코드를 단순히 입력하거나 문제 해결의 결과만을 그대로 코드로 옮기는 코딩 작업에 열중하곤 한다. 이러한 단순 코딩 작업이 프로그래밍 입문이라는 단계에서는 일정 부분 효과적일 수 있지만, 더 복잡한 문제나 실무 문제에 직면할 경우 문제 해결의 벽에 부딪힐 수 있다.

둘째, 문제 해결을 위한 지식과 기술이 컴퓨터 분야에만 국한되지 않고, 과학, 기술, 공학, 예술, 수학 등 다양한 분야와 연계하며 문제를 해결하는 융합적 사고를 할 수 있도록 해야 한다. 그리고 과학, 기술, 공학, 예술, 수학 등의 문제를 해결할 경우 컴퓨터 분야의 기술을 활용하여 문제를 해결하면 더 효율적으로 해결할 수 있다. 이러한 학문 분야 간의 융합적 문제 해결이 STEAM적 문제 해결이며, 소프트웨어 중심사회로 변화되고 있는 현시대에서 문제 해결을 위한 효율적인 접근 방식이라고 할 수 있다.

이 책은 파이썬을 처음 접하거나 다른 프로그래밍 언어에 대한 경험이 아직 많지 않은 초보자를 위한 입문서이다. 책의 1부는 '컴퓨팅 사고력과 파이썬 기초'이며 파이썬에 대한 기본적인 내용을 다루었다. 2부는 '분야별 문제 해결 및 파이썬 활용'이며 파이썬을 이용하여 STEAM 분야의 문제 해결 및 프로그래밍 활용 내용을 다루었다. 책의 1부를 통해 기초적인 파이썬 프로그래밍을 익히고, 2부를 통해 STEAM 분야의 문제 해결을 위한 컴퓨팅 사고력 향상을 이룰 수 있도록 책의 내용을 구성하였다.

파이썬 책을 출간하면서 가장 신경을 쓴 부분 중에 하나는 'Coding? Programming!' 부분의 문제를 'Basic Coding'과 'Enhancement Coding' 문제로 나누었다는 것이다. 'Basic Coding' 문제에서는 본문, '잠깐! Coding'에서 다룬 부분과 관련된 기초 문제들을 실습할 수 있도록 하였고, 'Enhancement Coding' 문제에서는 본문, '잠깐! Coding', 'Basic Coding'에서 실습한 내용을 활용하여 조금 더 코딩 실력을 향상할 수 있도록 문제들을 제시하였다.

책 한 권으로 파이썬의 모든 것을 익힐 수는 없겠지만, 파이썬을 전혀 모르는 이도 이 책을 통해 파이썬이라는 언어에 익숙해지고 잘 활용할 수 있기를 바란다. 또한, 이 책에서 다룬 STEAM 문제 해결 및 코딩 방식이 자신의 분야에서 주어진 문제를 해결할 때 필요한 컴퓨팅 사고력 향상에 도움이 되기를 바란다.

마지막으로 이 책의 집필에 도움을 주신 모든 분께 감사의 마음을 전한다. 그리고 이 책이 완성되기까지 함께 고생하고 많은 협조와 지원을 아끼지 않은 도서출판 연두에디션 관계자분께 진심으로 감사를 드린다.

2020년 새로운 해의 시작과 함께 집필을 마무리하며
필자

PART 1의 각 장(Chapter)은 본문 〉프로그램 실습 〉Thinking! 〉잠깐! Coding 〉Coding? Programming!의 단계적인 학습으로 진행됩니다.

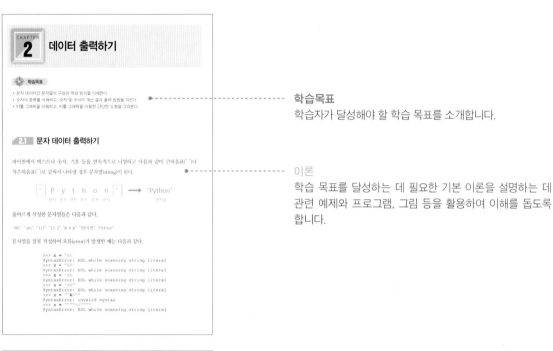

학습목표
학습자가 달성해야 할 학습 목표를 소개합니다.

이론
학습 목표를 달성하는 데 필요한 기본 이론을 설명하는 데 관련 예제와 프로그램, 그림 등을 활용하여 이해를 돕도록 합니다.

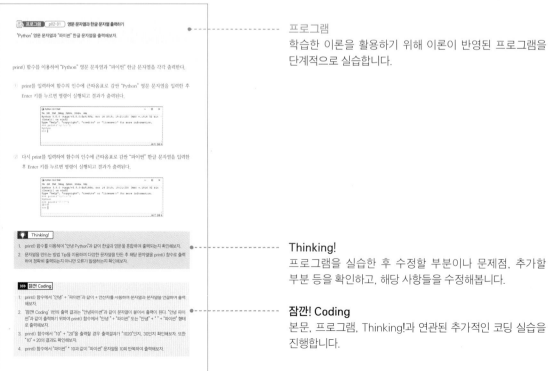

프로그램
학습한 이론을 활용하기 위해 이론이 반영된 프로그램을 단계적으로 실습합니다.

Thinking!
프로그램을 실습한 후 수정할 부분이나 문제점, 추가할 부분 등을 확인하고, 해당 사항들을 수정해봅니다.

잠깐! Coding
본문, 프로그램, Thinking!과 연관된 추가적인 코딩 실습을 진행합니다.

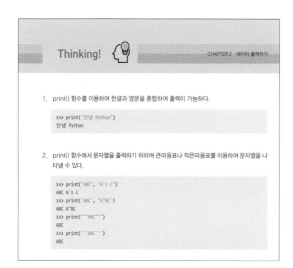

Thinking!
본문에서 제시된 'Thinking!' 문제에 대한 답을 소개합니다.

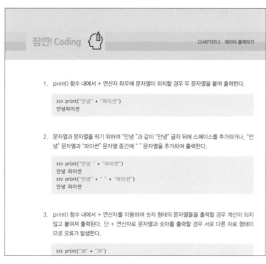

잠깐! Coding
본문에서 제시된 '잠깐! Coding' 문제에 대한 답을 소개합니다.

Coding? Programming!

Basic Coding
본문, Thinking!, 잠깐! Coding에서 다룬 내용이나 프로그램과 관련된 기초적인 프로그래밍 코딩 학습을 위한 문제를 소개하고 Hint를 제공합니다.

Enhancement Coding
추가적인 프로그래밍 코딩 학습을 위한 문제와 컴퓨팅 사고력을 한 단계 높일 수 있는 문제를 소개하고 Hint를 제공합니다.

※ 'Coding? Programming!' 문제에 대한 답은 강의를 진행하는 교수자에게만 제공됩니다.

PART 2의 각 장(Chapter)은 본문 〉 프로그램 실습(1단계 – 문제 분석 〉 2단계 – 알고리즘 설계 〉 3 단계 – 코딩 〉 4 단계 – 테스트/디버깅 〉 Thinking! 〉 5 단계 – 프로그램 코딩을 위한 관련 학습 〉 잠깐! Coding) 〉 Coding? Programming!의 단계적인 학습으로 진행됩니다.

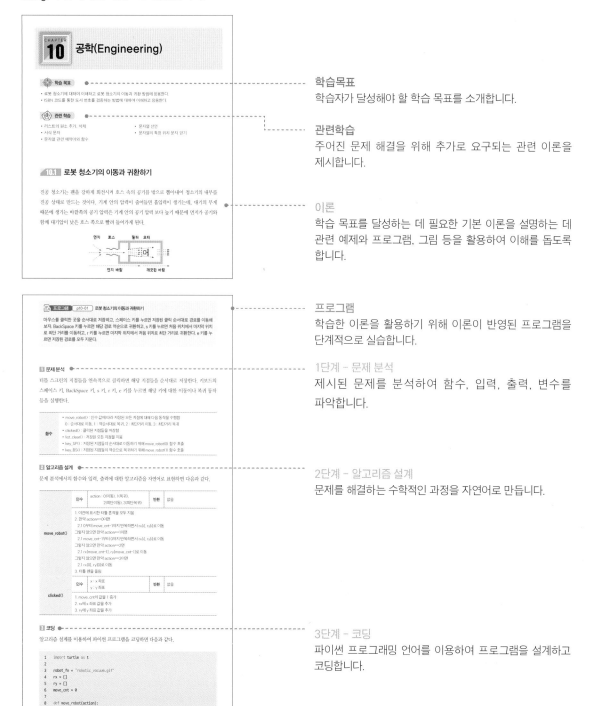

학습목표
학습자가 달성해야 할 학습 목표를 소개합니다.

관련학습
주어진 문제 해결을 위해 추가로 요구되는 관련 이론을 제시합니다.

이론
학습 목표를 달성하는 데 필요한 기본 이론을 설명하는 데 관련 예제와 프로그램, 그림 등을 활용하여 이해를 돕도록 합니다.

프로그램
학습한 이론을 활용하기 위해 이론이 반영된 프로그램을 단계적으로 실습합니다.

1단계 – 문제 분석
제시된 문제를 분석하여 함수, 입력, 출력, 변수를 파악합니다.

2단계 – 알고리즘 설계
문제를 해결하는 수학적인 과정을 자연어로 만듭니다.

3단계 – 코딩
파이썬 프로그래밍 언어를 이용하여 프로그램을 설계하고 코딩합니다.

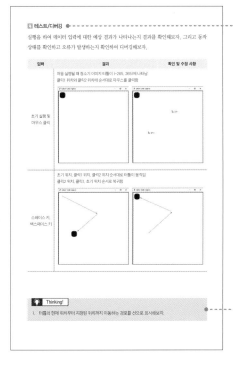

4단계 – 테스트/디버깅
프로그램 코드를 실행하여 입력, 출력, 동작 상태, 오류 발생 여부를 확인합니다.

Thinking!
테스트한 후 수정할 부분이나 문제점, 추가할 부분 등을 확인하고, 해당 사항들을 수정해봅니다.

5단계 – 프로그램 코딩을 위한 관련 학습
프로그램 코딩을 위한 추가적인 관련 학습을 진행합니다.

잠깐! Coding
관련 학습과 연관된 추가적인 코딩 실습을 진행합니다.

---

⑥ 테스트/디버깅

실행을 하여 데이터 입력에 대한 예상 결과가 나타나는지 결과를 확인해보자. 그리고 동작 상태를 확인하고 오류가 발생하는지 확인하여 디버깅해보자.

입력	결과	확인 및 수정 사항
초기 실행 및 마우스 클릭	처음 실행할 때 청소기 이미지 터틀이 (-265, 265)에 나타남 클릭 위치와 클릭2 위치 순서대로 마우스를 클릭함	
스페이스 키, 백스페이스 키	초기 위치, 클릭1 위치, 클릭2 위치 순서대로 터틀이 움직임 클릭2 위치, 클릭1, 초기 위치 순서로 복귀함	

Thinking!

1. 터틀의 현재 위치부터 지정된 위치까지 이동하는 경로를 선으로 표시해보자.

---

⑤ 프로그램 코딩을 위한 관련 학습

1) 리스트의 원소 추가

리스트 객체의 append() 함수를 통해 리스트의 마지막 위치에 새로운 원소를 추가할 수 있다. 또한 insert() 함수를 통해 리스트의 특정 위치에 새로운 원소를 삽입할 수 있다. len() 함수는 리스트 객체의 원소 개수를 반환한다.

```python
fruit = []
fruit.append("사과")
fruit.append("배")
fruit.append("감")
print(fruit)
for i in range(len(fruit)):
    print(i, fruit[i])

fruit.insert(2, "딸기")
print(fruit)
for i in range(len(fruit)):
    print(i, fruit[i])
```

실행결과

```
['사과', '배', '감']
0 사과
1 배
2 감
['사과', '배', '딸기', '감']
0 사과
1 배
2 딸기
3 감
```

>>> 잠깐! Coding

3. 세 글자의 이름을 입력 받아 첫 번째 글자와 세 번째 글자를 추출하고 이 둘을 합쳐서 출력해보자.
4. 문자열을 입력 받은 후, 만약 문자열로 구성된 경우 모든 문자를 대문자로 변경하여 출력하고, 숫자만으로 구성된 경우 문자열을 숫자로 변경한 후 + 1을 하여 출력해보자.

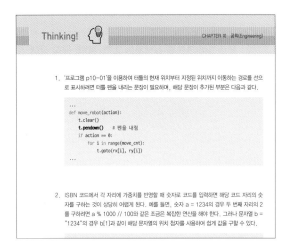

Thinking!
본문에서 제시된 'Thinking!' 문제에 대한 답을 소개합니다.

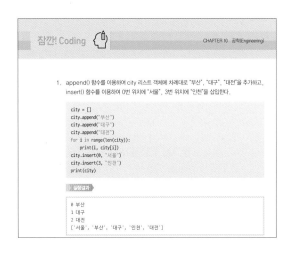

잠깐! Coding
본문에서 제시된 '잠깐! Coding' 문제에 대한 답을 소개합니다.

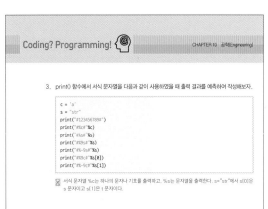

Coding? Programming!
Basic Coding
본문, Thinking!, 잠깐! Coding에서 다룬 내용이나 프로그램과 관련된 기초적인 프로그래밍 코딩 학습을 위한 문제를 소개하고 Hint를 제공합니다.

Enhancement Coding
추가적인 프로그래밍 코딩 학습을 위한 문제와 컴퓨팅 사고력을 한 단계 높일 수 있는 문제를 소개하고 Hint를 제공합니다.

※ 'Coding? Programming!' 문제에 대한 답은 강의를 진행하는 교수자에게만 제공됩니다.

- 파이썬을 처음 접하는 입문자를 위하여 파이썬 프로그래밍의 기초적인 개념을 자세히 설명하였다.

- 개념을 쉽게 이해할 수 있도록 내용과 연관된 그림을 활용하였다.

- 프로그램 소스 코드와 결과 등에서 실제 파이썬 셸과 에디터의 색상을 사용하여 프로그램이 보다 쉽게 파악되도록 가독성을 높였다.

- Part 1을 통해 파이썬 프로그래밍의 기초적인 개념을 학습하고, Part 2를 통해 파이썬을 통한 STEAM 분야별 문제 해결 및 코딩 과정을 익힐 수 있도록 구성하였다.

- Part 1에서 다루지 못한 파이썬 프로그래밍 관련 내용들은 Part 2에서 STEAM 분야별 문제를 푸는 과정에서 '관련 학습' 내용으로 다룰 수 있도록 구성하였다.

- 학습한 개념 내용을 바탕으로 프로그램을 제시하였고, 단계적 풀이 과정을 통해 문제 풀이 과정을 학습할 수 있도록 하였다.

- 본문의 프로그램 학습을 통해 발생하는 컴퓨팅 사고력 향상을 위해 'Thinking!' 문제를 제시하였고, 스스로 푸는 과정에 도움이 되도록 자세한 답안을 설명과 함께 제공하였다.

- 본문의 프로그램 학습과 관련된 추가적인 프로그램 코딩 학습을 위해 '잠깐! Coding'에서 짧은 시간에 실습하는 프로그래밍 문제를 제시하였고, 스스로 푸는 과정에 도움이 되도록 자세한 답안을 설명과 함께 제공하였다.

- 본문의 프로그램 학습과 관련된 깊이 있는 프로그래밍 코딩 학습을 위해 'Coding? Programming!' 부분의 문제를 'Basic Coding'과 'Enhancement Coding' 문제로 나누었다. 'Basic Coding' 문제에서는 본문, '잠깐! Coding'에서 다룬 부분과 관련된 기초 문제들을 실습할 수 있도록 하였고, 'Enhancement Coding' 문제에서는 추가적인 프로그래밍 코딩 학습을 위한 문제와 컴퓨팅 사고력을 한 단계 높일 수 있는 문제들을 제시하였다.(답안은 학습자에게는 제공하지 않으며, 교수자에게만 제공)

PART 1을 통해 파이썬 프로그래밍의 기초적인 개념을 학습하며, 학습은 1장부터 7장까지의 순서로 진행한다.

PART 2를 통해 STEAM 분야의 문제 해결을 위한 컴퓨팅 사고력 향상과 파이썬 프로그래밍의 프로그래밍 능력을 융합한다. 학습은 STEAM의 순서대로 진행하기를 권장하지만, 관심 있는 STEAM 분야를 선택하여 선별적으로 학습하거나 임의의 순서대로 진행하여도 된다.

PART 1 컴퓨팅 사고력과 파이썬 기초

❶ 컴퓨팅 사고력과 파이썬

❷ 데이터 출력하기

❸ 데이터 저장하기

❹ 데이터 연산하기

❺ 참, 거짓 판정과 프로그램의 실행 흐름 선택하기

❻ 프로그램의 실행 반복하기

❼ 반복적인 코드를 함수로 사용하기

＋

PART 2 분야별 문제 해결 및 파이썬 활용

Ⓢ 과학(Science)

Ⓣ 기술(Technology)

Ⓔ 공학(Engineering)

Ⓐ 예술(Arts)

Ⓜ 수학(Mathematics)

15주 수업의 3시간 시수를 기준으로 모든 장을 학습하는 것을 목표로 한다.

학습자의 경우 각 장의 본문 내용 및 프로그램을 예습 및 복습을 하고, 수업 진행 도중 해당 내용과 프로그램을 반복하여 학습을 진행한다. 또한, 본문의 프로그램을 실습한 후 'Thinking!' 문제와 '잠깐! Coding'의 실습을 진행하고, 'Coding? Programming!' 문제에 대한 실습을 권장한다.

교수자의 경우 3시간 중 2시간 이내에서 본문의 내용 및 프로그램을 다루고, 'Thinking!' 문제와 '잠깐! Coding'의 실습을 진행한다. 1시간 이내에서 'Coding? Programming!' 문제 일부에 대한 실습을 진행하고, 나머지 문제 중 일부를 과제로 부과하여 제출하게 한다. 또한, 한 학기 프로그래밍 프로젝트 목적으로 학습자의 전공이나 관심 분야에 해당하는 분야의 문제를 하나 선정하게 한 후, 해당 문제에 대한 문제 해결 과정 및 프로그래밍, 결과 보고서 작성 등에 대한 개인별, 팀별 프로젝트 진행을 권장한다.

주	해당 장	해당 내용
1	1 컴퓨팅 사고력과 파이썬	컴퓨팅 사고력과 알고리즘, 프로그래밍 언어, 파이썬 소개, 파이썬 설치, 실행/종료, 에디터 사용
2	2 데이터 출력하기	문자 데이터 출력하기, 숫자 데이터 출력하기, 그래픽 데이터 출력하기
3	3 데이터 저장하기	값을 변수에 저장하기, 사용자로부터 입력받아 데이터 저장하기, 다양한 자료형으로 데이터 저장하기
4	4 데이터 연산하기	입력된 데이터를 산술 연산하기, 대입 연산자와 증분 대입 연산자 활용하기, 연산자의 우선순위를 고려하여 연산하기
5	5 참, 거짓 판정과 프로그램의 실행 흐름 선택하기	관계 연산자와 논리 연산자에 의한 참, 거짓 판정하기, 프로그램의 실행 흐름 선택하기
6	6 프로그램의 실행 반복하기	정해진 횟수만큼 반복하기, 조건에 따라 반복하기, 반복문에서의 탈출과 계속 반복하기
7	7 반복적인 코드를 함수로 사용하기	반복적인 코드를 함수로 만들기, 함수에 값 전달하고 결과 반환받기
8		중간고사
9	8 과학(Science)	DNA 염기서열의 순서 바꾸기, 자유 낙하와 포물선 운동 궤적 그리기
10	9 기술(Technology)	화재 경보기 작동하기, 7세그먼트 LED를 이용한 숫자 표시하기
11	10 공학(Engineering)	로봇 청소기의 이동과 귀환하기, ISBN 코드를 통한 도서 번호 검증하기
12	11 예술(Arts)	마우스와 키보드를 이용한 그림 그리기, 음계와 주파수를 이용한 피아노 건반 연주하기
13	12 수학(Mathematics)	피보나치 수열과 피보나치 트리 그리기, 확률에 기초한 동전의 앞면/뒷면 맞추기 게임하기
14	프로젝트 발표	개인별/조별/팀별 결과 보고서 제출 및 발표
15		기말고사

15주 수업의 2시간 시수를 기준으로 전체 내용의 학습 진도 보다는 기초를 탄탄히 다질 수 있도록 기본적인 내용을 전달하는 데 주력함을 목표로 한다.

학습자의 경우 각 장의 본문 내용 및 프로그램을 예습 및 복습을 하고, 수업 진행 도중 해당 내용과 프로그램을 반복하여 학습을 진행한다. 또한, 본문의 프로그램을 실습한 후 'Thinking!' 문제와 '잠깐! Coding'의 실습을 진행하고, 'Coding? Programming!' 문제에 대한 실습을 권장한다.

교수자의 경우 2시간 이내에서 본문의 내용 및 프로그램을 다루고, 'Thinking!' 문제와 '잠깐! Coding'의 실습을 진행한다. 'Coding? Programming!' 문제 일부를 과제로 부과하여 제출하게 한다. PART 2의 STEAM 내용 중 학습자들과 관련이 있는 분야를 2~3개 선정하여 실습을 진행하기를 권장한다. 또한, 한 학기 프로그래밍 프로젝트 목적으로 학습자의 전공이나 관심 분야에 해당하는 분야의 문제를 하나 선정하게 한 후, 해당 문제에 대한 문제 해결 과정 및 프로그래밍, 결과 보고서 작성 등에 대한 개인별, 팀별 프로젝트 진행을 권장한다.

주	해당 장	해당 내용
1	1 컴퓨팅 사고력과 파이썬	컴퓨팅 사고력과 알고리즘, 프로그래밍 언어, 파이썬 소개, 파이썬 설치, 실행/종료, 에디터 사용
2	2 데이터 출력하기	문자 데이터 출력하기, 숫자 데이터 출력하기, 그래픽 데이터 출력하기
3	3 데이터 저장하기	값을 변수에 저장하기, 사용자로부터 입력받아 데이터 저장하기, 다양한 자료형으로 데이터 저장하기
4	4 데이터 연산하기	입력된 데이터를 산술 연산하기, 대입 연산자와 증분 대입 연산자 활용하기, 연산자의 우선순위를 고려하여 연산하기
5	5 참, 거짓 판정과 프로그램의 실행 흐름 선택하기	관계 연산자와 논리 연산자에 의한 참, 거짓 판정하기, 프로그램의 실행 흐름 선택하기
6	6 프로그램의 실행 반복하기	정해진 횟수만큼 반복하기, 조건에 따라 반복하기, 반복문에서의 탈출과 계속 반복하기
7	7 반복적인 코드를 함수로 사용하기	반복적인 코드를 함수로 만들기, 함수에 값 전달하고 결과 반환받기
8	**중간고사**	
9		
10		
11	STEAM 중 2~3개 분야를 선정	해당 Chapter의 내용 실습 진행
12		
13		
14	프로젝트 발표	개인별/조별/팀별 결과 보고서 제출 및 발표
15	**기말고사**	

CONTENTS

PART 2   분야별 문제 해결 및 파이썬 활용

APPENDIX 부록

PART

1

컴퓨팅 사고력과 파이썬 기초

PART 1

컴퓨팅 사고력과 파이썬 기초

CHAPTER 1 컴퓨팅 사고력과 파이썬

 학습목표

- 소프트웨어 교육과 STEAM 교육에 대하여 이해한다.
- 컴퓨팅 사고력이 무엇인지를 이해한다.
- 알고리즘에 대한 이해와 알고리즘의 표현 방식을 이해한다.
- 프로그래밍 언어에 대한 이해와 프로그래밍 언어의 발전에 대해 이해한다.
- 인터프리티드 언어와 컴파일드 언어를 비교한다.
- 파이썬 언어에 대한 기본적 개념과 특징에 대해 이해한다.
- 파이썬 설치 프로그램을 다운로드하여 프로그램을 설치한다.
- 파이썬을 실행하는 방법과 종료하는 방법을 익힌다.
- 파이썬 IDLE와 파이썬 셸을 이용한 코드 작성 방법을 익힌다.

1.1 컴퓨팅 사고력과 알고리즘

1.1.1 소프트웨어 교육과 STEAM 교육

최근 전 세계는 소프트웨어가 새로운 가치 창출의 중심으로 급부상함에 따라 국가 경쟁력이 소프트웨어(Software)에 좌우되는 소프트웨어 중심사회로 변화하고 있다. 이러한 소프트웨어 중심사회에 살아가는 데 필요한 능력은 다양한 지식을 익히는 것과 함께 주어진 문제에 직면했을 때 문제 해결에 필요한 아이디어를 찾아서 소프트웨어를 활용하여 문제를 효과적으로 해결하는 것이다. 즉 보편적인 진리나 법칙을 바탕으로, 인간 생활에 유용하도록 가공할 수 있는 도구를 만들고 이를 체계적으로 연구하여 예술적 감성까지 포용할 수 있는 능력이 필요하다. 이를 위해서는 먼저 컴퓨터 시스템을 활용할 수 있는 능력과 컴퓨팅 사고력(Computational Thinking)을 키우고 이를 기반으로 과학적인 지식뿐만 아니라 인간의 상상력, 감성까지 아우를 수 있는 균형 잡힌 능력을 키울 필요가 있다.

컴퓨팅 사고력을 키우기 위한 소프트웨어 교육은 단순히 프로그래밍 언어를 습득하는 것이 아니라, 사고를 절차적으로 표현하는 알고리즘을 통해 컴퓨팅 사고력, 논리적 사고력, 문제 해결력을 키우는 것이다.

컴퓨팅 사고력은 문제를 해결하기 위한 분석적 사고이며, 컴퓨팅의 기본 개념인 추상화, 재귀, 반복 등을 사용하여 문제 해결에 활용할 수 있다. 컴퓨팅 사고력을 이용한 문제 해결 방식은 STEAM 교육에서 추구하는 각 학문 분야의 융합을 통한 문제 해결이라는 점에서 연관성이 있다.

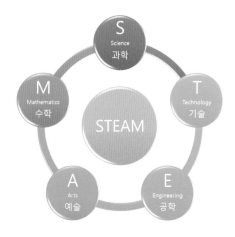

1990년대 미국 NSF(National Science Foundation)에서 과학, 기술, 공학, 수학의 약칭으로 STEM이란 용어가 사용된 이후 교육정책이나 교육 관련 연구에서 자주 사용되었고, 오늘날 미국을 비롯한 여러 나라에서 STEM 교육이 교육 개혁의 핵심 키워드로 자리 잡고 있다. 우리나라에서도 STEM 교육의 중요성이 대두되면서 교육 현장에 적용하는 노력이 진행되고 있다.

최근 기존의 STEM에 예술(Arts) 부분을 포함하여 STEAM으로 새롭게 명명되고 있다. STEAM 교육은 과학, 기술, 공학, 예술, 수학이 융합한 형태의 교육이며, 기존의 독립된 각각의 학문 분야라는 틀에서 탈피하여 모든 학문 영역에 과학 · 기술 · 공학의 시각과 관점이 고려되고 접목되어야 한다는 것이다.

급변하는 사회에서의 적응을 위해서는 창의성, 문제해결력 등을 키워주는 STEAM 교육, 소프트웨어 교육이 필요하며, 교육 현장에서는 이미 2011년 STEAM 교육, 2014년 소프트웨어 교육, 2018년 중 · 고등학교와 2019년 초등학교 소프트웨어 코딩 교육이 도입되어 시행되고 있다.

1.1.2 컴퓨팅 사고력

1980년에 미국의 시모어 페퍼트(Seymour Papert) 교수가 처음으로 사용한 컴퓨팅 사고력 (CT, Computational Thinking)은 인간의 행동을 이해하면서 주어진 문제에 해답을 제시하고 이에 필요한 시스템을 고안하는 방법을 나타낸다. 컴퓨팅 사고력은 복잡한 문제나 일을 해결할 때, 필요한 자료를 추출하고 분석하고 자료의 일정한 경향을 파악하는 알고리즘 구성을 포함하고 있다.

카네기 멜론 대학의 지넷 윙(Jeannette M. Wing) 교수는 인간이 읽기, 쓰기, 셈하기를 알아야 하듯이 21세기에는 모든 사람이 컴퓨터 과학자들처럼 생각하는 방법을 아는 것이 중요하다고 하면서 21세기를 살아가는 모든 사람이 갖추어야 할 기본 기능으로 컴퓨팅 사고력을 갖춰야 한다고 주장하였다. 윙에 의하면 컴퓨팅(computing)은 추상화한 것을 자동화하여 컴퓨터로 처리하는 것이라고 하였다.

추상화(abstraction)는 복잡하게 얽혀 있는 문제를 분해하여 구조화하고 해결 가능한 상태로 만드는 사고과정이다. 추상화 과정에서는 자료를 수집하고 큰 문제를 작은 문제들로 분해한다. 그리고 문제를 구조화하고 해결에 필요한 항목들을 추출하여 적절한 해결 모델을 설계하는 과정이다. 자동화(automation)는 추상화 과정에서 만들어진 해결 모델을 컴퓨터가 이해할 수 있는 프로그래밍 언어로 표현하며, 인간이 처리하기 어려운 많은 양의 반복된 작업이나 시뮬레이션하는 과정이다.

윙이 주장한 추상화, 자동화의 컴퓨팅 사고력 개념은 국제교육기술협회(ISTE, International Society for Technology in Education)와 컴퓨터 과학 교사 협회(CSTA, Computer Science Teachers Association)에 의해 자료 수집, 자료 분석, 자료 표현, 문제

분해, 추상화, 알고리즘 및 절차, 자동화, 시뮬레이션, 병렬화의 9가지 요소로 세분화하여 제시하고 있다.

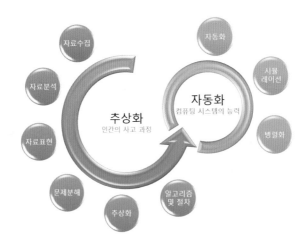

컴퓨팅 사고력(Computational Thinking)이라는 용어는 국내에서 '계산적 사고', '컴퓨터 과학적 사고', '컴퓨팅적 사고', '컴퓨팅 사고' 등으로 사용하고 있다. 한국과학창의재단에서는 해당 용어에 대한 통일된 시각과 인식을 제공하고 초·중등교육현장에 효과적으로 도입하고자 '컴퓨팅 사고력'으로 통일하였다. 그리고 2015년 소프트웨어 교육 운영지침에서도 '컴퓨팅 사고력'으로 용어를 사용하였으며, 컴퓨팅 사고력은 컴퓨팅의 기본적인 개념과 원리를 기반으로 문제를 효율적으로 해결할 수 있는 사고 능력이라고 정의하고 있다.

현재 에스토니아, 영국, 미국, 이스라엘, 인도 등 세계 주요국들이 소프트웨어 중심사회를 선도할 인재 양성을 위해 소프트웨어 교육을 정규 교과 과정으로 도입하고 있다. 이것은 단순 코딩 능력을 넘어 컴퓨팅 사고력이 소프트웨어 중심사회를 살아가기 위한 필수적인 능력이고, 컴퓨팅 사고력을 통해 다양한 분야의 문제를 새로운 방향으로 생각하여 손쉽게 해결할 수 있는 능력을 갖추기 위함이다.

우리나라도 소프트웨어 개발 경쟁력을 국가 발전의 중요한 도구로 인식하기 시작하였다. 2016년 소프트웨어 교육 연구·선도학교 900개교를 선정하여 컴퓨터 프로그래밍 교육을 시범적으로 시작하였고, 2017년 1200개교로 대폭 늘려 진행하고 있다. 2018년 중·고등학교, 2019년 초등학교에서 소프트웨어 코딩 교육이 필수로 진행되고 있으며, 단순한 프로그래밍 코딩을 넘어 컴퓨팅 사고력 향상과 함께 다양한 문제 해결 방법을 익힐 수 있도록 하고 있다.

1.1.3 알고리즘

1 알고리즘이란?

알고리즘(algorithm)은 문제를 해결하기 위한 절차나 방법을 의미하며, 목적한 결과를 유도하기 위하여 어떠한 행동을 수행하는 명령어들의 유한 집합(finite set)이다. 즉 알고리즘은 입력값을 받아서 원하는 출력값을 만드는 데 필요한 컴퓨터 연산이나 동작들의 순서적인 표현이다.

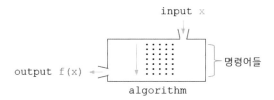

의미가 있는 알고리즘이 되기 위해서는 다음 조건들을 만족해야 한다.

첫째, 알고리즘에 필요한 자료는 외부에서 제공되어 입력을 받을 수 있어야 하며, 알고리즘을 통해 문제를 처리하면 적어도 하나 이상의 결과가 출력되어야 한다.

둘째, 알고리즘에서 언급되는 모든 개별적인 동작은 의미가 있어야 하며 동작이 존재할 필요성이 있어야 한다. 그리고 알고리즘에서의 동작은 다른 의미로 해석될 소지가 없도록 반드시 명확해야 한다.

적당한 크기로 변경	110% 크기로 변경
애매모호 (X)	명확 (O)

셋째, 알고리즘의 동작들은 순서가 올바르게 정의되어야 한다. 아래의 경우와 같이 왼쪽 알고리즘과 오른쪽 알고리즘의 각 세부적인 동작이 서로 같다고 할지라도 알고리즘 내의 순

서에 따라 전혀 다른 결과가 발생하기 때문이다.

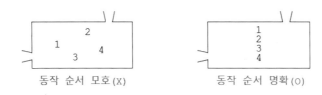

넷째, 알고리즘의 동작들은 무한하지 않고 유한하게 종료되어야 한다.

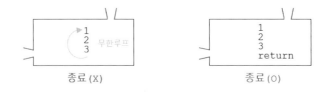

다섯째, 알고리즘의 모든 연산은 유한한 시간 안에 정확하게 수행할 수 있을 정도로 충분히 단순해야 한다.

2 알고리즘의 표현 방식

알고리즘은 자연어, 순서도, 의사 코드, 프로그래밍 언어 등의 다양한 방식을 사용하여 표현할 수 있다. 자연어(natural language) 표현 방식은 우리가 사용하는 일반적인 말이나 글로 알고리즘을 표현하는 방식이고, 순서도(flowchart) 표현 방식은 약속된 기호와 흐름선을 이용하여 처리 과정을 표현한 것이다. 예를 들어 1부터 10까지의 정수 중 짝수의 합을 구하는 알고리즘을 자연어 표현 방식과 순서도 표현 방식으로 나타내면 다음과 같다.

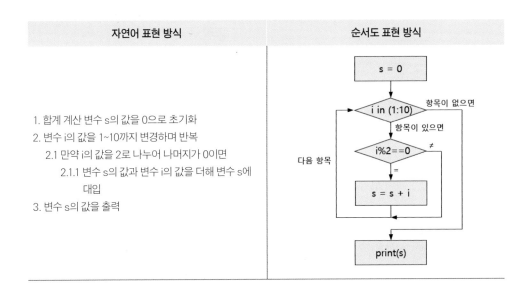

자연어 표현 방식	순서도 표현 방식

1. 합계 계산 변수 s의 값을 0으로 초기화
2. 변수 i의 값을 1~10까지 변경하며 반복
  2.1 만약 i의 값을 2로 나누어 나머지가 0이면
    2.1.1 변수 s의 값과 변수 i의 값을 더해 변수 s에
        대입
3. 변수 s의 값을 출력	

의사 코드(pseudo code) 표현 방식은 프로그래밍 언어와 유사한 언어로 알고리즘을 표현한 것이다. 프로그래밍 언어(programming language) 표현 방식은 컴퓨터에서 실행 가능한 프로그래밍 언어로 알고리즘을 표현한 것으로 이렇게 표현된 것을 프로그램(program)이라고 한다.

의사 코드 표현 방식	프로그래밍 언어(파이썬) 표현 방식

<pre>s <- 0
for i <- 1:10
    if i % 2 == 0
        s <- s + i
print s</pre>
	<pre>s = 0
	for i in range(1, 11):
	    if i % 2 == 0:
	        s = s + i
	print(s)</pre>

3 코딩과 프로그래밍

컴퓨터로 해결해야 하는 문제가 정의되면 이를 해결하기 위한 절차나 방법을 정리하여 알고리즘(algorithm)을 작성한다. 이 알고리즘을 일정한 프로그래밍 언어(여기서는 파이썬)를 써서 프로그램 코드(program code)로 작성하는 것을 코딩(coding)이라고 한다.

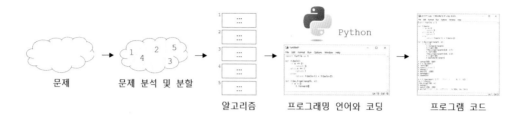

프로그램 코드를 작성하는 코딩 작업을 통해 프로그래밍이 이루어지기 때문에 기성세대에게는 '코딩=프로그래밍'이라는 인식이 만들어지기도 하였고, 코딩 작업은 알고리즘을 단순히 옮기는 작업이라는 인식도 생겨났다. 이러한 인식으로 인하여 최근 진행되고 있는 소프트웨어 코딩 교육을 '단순한' 프로그래밍 코딩 교육으로 오해하기도 한다.

최근 이루어지고 있는 소프트웨어 코딩 교육은 기존의 단순한 프로그래밍 코딩 작업에서 벗어나, 다음과 같은 일반적 문제 해결 능력을 기르고, 논리력 및 컴퓨팅 사고력 향상에 목적을 두고 있다.

- 복잡한 문제를 분석해서 이를 명확하게 이해하는 능력

- 큰 문제를 여러 작은 문제로 분할하여 추상화하는 능력

- 문제를 순차적으로 해결하는 능력

- 수치와 판단을 기반으로 문제를 해결하는 능력

- 작은 부분을 조합해서 크고 복잡한 기능을 만드는 능력

- 다른 사람과 소통하고 협력해서 큰 문제를 해결하는 능력

프로그램(program)을 만드는 것을 프로그래밍(programming)이라고 하며, 프로그래밍하는 도구를 '개발자 도구' 또는 '개발환경'이라고 한다. 프로그래밍 언어(programming language)는 프로그래밍하는 방식 또는 절차를 규정한 언어이며, 명령 또는 연산을 실행할 목적으로 설계되어 컴퓨터와 의사소통을 할 수 있게 해주는 언어를 뜻한다. 사람이 원하는 작업을 컴퓨터가 실행할 수 있도록 일련의 과정을 프로그래밍 언어로 작성하며, 이를 이용하여 컴퓨터가 일을 실행할 수 있다.

프로그래밍하는 사람을 프로그래머(programmer)라고 하며, 조금 더 넓은 범위로 소프트웨어 개발자(software developer)라고도 한다.

1.2 프로그래밍 언어

1.2.1 프로그래밍 언어의 발전

현대적 프로그래밍 언어의 종류는 FORTRAN, LISP, COBOL 등의 언어로부터 시작하여
Algol, SIMULA, BASIC, PL/1 등의 언어를 거쳐 C, Pascal, Java, Python, C++, C# 등의
언어가 계속 개발되고 있다. 다음 그림은 프로그래밍 언어의 역사를 나타내는 프로그래밍
언어 변천사[1] 그림의 내용을 일부 수정하고, 프로그래밍 언어의 인기를 나타내는 지표인
TIOBE 프로그래밍 커뮤니티 색인[2]의 순위 정보 중 10위 이내의 언어 정보를 순위에 따라
글자 크기와 색상을 통해 함께 나타낸 것이다.

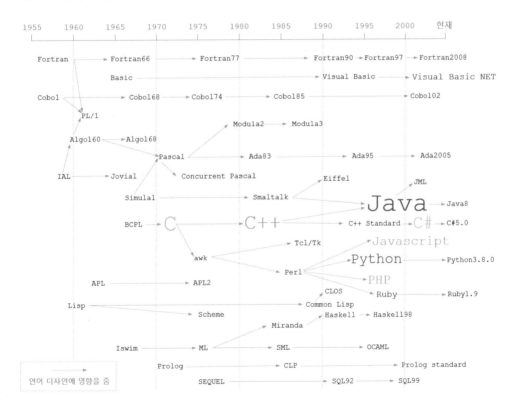

---

1   Allen B. Tucker, Robert E. Noonan, Programming Languages: Principles and Paradigms, 2001

2   https://www.tiobe.com/tiobe-index (2019년 11월)

1.2.2 인터프리티드 언어와 컴파일드 언어

프로그래밍 언어는 소스 코드를 번역하여 실행하는 방식에 따라 인터프리티드 언어와 컴파일드 언어로 분류할 수 있다.

인터프리티드 언어(interpreted language)는 소스 코드를 한 줄 또는 한 단계씩 읽어 즉시 번역하여 실행하며 실행 파일을 생성하지 않는다. 인터프리티드 언어는 소스 코드를 한 줄씩 읽어서 실행하기 때문에 실행 속도가 느리다는 단점이 있지만, 소스 코드를 수정한 후 곧바로 번역하여 실행하기 때문에 테스트와 수정 등의 유연성이 높은 편이다. Python, BASIC, JavaScript, Ruby 등의 대화형 언어가 인터프리티드 언어에 해당한다.

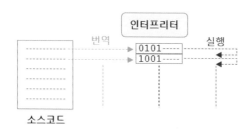

컴파일드 언어(compiled language)는 프로그래머가 작성한 소스 코드 전체를 컴파일러(compiler)를 이용하여 기계어(machine language)로 번역하고 실행 파일을 만든다. 프로그램을 실행할 경우 소스 코드를 번역하는 컴파일 과정을 거치지 않고 실행 파일을 직접 실행하기 때문에 속도가 빠르다는 장점이 있다. 그렇지만 소스 코드의 극히 일부분을 수정하여도 다시 컴파일해야 하는 등 인터프리티드 언어보다는 개발이 신속하지 못하다는 단점이 있다. C, C++ 등 대부분의 프로그래밍 언어는 컴파일드 언어에 해당한다.

1.3 파이썬 소개

1.3.1 파이썬의 등장

파이썬(Python)은 1991년 프로그래머인 귀도 반 로섬(Guido van Rossum)이 발표한 인터프리티드 언어(interpreted language)로서, 소스 프로그램 전체를 컴파일하지 않고 한 줄의 문장 단위로 번역되어 실행되기 때문에 결과를 손쉽게 확인할 수 있다. 또한, 코드 가독성 (code readablilty)과 간결한 코딩을 강조한 언어이다. 파이썬은 비영리의 파이썬 소프트웨어 재단이 관리하는 개방형, 공동체 기반 개발 모델을 가지고 있으며 C 언어를 기반으로 한 오픈 소스의 고급 프로그래밍 언어이다. 파이썬은 윈도우즈, 리눅스, macOS 등 다양한 운영체제 시스템에 널리 사용되고 있으며, 누구나 무료로 다운로드하여 사용할 수 있는 무료 소프트웨어이다.

파이썬 언어의 문법이 사람이 사용하는 언어와 비슷하고 손쉽게 구성되어 있어 프로그래밍 초보 입문자들이 프로그래밍에 흥미를 붙이고 기초를 다지는 데 유용한 프로그래밍 언어이다. 손쉽게 익히고 프로그래밍할 수 있다는 장점 등으로 인하여 미국 대학교 등에서 컴퓨터 프로그래밍 입문 수업에 파이썬을 많이 채택하고 있다.

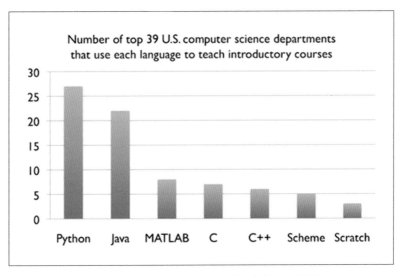

미국 대학 상위 39개교 기초 과정 컴퓨터 언어별 사용률
(adopted from BLOG@CACM July 7, 2014 by Philip Guo)

파이썬이 프로그래밍 초급 및 입문용으로 많이 이용되고 있지만, 다양한 인공지능 관련 라이브러리의 제공으로 인공지능 분야에 활용되고 있고, 멀티프로세싱 라이브러리를 통해 병렬처리 프로그래밍 처리가 가능하다. 또한, 네트워크 관련 라이브러리를 활용하여 TCP/IP 기반 클라이언트/서버 개발부터 웹 기반 애플리케이션 개발, 네트워크 관리 등에 활용되는 등 실제 업무 분야에서도 사용 비율이 높은 편이다.

파이썬은 귀도 반 로섬이 구글에 입사한 후 구글의 3대 개발 언어로 채택되면서 더욱더 알려지게 되었으며, 구글에서 개발된 소프트웨어의 약 50% 이상이 파이썬으로 개발되었다고 한다. 또한, Dropbox나 Facebook 등의 프로그램 개발에서도 활용되고 있는 등, 최근 파이썬 사용자층이 점점 증가하는 추세이다.

프로그래밍 언어의 인기를 나타내는 지표인 TIOBE 프로그래밍 커뮤니티 색인을 통해 파이썬의 인기를 확인할 수 있다. TIOBE 색인은 전 세계의 숙련된 엔지니어 및 언어 공급 업체의 수를 기반으로, Google, Bing, Yahoo!, Wikipedia, Amazon, YouTube, Baidu 등에

Nov 2019	Nov 2018	Change	Programming Language	Ratings	Change
1	1		Java	16.246%	-0.50%
2	2		C	16.037%	+1.64%
3	4	∧	Python	9.842%	+2.16%
4	3	∨	C++	5.605%	-2.68%
5	6	∧	C#	4.316%	+0.36%
6	5	∨	Visual Basic .NET	4.229%	-2.26%
7	7		JavaScript	1.929%	-0.73%
8	8		PHP	1.720%	-0.66%
9	9		SQL	1.690%	-0.15%
10	12	∧	Swift	1.653%	+0.20%
11	16	∧∧	Ruby	1.261%	+0.17%
12	11	∨	Objective-C	1.195%	-0.28%
13	13		Delphi/Object Pascal	1.142%	-0.28%
14	25	∧∧	Groovy	1.099%	+0.50%
15	15		Assembly language	1.022%	-0.09%
16	14	∨	R	0.980%	-0.43%
17	20	∧	Visual Basic	0.957%	+0.10%
18	23	∧∧	D	0.927%	+0.25%
19	17	∨	MATLAB	0.890%	-0.14%
20	10	∨∨	Go	0.853%	-0.64%

서 프로그래밍 언어 검색 비율 등을 활용하여 프로그래밍 언어 등급 순위를 한 달에 한 번 발표하고 있다. TIOBE 색인이 최상의 프로그래밍 언어나 가장 널리 쓰이는 프로그램 언어를 나타내지는 않지만, 어떤 프로그래밍 언어가 최신이고, 어떤 프로그래밍 언어가 많이 사용되는지, 새로운 소프트웨어 시스템을 구축하기 시작할 경우 어떤 프로그래밍 언어를 채택해야 하는지에 대한 결정을 내릴 때 활용될 수 있다. 최신 TIOBE 색인은 https://www.tiobe.com/tiobe-index를 통해 확인할 수 있다.

IEEE Spectrum에서 조사한 2019년 최고의 프로그래밍 언어에서는 파이썬이 1위에 선정되었다. 이 순위는 8개의 인터넷 온라인 매체에서 11개 지표를 결합하여 프로그래밍 언어들의 순위를 매년 발표한 것으로, 새로운 언어에 대한 관심, 사업주들의 요구, 구직자, 오픈 소스에서의 관심 등이 반영된다. 최신 순위는 https://spectrum.ieee.org/computing/software/the-top-programming- languages- 2019를 통해 확인할 수 있다.

Rank	Language	Type				Score
1	Python			⊕	⊡ ⊕	100.0
2	Java		⊕	▫ ⊡		96.3
3	C			▫ ⊡ ⊕		94.4
4	C++			▫ ⊡ ⊕		87.5
5	R			⊡		81.5
6	JavaScript			⊕		79.4
7	C#		⊕	▫ ⊡ ⊕		74.5
8	Matlab			⊡		70.6
9	Swift			▫ ⊡		69.1
10	Go			⊕ ⊡		68.0

파이썬은 국내에서도 사업체의 개발 도구 언어로 많이 채택되고 있다. 특히 인공지능 연구 및 실무 분야에서 사용되는 Scikit-learn, TensorFlow, CNTK, Apache Spark MLib, PyTorch 등의 딥 러닝과 머신 러닝 라이브러리 및 프레임워크를 파이썬 기반으로 제공하는 사례가 늘어나고 있어 자연스럽게 최신 인공지능 기술을 위하여 파이썬이 많이 이용되고 있다. 그리고 소프트웨어 코딩 교육과 관련하여 중등과정의 소프트웨어 코딩 교육 언어로

채택되고 있으며, 고등교육에서도 신입생을 대상으로 하는 소프트웨어 코딩 교육에서 전통적인 C 언어나 Java 언어 대신에 파이썬을 사용하는 대학이 늘어나고 있다.

1.3.2 파이썬의 특징

파이썬은 프로그래밍 언어를 처음 접하는 입문자나 초보자가 쉽게 프로그래밍의 기본 원리를 학습하여 활용할 수 있으며, 다음과 같은 특징을 가지고 있다.

첫째, 사람의 사고 체계 그대로 컴퓨터를 통해 지시하는 프로그램 코드를 작성할 수 있다. 프로그래머는 굳이 컴퓨터의 사고 체계에 맞추어 프로그래밍하려고 애쓸 필요가 없다. 어떤 프로그램을 구상하자마자 머릿속에서 생각한 대로 손쉽게 프로그래밍을 할 수 있다.

둘째, 문법이 쉽고 순서가 영어 구문과 유사하여 빠르게 학습할 수 있다. 파이썬은 문법 자체가 비교적 쉽고 간결하며 사람의 사고 체계와 비슷한 형태를 가지고 있다. 프로그래밍 경험이 조금이라도 있으면 파이썬의 자료형, 함수, 클래스, 라이브러리, 내장 함수 등을 빠르게 익힐 수 있다.

셋째, 파이썬은 다양한 플랫폼에서 사용 가능하며, 오픈 소스로 제공된다. 윈도우즈, 리눅스, macOS 등의 운영체제에서 사용 가능하며, 사용료 걱정 없이 언제 어디서든 파이썬을 다운로드하여 사용할 수 있다.

넷째, 파이썬은 의도적으로 간결하게 만들어서 개발 속도가 빠르다. 파이썬은 인터프리티드 언어이면서 우수한 자료형과 다양한 모듈 등을 제공해 개발 기간이 매우 단축된다. 또한, 파이썬으로 프로그래밍 코드를 작성할 경우 '파이썬스러움/파이썬다운(pythonic)'이라는 독특한 개념과 철학을 따르게 되므로 파이썬의 코딩 스타일에 따라 파이썬의 기능을 잘 이용하여 코드를 작성하게 된다. 이렇게 '파이썬답게' 코드를 작성할 경우 작성된 코드가 복잡하지 않으면서 의미가 명확하고 단순한 경향이 있어 가독성이 좋아지고 유지보수가 쉬워지게 된다. 파이썬 홈페이지를 통해 '파이썬스러운' 코드를 작성할 수 있도록 PEP 8 코드 스타일 가이드를 제공하고 있으며, 본서의 부록 'A.2 파이썬 코드 스타일 가이드'에서 PEP 8 코드 스타일 가이드 내용을 정리하여 소개하였다.

다섯째, 파이썬에서 제공되는 모듈이나 패키지가 다양한 형태로 방대하게 제공된다. 웹 사이트 서버 구현을 위한 Django, Flask, Bottle, 머신 러닝을 위한 Scikit-learn, 얼굴인식을 위한 OpenCV, GUI 프로그래밍을 위한 tkinter, 게임 프로그래밍을 위한 Pygame 등 다양한 모듈이나 패키지가 제공되고 있으며, 이러한 특징으로 인해 개발 생산성이 매우 높은 편이다.

1.4 파이썬 설치하기

파이썬은 윈도우즈, 리눅스, macOS 등의 운영체제에 설치하여 사용할 수 있으며, 1.4절에서는 윈도우즈 운영체제에서의 설치 방법만 다룬다. 다른 운영체제에 설치하는 경우 파이썬 홈페이지(www.python.org)의 설치 항목을 참고하도록 하자. 윈도우즈용 파이썬 설치 프로그램을 다운로드하고 설치하는 과정은 다음과 같다.

① 파이썬 공식 홈페이지(https://www.python.org)의 [Downloads] 메뉴에서 윈도우즈용 파이썬 설치 파일을 다운로드한다.

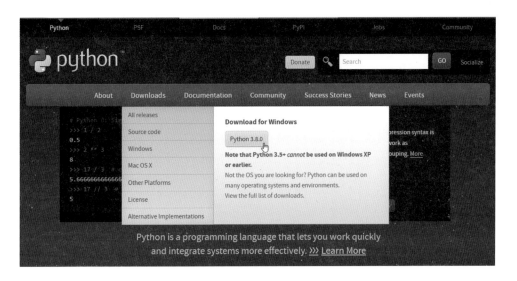

② 다운로드가 완료되면, 다운로드 받은 폴더에서 설치 프로그램인 python-3.8.0.exe를 실행한다.

③ 첫 번째 설치 진행 화면에서, 윈도우즈의 어느 폴더 위치에서도 파이썬을 실행할 수 있 도록 'Add Python 3.8 to PATH' 항목을 체크한다. 그리고 'Install Now' 항목을 클릭한다.

④ 파이썬 설치가 진행된다.

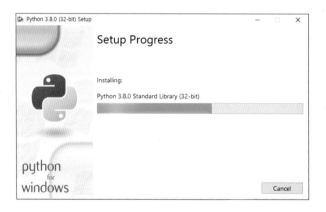

⑤ 설치가 완료되었다는 메시지가 나타나면 [Close]를 클릭한다.

⑥ 파이썬이 정상적으로 설치되었다면 [시작] 메뉴에 [Python 3.8] 폴더가 추가되고 설치된 프로그램 항목들을 확인할 수 있다.

1.5 파이썬 실행과 종료

1.5.1 파이썬 실행하기

파이썬은 소스 코드가 한 라인씩 실행되는 인터프리티드 언어이며, 실행 결과를 한 라인 단위로 즉시 출력한다. 한 라인의 소스 코드를 입력하여 실행하면 인터프리터가 곧바로 해석하여 그 결과를 출력하는 방식으로 프로그래밍하는 것을 대화식 프로그래밍이라고 한다. 이러한 대화식 프로그래밍을 지원하기 위하여 파이썬은 다음과 같은 실행 방법을 제공한다.

- 커맨드 라인의 인터프리터 방식 실행
  - Python 3.8 폴더의 'Python 3.8 (32-bit)' 실행
  - 윈도우즈 명령 프롬프트를 통한 'python' 명령 실행
- 통합 개발 환경 방식 실행
  - Python 3.8 폴더의 'IDLE (Python 3.8 32-bit)' 실행

1 커맨드 라인의 인터프리터 방식 실행

Python 3.8 폴더의 'Python 3.8 (32-bit)'를 실행하면 파이썬 버전 정보 및 추가 정보 확인을 위한 명령어를 제시하며, 명령어를 입력 받기 위하여 프롬프트(>>>)와 커서(cursor)가 표시된다.

또한, 윈도우즈의 명령 프롬프트에서 'python'을 입력하여 실행하면 파이썬이 실행된다. 다만 이 방법은 파이썬의 설치 과정에서 'Add Python 3.8 to PATH' 항목을 체크해야 한다.

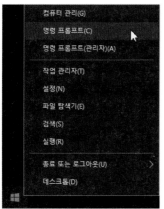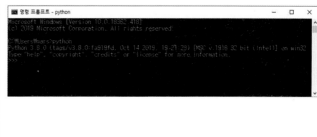

커맨드 라인의 인터프리터 방식으로 파이썬을 사용하게 되면 프롬프트를 통해 하나의 파이썬 명령어(커맨드)를 한 줄(라인) 씩 입력하여 실행하기 때문에 커맨드 라인 방식이라고 하며, 명령어를 실행하면 결과를 즉시 확인할 수 있다. 다만 커맨드 라인 방식은 여러 줄의 명령어를 입력하여 프로그램을 작성하고 수정하거나 이를 한꺼번에 실행하기에는 어려운 방식이다.

2 통합 개발 환경 방식 실행

Python 3.8 폴더의 'IDLE (Python 3.8 32−bit)'를 실행하면 IDLE(Integrated Development and Learning Environment) 통합 개발 환경의 셸 창(shell window)이 나타나고 파이썬 셸이 동작한다.

파이썬 셸은 명령어를 입력받을 준비가 되어 있다는 의미의 프롬프트(prompt, 〉〉〉)를 표시하고, 명령어의 입력 위치를 나타내는 커서(cursor)에 명령어를 입력한다.

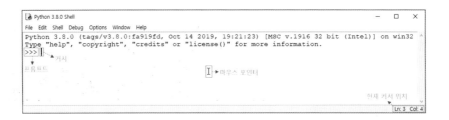

프롬프트 다음의 커서 위치에 파이썬 문장이나 명령어를 입력하고 Enter 키를 누르면 파이썬 문장이 실행되거나 명령어의 결과를 나타낸다. 셸 화면에 데이터를 출력하는 print() 함수에 대한 도움말을 확인할 경우, 커서 위치에 'help(print)' 명령어를 입력한 후 Enter 키를 누르면 help 명령어의 결과가 출력된다.

```
Python 3.8.0 Shell                                                    —  □  ×
File  Edit  Shell  Debug  Options  Window  Help
Python 3.8.0 (tags/v3.8.0:fa919fd, Oct 14 2019, 19:21:23) [MSC v.1916 32 bit (Intel)] on win32
Type "help", "copyright", "credits" or "license()" for more information.
>>> help(print)
Help on built-in function print in module builtins:

print(...)
    print(value, ..., sep=' ', end='\n', file=sys.stdout, flush=False)

    Prints the values to a stream, or to sys.stdout by default.
    Optional keyword arguments:
    file:  a file-like object (stream); defaults to the current sys.stdout.
    sep:   string inserted between values, default a space.
    end:   string appended after the last value, default a newline.
    flush: whether to forcibly flush the stream.
>>> |
                                                                Ln: 16  Col: 4
```

프롬프트에 입력된 명령이나 문장들은 파이썬 인터프리터가 해석하고 실행하여 결과를 출력하며, 이와 같은 대화형 인터프리터를 파이썬 셸(Python shell)이라고 한다. 또한, 사용자로부터 프롬프트에서 명령이나 문장을 입력받아(Read), 명령이나 문장을 즉시 해석하고 평가하며(Evaluate), 출력 결과를 표시한 후(Print), 다시 프롬프트로 돌아가는(Loop) 프로그램을 REPL 툴이라고도 한다.

TIP

IDLE를 실행할 때 셀 창이 아닌 에디터 창이 나타날 경우에는?

셀 창 또는 에디터 창의 Option → Configure IDLE 메뉴를 실행하면 나타나는 Settings 창의 General 탭에서 'At Startup' 항목의 선택이 'Open Edit Window'로 되어 있는 경우이다. 'At Startup' 항목의 선택을 'Open Shell Window'로 변경하면 IDLE를 실행할 때 셀 창이 먼저 나타난다.

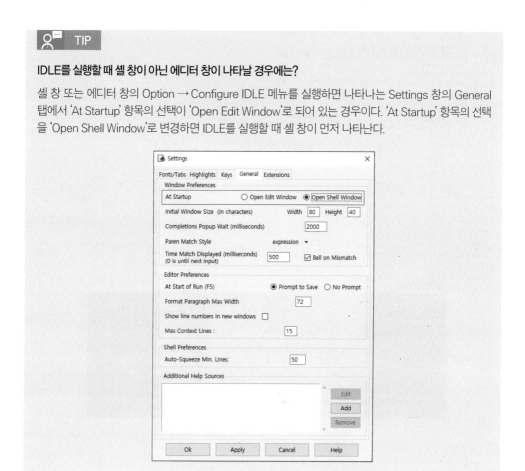

1.5.2 파이썬 종료하기

대화형 인터프리터를 종료하기 위해서는 Ctrl+D(IDLE 또는 Unix/Linux 셀에서 실행되는 경우)를 누르거나 exit() 또는 quit()를 실행하여 종료한다. exit() 또는 quit()를 실행할 경우 IDLE의 내부 동작이 실행 중임을 안내하고 해당 내부 동작을 종료할 것인지 물어온다. 종료할 경우 [확인]을 클릭하고, 취소할 경우 [취소]를 클릭한다. IDLE의 [File] → [Exit] 메뉴를 통해서도 종료를 할 수 있으며, 이 경우 모든 내부 동작을 먼저 종료한 후 IDLE를 종료한다.

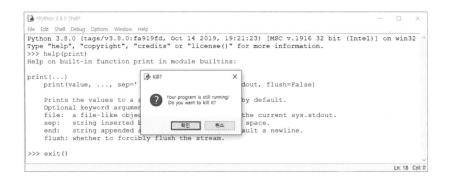

만약 파이썬을 윈도우즈의 명령 프롬프트에서 실행하고 있는 경우에는 Ctrl+D 대신에 Ctrl+Z를 누르고 enter 키를 입력하거나 exit(), quit()를 실행하여 종료한다.

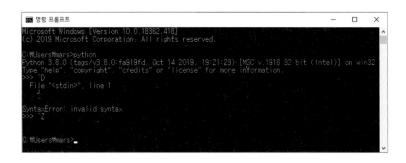

▨▨ 1.6   파이썬 에디터 사용하기

프로그램 코드마다 한 줄씩 바로 실행을 해주는 커맨드 라인의 인터프리터 방식으로 프로그래밍을 학습하는 것이 손쉽고 편하지만, 프로그램 코드가 길어지거나 복잡해질 경우 작성하기 어려운 점이 있다. 그러므로 파이썬을 설치하면 자동으로 설치되는 IDLE의 에디터를 사용하거나, 파이참(Pycharm), 에디트 플러스, 노트패트++ 등의 에디터를 설치하여 사용하는 것이 더 편리할 수 있다.

1.6.1 파이썬 IDLE와 파이썬 셸

파이썬 IDLE(Integrated Development and Learning Environment)는 파이썬 프로그램 작성을 도와주는 통합 개발 환경으로 파이썬을 설치할 때 기본으로 설치되는 프로그램이다.

파이썬 IDLE는 에디터 창(editor window)과 셸 창(shell window)으로 구성된다. 에디터 창(editor window)은 파이썬 에디터가 실행되는 창이고, 셸 창(shell window)은 파이썬 셸이 실행되는 창이다.

파이썬 셸 창은 파이썬 명령 및 문장들을 실행하고 즉시 결과를 확인하는 대화형 방식으로 실행된다. 파이썬 셸 창의 명칭을 IDLE, 셸 창, 셸, 파이썬 셸 등으로 다양하게 사용되고 있지만, 본서에서는 '파이썬 셸'로 통일하여 사용하고자 한다.

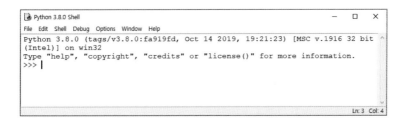

1.6.2 파이썬 에디터

파이썬 IDLE의 에디터 창(editor window)은 에디터 방식으로 프로그램 코드를 작성할 수 있고, 프로그램 코드의 실행 및 디버그, 파일 저장 및 관련 작업 등을 처리할 수 있다. 에디터 창의 명칭을 IDLE 에디터, 에디터 창, IDLE 편집기, 모듈 편집기, 코드 편집기, 파이썬 에디터 등으로 다양하게 사용되고 있지만, 본서에서는 '파이썬 에디터'로 통일하여 사용하고자 한다.

파이썬 에디터를 열어 간략한 코드를 작성하고, 파일을 저장하고, 실행하는 과정은 다음과 같다.

① IDLE를 실행하면 나타나는 파이썬 셸의 메뉴에서 [File] → [New File]을 실행하면 에디터 창을 나타낼 수 있다.

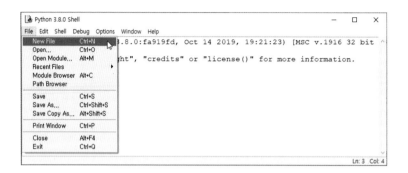

② 파이썬 셸과는 달리 파이썬 에디터에는 프롬프트가 존재하지 않는다.

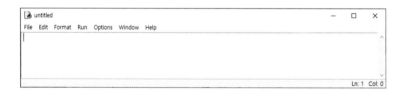

③ 파이썬 에디터에서 print("Hello, world!")를 입력한다.

④ 작성된 프로그램 코드를 파일로 저장하기 위하여 Ctrl+S 단축키를 누르거나, 파이썬 에디터의 [File] → [Save] 메뉴를 실행한다.

⑤ [다른 이름으로 저장] 대화 상자에서 저장할 폴더를 지정한 후 파일 이름을 입력하고, [저장] 단추를 클릭한다. 파일 이름을 지정할 때 주의할 점은 파일 형식이 py로 되어 있음을 확인해야 한다.

⑥ 파일이 저장되면, 파이썬 에디터에서 [Run] → [Run Module] 메뉴를 실행하거나 F5 단축키를 눌러서 실행한다.

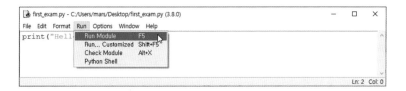

⑦ 프로그램 코드의 실행 결과가 파이썬 셸에 출력된다.

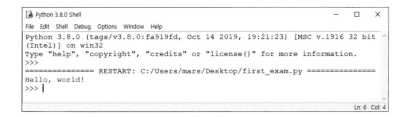

TIP

"Hello, world!" 문자열을 출력한 이유는 무엇일까?

1978년 브라이언 커니핸과 데니스 리치가 집필한 "The C Programming Language" 책의 첫 번째 예제로 "Hello, world!" 문자열 출력을 한 이후 대부분의 프로그래밍 언어 책이나 매뉴얼의 첫 번째 예제로 사용되곤 한다.

1.6.3 파이썬 셸과 파이썬 에디터의 자동완성 기능

파이썬 셸이나 파이썬 에디터는 프로그램 코드를 작성하는 과정에서 자동 들여쓰기 기능을 제공하며, 프로그램 코드의 예약어, 함수명, 문자열, 결과, 주석 등을 다양한 컬러로 표시하는 기능 등 여러 유용한 기능들을 제공하고 있다.

```
>>> kor_score = 90                  # kor_score : 변수
>>> if kor_score >= 80:             # if, else : 예약어
        print("합격입니다.")         # 자동 들여쓰기 기능
else :
        print("불합격입니다.")       # print : 함수, "불합격입니다." : 문자열

합격입니다.                          # 합격입니다 : 결과
```

파이썬 셸이나 파이썬 에디터는 함수명을 입력할 경우 자동완성(auto completion) 기능이 동작한다. 다음과 같이 자동완성 기능을 확인해보자.

① 파이썬 셸이나 파이썬 에디터에서 pr을 입력하고 Tab 키를 누르면 pr로 시작하는 파이썬 예약어가 콤보 상자에 나타난다.

② print를 선택하고 스페이스 키를 누르면 print가 완성되어 입력된다. (의 왼쪽 괄호를
  입력하면 print 함수의 인수 사용 형태가 표시(call tips)된다.

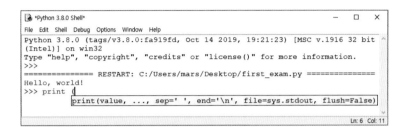

TIP

코드에서의 글자 색상 의미

IDLE를 이용한 프로그램 코드 작성 도중 코드의 단어 등에 자동적으로 색상이 부여되며, 설정된 색상의
의미는 다음과 같다.

색상	의미	색상	의미
■	프롬프트(prompt), >>>	■	문자열, "Text", "정수 : "
■	예약어(keyword), import, in, if	■	주석/설명문(comment), # 수식
■	내장 함수, print, input, int	■	출력 결과, Hello, world!
■	식별자, 이름, 기호 등, x, y, 1, 1.0	■	오류(error), TypeError

CHAPTER

2

데이터 출력하기

 학습목표

- 문자 데이터인 문자열의 구성과 작성 방식을 이해한다.
- 숫자의 종류를 이해하고, 숫자 및 수식의 계산 결과 출력 방법을 익힌다.
- 그래픽 데이터를 이해하고, 터틀 그래픽을 이용한 간단한 도형을 그려본다.

2.1 문자 데이터 출력하기

파이썬에서 텍스트나 숫자, 기호 등을 연속적으로 나열하고 다음과 같이 큰따옴표(" ")나 작은따옴표(' ')로 감싸서 나타내면 문자열(string)이 된다.

```
" P y t h o n "  ⟶  "Python"
  문자 문자 문자 문자 문자 문자              문자열
```

올바르게 작성한 문자열들은 다음과 같다.

"ABC" "abc" "123" "12.3" "@ # @" "파이썬" "Python"

문자열을 잘못 작성하여 오류(error)가 발생한 예는 다음과 같다.

```
>>> x = "AB
SyntaxError: EOL while scanning string literal
>>> x = "AB'
SyntaxError: EOL while scanning string literal
>>> x = 'AB
SyntaxError: EOL while scanning string literal
>>> x = 'AB"
SyntaxError: EOL while scanning string literal
>>> x = ""AB""
SyntaxError: invalid syntax
>>> x = """"AB""""
SyntaxError: EOL while scanning string literal
```

> **TIP**
>
> **문자열을 만드는 방법**
>
> 1. 큰따옴표로 양쪽 둘러싸기
>
>   "ABC", "A's C"
>
> 2. 작은따옴표로 양쪽 둘러싸기
>
>   'ABC', 'A"BC'
>
> 3. 큰따옴표 3개를 연속으로 써서 양쪽 둘러싸기
>
>   """ABC"""
>
> 4. 작은따옴표 3개를 연속으로 써서 양쪽 둘러싸기
>
>   '''ABC'''

화면에 문자열을 출력하기 위해서는 print() 함수를 사용한다. print() 함수 인수에 출력하려는 문자열 값을 전달하여 실행하면 화면에 해당 문자열이 출력된다.

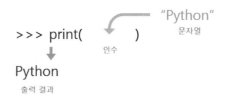

📋 **프로그램** (p02-01) **영문 문자열과 한글 문자열 출력하기**

"Python" 영문 문자열과 "파이썬" 한글 문자열을 출력해보자.

print() 함수를 이용하여 "Python" 영문 문자열과 "파이썬" 한글 문자열을 각각 출력한다.

① print를 입력하여 함수의 인수에 큰따옴표로 감싼 "Python" 영문 문자열을 입력한 후 Enter 키를 누르면 명령이 실행되고 결과가 출력된다.

```
Python 3.8.0 Shell                                              –    □    ×
File  Edit  Shell  Debug  Options  Window  Help
Python 3.8.0 (tags/v3.8.0:fa919fd, Oct 14 2019, 19:21:23) [MSC v.1916 32 bit
(Intel)] on win32
Type "help", "copyright", "credits" or "license()" for more information.
>>> print("Python")
Python
>>> |

                                                                Ln: 5  Col: 4
```

② 다시 print를 입력하여 함수의 인수에 큰따옴표로 감싼 "파이썬" 한글 문자열을 입력한 후 Enter 키를 누르면 명령이 실행되고 결과가 출력된다.

```
Python 3.8.0 Shell                                              –    □    ×
File  Edit  Shell  Debug  Options  Window  Help
Python 3.8.0 (tags/v3.8.0:fa919fd, Oct 14 2019, 19:21:23) [MSC v.1916 32 bit
(Intel)] on win32
Type "help", "copyright", "credits" or "license()" for more information.
>>> print("Python")
Python
>>> print("파이썬")
파이썬
>>> |

                                                                Ln: 7  Col: 4
```

💡 Thinking!

1. print() 함수를 이용하여 "안녕 Python"과 같이 한글과 영문을 혼합하여 출력되는지 확인해보자.
2. 문자열을 만드는 방법 Tip을 이용하여 다양한 문자열을 만든 후 해당 문자열을 print() 함수로 출력하여 정확히 출력되는지 아니면 오류가 발생하는지 확인해보자.

>>> 잠깐! Coding

1. print() 함수에서 "안녕" + "파이썬"과 같이 + 연산자를 사용하여 문자열과 문자열을 연결하여 출력해보자.
2. '잠깐! Coding' 1번의 출력 결과는 "안녕파이썬"과 같이 문자열이 붙어서 출력이 된다. "안녕 파이썬"과 같이 출력하기 위하여 print() 함수에서 "안녕 " + "파이썬" 또는 "안녕" + " " + "파이썬" 형태로 출력해보자.
3. print() 함수에서 "10" + "20"을 출력할 경우 출력결과가 "1020"인지, 30인지 확인해보자. 또한 "10" + 20의 결과도 확인해보자.
4. print() 함수에서 "파이썬" * 10과 같이 "파이썬" 문자열을 10회 반복하여 출력해보자.

2.2 숫자 데이터 출력하기

1 숫자 출력하기

파이썬은 소수점의 유무에 따라 정수와 실수를 구분하여 처리한다.

```
1  0  -1  100  1234567890
1.2  -1.2  0.123456789
```

하나의 print() 함수를 이용하여 여러 개의 정수나 실수를 출력할 수 있다. print() 함수의 인수
에 콤마로 구분된 값들을 전달하면 화면에 해당 값들이 출력된다.

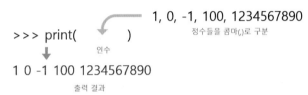

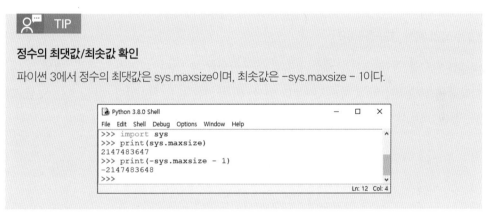

TIP

정수의 최댓값/최솟값 확인

파이썬 3에서 정수의 최댓값은 sys.maxsize이며, 최솟값은 −sys.maxsize − 1이다.

```
Python 3.8.0 Shell                               −   □   ×
File  Edit  Shell  Debug  Options  Window  Help
>>> import sys
>>> print(sys.maxsize)
2147483647
>>> print(-sys.maxsize - 1)
-2147483648
>>>
                                              Ln: 12  Col: 4
```

프로그램 (p02-02) **정수와 실수 출력하기**

다음 순서로 정수와 실수를 각각 출력해보자.

```
1
1 0 -1 100 1234567890
1.2 -1.2 0.123456789
```

print() 함수의 인수에서 여러 값을 출력할 때는 콤마(,)를 사용하여 인수를 구분한다. 즉 다음과 같이 콤마(,)를 사용하여 여러 숫자를 한 줄에 출력할 수 있다.

> 🔦 **Thinking!**
>
> 3. print() 함수를 이용하여 12345678901234567890, -12345678901234567890과 같은 큰 정수와 작은 정수가 정상적으로 출력되는지 확인해보자.
> 4. print() 함수를 이용하여 소수점 이하 자릿수가 큰 0.12345678901234567889와 같이 실수가 정상적으로 출력되는지 확인해보자.

2 수식의 계산 결과 출력하기

print() 함수를 통해 수식을 계산하여 결과를 출력할 수 있다. 파이썬은 덧셈, 뺄셈, 곱셈, 나눗셈의 산술 연산과 관계 연산, 논리 연산, 비트 연산 등을 처리한다. 다음 표는 덧셈, 뺄셈, 곱셈, 나눗셈의 연산자와 해당 연산자를 사용한 수식의 결과 값을 나타낸다.

연산	연산자	수식	결과
덧셈	+	6 + 4	10
뺄셈	–	6 – 4	2
곱셈	*	6 * 4	24
나눗셈	/	6 / 4	1.5

print() 함수의 인수로 수식을 전달하면 수식의 계산 결과가 화면에 출력된다.

6 + 4, 6 – 4, 6 * 4, 6 / 4
수식

>>> print(   )
인수

10 2 24 1.5
출력 결과

📋 **프로그램** (p02-03) **더하기, 빼기, 곱하기, 나누기 계산 결과 출력하기**

다음 순서로 숫자들을 더하기, 빼기, 곱하기, 나누기하고 계산 결과를 출력해보자.

```
6 + 4
6 - 4
6 * 4
6 / 4
```

---

print() 함수의 인수에서 수식을 사용하면 수식의 연산을 먼저 수행한 후 계산 결과를 출력한다. 여러 개의 수식을 한 개의 print() 함수를 사용하여 계산하여 출력할 경우 각 수식을 콤마(,) 연산자로 구분하여 작성한다.

```
Python 3.8.0 Shell                                    —   □   ×
File  Edit  Shell  Debug  Options  Window  Help
>>> print(6 + 4)
10
>>> print(6 - 4)
2
>>> print(6 * 4)
24
>>> print(6 / 4)
1.5
>>> print(6 + 4, 6 - 4, 6 * 4, 6 / 4)
10 2 24 1.5
>>>
                                                    Ln: 31  Col: 4
```

💡 **Thinking!**

5. 나누기 연산을 통해 몫을 구하기 위해서는 // 연산자를 이용하고, 나머지를 구하기 위해서는 % 연산자를 사용한다. 6 // 4, 6 % 4를 각각 계산하여 출력하고 결과를 확인해보자.

6. 0 / 1, 0 / 0, 1 / 0을 각각 계산하여 출력하고 어느 계산에서 오류가 발생하는지 확인해보자.

7. 20자리 이상의 큰 정수에 대하여 산술 연산을 하였을 때 결과가 제대로 나타나는지 확인해보자.

▶▶▶ **잠깐! Coding**

5. 1부터 5까지의 모든 정수를 더해 출력해보자.

6. 5, 10, 15의 평균을 구해보자. 평균을 구하기 위하여 세 숫자를 모두 더한 후, 3으로 나누면 평균을 구할 수 있다.

7. print() 함수를 이용하여 다음 결과를 출력해보자. ("6+4 ="는 문자열, 10은 6+4 계산 결과 출력)

```
6+4 = 10
```

2.3 그래픽 데이터 출력하기

터틀 그래픽(turtle graphic)은 1966년 교육용 프로그래밍 언어인 Logo에서 처음 소개된 컴퓨터 그래픽 방식이며, 꼬리에 잉크가 묻은 거북이를 종이에 올려놓고 리모컨으로 조작하는 방식으로 동작한다. 즉 터틀 그래픽은 화면에서 거북이를 이용하여 지나간 흔적으로 만들어지는 그림이다. 거북이가 펜을 가지고 있고 프로그래머가 명령을 이용하여 거북이를 움직이면 그림이 그려진다.

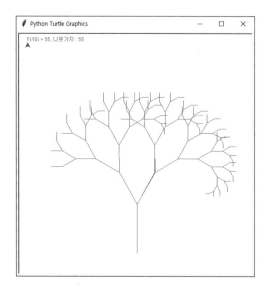

터틀 그래픽은 import에 의해 turtle 모듈을 불러와 사용한다. turtle.shape("turtle")은 거북이가 캔버스에 나타나도록 해준다.

```
>>> import turtle
>>> turtle.shape("turtle")
```

터틀 그래픽이 실행되면 [Python Turtle Graphics] 화면이 나타나고, 그림을 그리기 위한 거북이가 화면의 중앙(x:0, y:0) 위치에 나타난다.

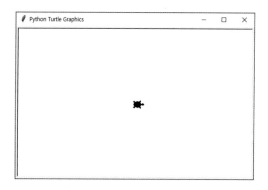

turtle.shape("turtle")을 실행하면 거북이 모양이 나타나고, turtle.shape("triangle")은 세모 모양이 나타난다. 만약 거북이 모양이나 세모 모양을 따로 지정하지 않거나 turtle. shape("classic")을 실행하면 화살촉 모양이 나타난다.

classic	arrow	turtle	circle	square	triangle
▶	▶	🐢	●	■	▶

👤 TIP

모듈의 메서드 실행 및 메서드 종류 확인

turtle 모듈 내에는 다양한 기능을 담당하는 메서드(method)가 제공되며, 다음 형태로 해당 메서드를 실행할 수 있다.

`turtle.shape("turtle")`   # 모듈.메서드명(인수)

문장을 입력하는 도중 모듈 내의 메서드를 확인하기 위해서는 모듈명 및 .(점)을 입력하고 Tab키를 누르면 모듈 내의 메서드가 나타난다. 방향키로 위/아래로 이동하거나 메서드를 입력하면서 원하는 메서드를 찾아 스페이스키를 누르면 메서드를 입력할 수 있다.

* 모듈 내의 메서드는 일반적으로 함수 형태이므로 '모듈의 메서드'를 '모듈의 메서드 함수' 또는 '모듈의 함수'로 표현하기도 한다. 본서의 나머지 부분에서는 '메서드'를 '함수'로 통일하여 표현하고자 한다.

🖹 **프로그램** (p02-04) **거북이를 앞과 왼쪽으로 이동하면서 선 그리기**

거북이를 앞으로 50 이동하고, 왼쪽으로 90도 회전한 후, 앞으로 50 이동하면서 선을 그려보자. 이동하는 과정에서 거북이의 현재 위치를 출력해보자.

거북이를 앞으로 이동시키기 위해서는 turtle 모듈의 forward() 함수를 사용하며, 왼쪽으로 회전하기 위해서는 left() 함수를 사용한다. 다음 문장들을 입력하여 실행하면서 거북이의 움직임과 위치를 확인해보자.

```
>>> import turtle
>>> turtle.shape("turtle")
>>> turtle.write(turtle.position())
>>> turtle.forward(50)
>>> turtle.write(turtle.position())
>>> turtle.left(90)
>>> turtle.forward(50)
>>> turtle.write(turtle.position())
```

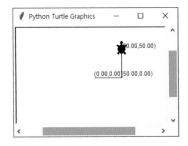

import turtle 문과 turtle.shape("turtle") 문에 의해 거북이가 터틀 화면에 나타난다.

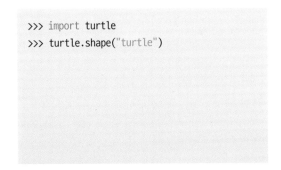

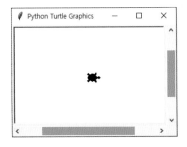

turtle.write(turtle.position()) 문에 의해 거북이의 현재 위치(0.00, 0.00)가 출력된다.

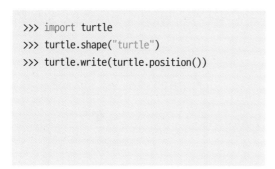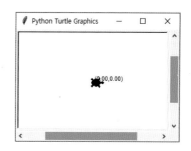

```
>>> import turtle
>>> turtle.shape("turtle")
>>> turtle.write(turtle.position())
```

turtle.forward(50) 문에 의해 거북이의 머리 방향으로 50픽셀(pixel)만큼 움직이면서 직선이 그려지고, turtle.write(turtle.position()) 문에 의해 거북이의 현재 위치(50.00, 0.00)가 출력된다.

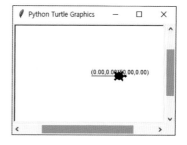

```
>>> import turtle
>>> turtle.shape("turtle")
>>> turtle.write(turtle.position())
>>> turtle.forward(50)
>>> turtle.write(turtle.position())
```

turtle.left(90) 문에 의해 거북이의 방향이 왼쪽으로 90도 회전한다.

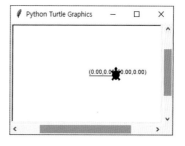

```
>>> import turtle
>>> turtle.shape("turtle")
>>> turtle.write(turtle.position())
>>> turtle.forward(50)
>>> turtle.write(turtle.position())
>>> turtle.left(90)
```

turtle.forward(50) 문에 의해 거북이의 머리 방향으로 50픽셀(pixel)만큼 움직이면서 직선이 그려지고, turtle.write(turtle.position()) 문에 의해 거북이의 현재 위치(50.00, 50.00)가 출력된다.

```
>>> import turtle
>>> turtle.shape("turtle")
>>> turtle.write(turtle.position())
>>> turtle.forward(50)
>>> turtle.write(turtle.position())
>>> turtle.left(90)
>>> turtle.forward(50)
>>> turtle.write(turtle.position())
```

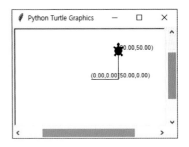

Thinking!

8. 거북이의 방향에 따라 앞(forward), 왼쪽(left), 오른쪽(right), 뒤(backward)가 결정됨에 주의하자.

9. turtle 모듈의 함수에 어떠한 종류가 있는지 확인하고 해당 함수들의 기능을 확인해보자.

   (참고) turtle 모듈 공식 문서 : https://docs.python.org/3/library/turtle.html

프로그램 p02-05 사각형 그리기

거북이를 이용하여 한 변의 크기가 100픽셀인 정사각형을 그려보자.

정사각형의 경우 거북이가 90도씩 회전하면서 한 변의 크기가 100픽셀이 되도록 forward() 함수를 이용하여 그릴 수 있다.

① 터틀 그래픽 모듈을 불러온 후, 캔버스와 거북이를 생성한다.

```
>>> import turtle
>>> turtle.shape("turtle")
```

② right() 함수를 이용하여 거북이를 오른쪽 방향으로 90도 만큼 회전한다.

```
>>> turtle.right(90)
```

③ 한 변의 크기가 100픽셀이 되도록 forward() 함수를 이용하여 움직이며 그림을 그린다.

```
>>> turtle.forward(100)
```

④ ②와 ③의 동작을 3회 더 반복하여 실행하면, 사각형이 완성된다.

```
>>> turtle.right(90)
>>> turtle.forward(100)
>>> turtle.right(90)
>>> turtle.forward(100)
>>> turtle.right(90)
>>> turtle.forward(100)
```

Thinking!

10. 정사각형을 그리기 위하여 회전(right)하고 이동(forward)하는 과정이 동일하게 4회 반복되었음에 주의하자.

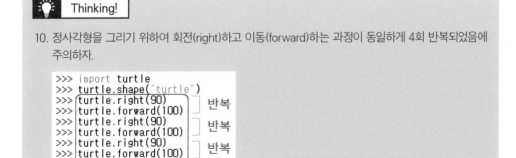

Thinking!

11. 프로그램 코드를 작성할 때 위와 같이 반복적이 부분이 나타나면 6장에서 다룰 반복문을 사용하여 더 효율적이고 간결하게 프로그램 코드를 작성할 수 있다. 반복문에 대해서는 6장에서 다룰 예정이다.

```python
>>> import turtle
>>> turtle.shape("turtle")
>>> for i in range(4):
        turtle.right(90)
        turtle.forward(100)

>>>
```

>>> 잠깐! Coding

8. '프로그램 p02-5'를 참고하여 프로그램 코드를 다음과 같이 수정하여 실행할 경우 결과는 어떻게 달라지는지 확인해보자.

```python
>>> import turtle
>>> turtle.shape("turtle")
>>> turtle.forward(100)
>>> turtle.right(90)
>>> turtle.forward(100)
>>> turtle.right(90)
>>> turtle.forward(100)
>>> turtle.right(90)
>>> turtle.forward(100)
```

1. print() 함수를 이용하여 한글과 영문을 혼합하여 출력할 수 있다.

```
>>> print("안녕 Python")
안녕 Python
```

2. print() 함수에서 문자열을 출력하기 위하여 큰따옴표나 작은따옴표를 이용하여 문자열을 나타낼 수 있다.

```
>>> print("ABC", "A's C")
ABC A's C
>>> print('ABC', 'A"BC')
ABC A"BC
>>> print("""ABC""")
ABC
>>> print('''ABC''')
ABC
```

3. print() 함수를 이용하여 12345678901234567890, −12345678901234567890과 같은 양수와 음수가 정상적으로 출력된다.

```
>>> print(12345678901234567890)
12345678901234567890
>>> print(-12345678901234567890)
-12345678901234567890
```

4. print() 함수를 이용하여 소수점 이하 자릿수가 큰 0.12345678901234556789와 같은 실수도 정상적으로 출력할 수 있다. 다만 소수점 이하 17자리까지만 표시할 수 있으며 소수점 이하 18자리에서 반올림이 이루어진다.

```
>>> print(0.1234567890123456789)
0.12345678901234568
```

5. // 연산자를 이용하여 몫을 구할 수 있고, % 연산자를 이용하여 나머지를 구할 수 있다.

```
>>> print(6 // 4, 6 % 4)
1 2
```

6. 임의의 수를 0으로 나누면 오류가 발생한다.

```
>>> print(0 / 1)
0.0
>>> print(0 / 0)
Traceback (most recent call last):
  File "<pyshell#10>", line 1, in <module>
    print(0 / 0)
ZeroDivisionError: division by zero
>>> print(1 / 0)
Traceback (most recent call last):
  File "<pyshell#11>", line 1, in <module>
    print(1 / 0)
ZeroDivisionError: division by zero
```

7. 20자리 이상의 정수에 덧셈 연산을 수행하여도 정상적인 연산이 가능하다.

```
>>> print(123456789012345678901 + 1)
123456789012345678902
```

8. 거북이의 방향에 따라 앞(forward), 왼쪽(left), 오른쪽(right), 뒤(backward)가 결정된다.

9. turtle 모듈의 공식 문서는 https://docs.python.org/3/library/turtle.html 홈페이지를 통해 확인할 수 있다.

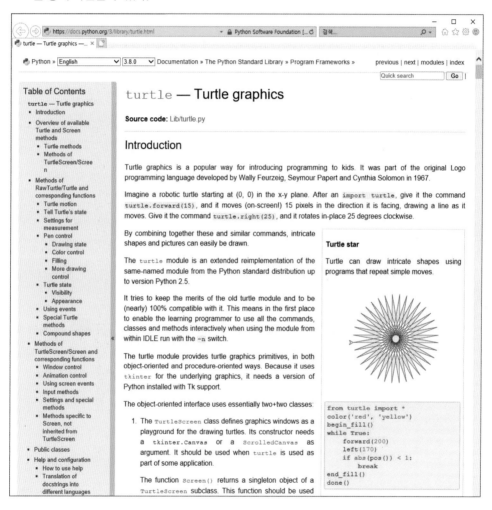

10. 정사각형을 그리기 위하여 회전(right)하고 이동(forward)하는 과정이 동일하게 4회 반복
    되어 작성되었다.

```
>>> import turtle
>>> turtle.shape("turtle")
>>> turtle.right(90)        # 반복1
>>> turtle.forward(100)
>>> turtle.right(90)        # 반복2
>>> turtle.forward(100)
>>> turtle.right(90)        # 반복3
>>> turtle.forward(100)
>>> turtle.right(90)        # 반복4
>>> turtle.forward(100)
```

11. 프로그램 코드의 반복된 부분을 반복문을 사용하여 더 효율적이고 간결하게 나타낼 수 있다.
    반복문 중 for 문을 사용하여 작성하면 다음과 같다.

```
>>> import turtle
>>> turtle.shape("turtle")
>>> for i in range(4):
        turtle.right(90)
        turtle.forward(100)

>>>
```

1. print() 함수 내에서 + 연산자 좌우에 문자열이 위치할 경우 두 문자열을 붙여 출력한다.

```
>>> print("안녕" + "파이썬")
안녕파이썬
```

2. 문자열과 문자열을 띄기 위하여 "안녕 "과 같이 "안녕" 글자 뒤에 스페이스를 추가하거나, "안녕" 문자열과 "파이썬" 문자열 중간에 " " 문자열을 추가하여 출력한다.

```
>>> print("안녕 " + "파이썬")
안녕 파이썬
>>> print("안녕" + " " + "파이썬")
안녕 파이썬
```

3. print() 함수 내에서 + 연산자를 이용하여 숫자 형태의 문자열들을 출력할 경우 계산이 되지 않고 붙여져 출력된다. 단 + 연산자로 문자열과 숫자를 출력할 경우 서로 다른 자료 형태이 므로 오류가 발생한다.

```
>>> print("10" + "20")
1020
>>> print("10" + 20)

Traceback (most recent call last):
  File "<pyshell#13>", line 1, in <module>
    print("10" + 20)
TypeError: must be str, not int
```

4. print() 함수 내에서 문자열 뒤에 * 연산자를 이용하여 숫자를 지정할 경우 문자열이 지정된 숫자만큼 반복되어 출력된다.

```
>>> print("파이썬" * 10)
파이썬파이썬파이썬파이썬파이썬파이썬파이썬파이썬파이썬파이썬
```

5. 1부터 5까지의 정수인 1, 2, 3, 4, 5를 모두 더해 출력한다.

```
>>> print(1 + 2 + 3 + 4 + 5)
15
```

6. 세 숫자를 더하는 연산을 나눗셈 연산보다 먼저 하기 위하여 괄호로 묶어 계산하고 3으로 나눈다.

```
>>> print((5 + 10 + 15) / 3)
10.0
```

7. "6+4 ="는 문자열로 작성하고 10을 계산하기 위하여 6 + 4 수식을 작성한다.

```
>>> print("6 + 4 =", 6 + 4)
6 + 4 = 10
```

8. 시작 위치에서 먼저 100픽셀을 움직인 후 오른쪽으로 회전하였고, 최종적으로 시작 위치에 도달한다.

```
>>> import turtle
>>> turtle.shape("turtle")
>>> turtle.forward(100)
>>> turtle.right(90)
>>> turtle.forward(100)
>>> turtle.right(90)
>>> turtle.forward(100)
>>> turtle.right(90)
>>> turtle.forward(100)
```

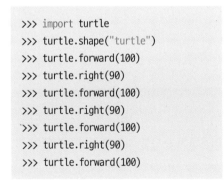
8번 결과

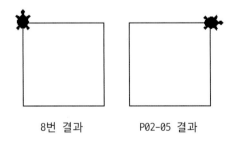
P02-05 결과

Basic Coding

1. 다음 결과와 같이 문자열을 출력해보자.

> 파이썬
> 프로그래밍
> 파이썬 프로그래밍

⌛ 세 개의 print() 함수를 이용하여 문자열을 각각 출력한다.

2. "파이썬" 문자열과 "프로그래밍" 문자열을 print() 함수에서 콤마(,)를 사용하여 다음 결과와 같이 출력해보자.

> 파이썬 프로그래밍

⌛ 한 개의 print() 함수를 이용하여 문자열을 콤마(,)로 구분하여 출력한다.

3. "파이썬" 문자열과 "프로그래밍" 문자열을 print() 함수에서 + 연산자를 사용하여 다음 결과와 같이 출력해보자.

> 파이썬프로그래밍

⌛ 한 개의 print() 함수를 이용하여 문자열을 + 연산자로 연결하여 출력한다.

4. 다음 결과와 같이 정수를 각각 출력해보자.

> 3 -10 0

⌛ 한 개의 print() 함수를 이용하여 정수를 콤마(,)로 구분하여 출력한다.

5. 다음 결과와 같이 실수를 각각 출력해보자.

> 3.14 -10.01 0.1

⌛ 한 개의 print() 함수를 이용하여 실수를 콤마(,)로 구분하여 출력한다.

6. 정수 3, −10, 0을 + 연산자를 이용하여 다음 결과와 같이 계산하여 출력해보자.

```
-7
```

⌛ 한 개의 print() 함수를 이용하여 정수를 + 연산자로 계산하여 출력한다.

7. 정수 3과 실수 10.01을 다음 결과와 같이 출력해보자.

```
3 10.01
```

⌛ 한 개의 print() 함수를 이용하여 정수와 실수를 콤마(,)로 구분하여 출력한다.

8. 정수 3과 실수 10.01을 + 연산자를 이용하여 다음 결과와 같이 계산하여 출력해보자.

```
13.01
```

⌛ 한 개의 print() 함수를 이용하여 정수와 실수를 + 연산자로 계산하여 출력한다.

9. 다음 수식을 각각 입력하여 계산 결과를 출력해보자.

① 4 + 3 * 5   ② (4 + 3) * 5
③ 4 + (3 * 5)   ④ 8 / 2
⑤ 8 / −2   ⑥ −8 / 2
⑦ −8 / −2

⌛ 연산자와 괄호의 사용에 주의하고, 음수를 표현하는 − 기호의 사용에 주의하면서 수식을 입력한다.

10. 1부터 10까지의 숫자 중 홀수의 수를 모두 출력해보자.

```
1 3 5 7 9
```

⌛ 1부터 10까지의 숫자 중 홀수는 1, 3, 5, 7, 9이며, 이 숫자들을 모두 콤마(,)로 구분하여 출력한다.

11. 1부터 10까지의 숫자 중 홀수의 수를 모두 더해 출력해보자.

> 25

⌛ 1부터 10까지의 숫자 중 홀수는 1, 3, 5, 7, 9이며, 이 숫자들을 모두 더해 출력한다.

12. "A", "3", "#" 문자열을 각각 4번씩 반복하여 출력해보자.

> AAAA
> 3333
> ####

⌛ print() 함수에서 문자열 뒤에 * 연산자와 반복할 숫자를 지정하여 문자열을 반복하여 출력한다.

13. 터틀 그래픽에서 터틀의 모양을 다음의 모양대로 변경하고 지시한 방향으로 움직여보자.

"turtle"로 변경, 앞으로 100 진행

⌛ 터틀의 모양 변경은 turtle.shape() 함수로 변경하고, 앞으로 진행은 turtle.forward() 함수로 지정한다.

14. 터틀 그래픽에서 터틀의 모양을 다음의 모양대로 변경하고 지시한 방향으로 움직여보자.

"arrow"로 변경, 왼쪽으로 180도 회전, 앞으로 50 진행, 뒤로 30 진행

⌛ 터틀의 모양 변경은 turtle.shape() 함수로 변경하고, 왼쪽으로 회전은 turtle.left() 함수, 앞으로 진행은 turtle.forward() 함수, 뒤로 진행은 turtle.backward() 함수로 지정한다.

15. 터틀 그래픽을 이용하여 반지름이 100인 원을 그려보자.

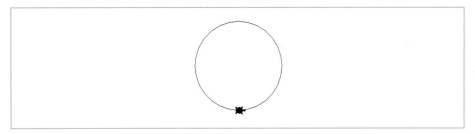

⌛ 원을 그리기 위해서는 turtle.circle() 함수를 사용한다.

Enhancement Coding

1. print() 함수를 이용하여 본인의 학번과 성명을 문자 데이터 형식으로 출력해보자. 학번과 성명 문자 데이터는 콤마(,)를 이용하여 구분하여 출력하고, 이어서 + 연산자를 이용하여 학번과 성명을 연결하여 출력해보자.

```
12345678  홍길동
12345678홍길동
```

> ⧗ 학번과 성명을 각각 큰따옴표(") 또는 작은따옴표(') 등으로 감싸 문자 데이터 형식으로 표현한다. 그리고 콤마(,)를 이용하여 문자 데이터를 구분하여 출력하면 문자 데이터 사이에 빈 공백이 추가되고, + 연산자를 이용하여 출력할 경우 빈 공백 없이 연결되어 출력된다.

2. 본인의 학번과 성명을 각각 문자 데이터 형식으로 작성한 후 + 연산자를 이용하여 문자 데이터를 연결해보자. 그리고 * 연산자를 이용하여 3회 반복하여 출력해보자.

```
12345678홍길동12345678홍길동12345678홍길동
```

> ⧗ 괄호와 + 연산자를 사용하여 두 문자 데이터를 연결하고, 괄호 뒤에서 * 연산자와 숫자를 지정하여 반복 출력한다.

3. "#" 문자열을 3회 반복하고 "*" 문자열을 4회 반복한 결과를 2회 반복하여 출력해보자.

```
###****###****
```

> ⧗ 각 문자열을 * 연산자로 반복하여 + 연산자로 연결하고 괄호로 감싼다. 그리고 해당 괄호를 * 연산자로 반복 출력한다.

4. 1부터 10까지의 숫자 중 홀수의 수를 모두 더해 다음 형식대로 출력해보자.

```
1+3+5+7+9 = 25
```

> ⧗ 1부터 10까지의 숫자 중 홀수는 1, 3, 5, 7, 9이며, 이 숫자들을 모두 더해 출력한다.

5. 1부터 10까지의 숫자 중 짝수의 수에 대해 평균을 구하고 다음 형식대로 출력해보자.

```
(2+4+6+8+10) / 5 = 6.0
```

⌛ 1부터 10까지의 숫자 중 짝수는 2, 4, 6, 8, 10이며, 이 숫자들을 모두 더하는 연산이 나누는 연산
보다 먼저 이루어져야 하므로 괄호로 먼저 감싼 후 5로 나누어야 한다.

6. 터틀 그래픽을 이용하여 한 변의 길이가 100인 삼각형을 그려보자.

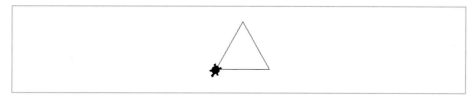

⌛ turtle.forward(100)과 turtle.left(120)을 반복하여 삼각형을 그린다.

7. 터틀 그래픽 창을 닫지 않고 새롭게 작성하려면 turtle.reset() 함수로 터틀 그래픽을 초기화
하면 된다. 앞서 작업한 터틀 그래픽을 초기화하고 반지름이 100인 원을 그려보자. 그리고 반
지름이 100인 원에 내접하는 역삼각형을 그려보자.

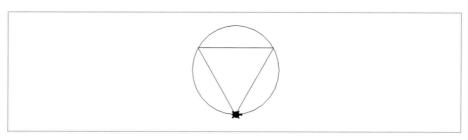

⌛ 터틀 그래픽의 초기화는 turtle.reset() 함수, 원을 그리기 위해서는 turtle.circle() 함수를 사용한
다. turtle.circle() 함수의 인수로 반지름 값 100과, steps=3을 지정하여 반지름 100에 내접하는
역삼각형을 그린다.

8. 터틀 그래픽을 이용하여 한 변의 길이가 100인 육각형을 그려보자.

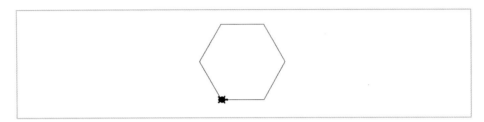

⌛ turtle.forward(100)과 turtle.left(60)을 반복하여 육각형을 그린다.

9. 앞서 작업한 터틀 그래픽을 초기화하고 반지름이 100인 원을 그려보자. 그리고 반지름이 100인 원에 내접하는 육각형을 그려보자.

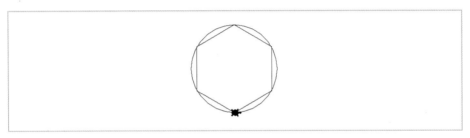

⌛ 터틀 그래픽의 초기화는 turtle.reset() 함수, 원을 그리기 위해서는 turtle.circle() 함수를 사용한다. turtle.circle() 함수의 인수로 반지름 값 100과, steps=6을 지정하여 반지름 100에 내접하는 육각형을 그린다.

10. 터틀 그래픽을 이용하여 다음과 같이 그려보자.

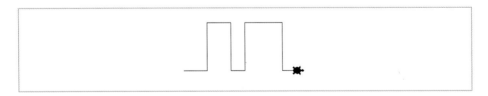

⌛ 거북이의 방향을 바꾸려면 turtle.left(), turtle.right() 함수를 사용하고, 오른쪽과 위/아래로의 이동은 turtle.forward() 함수를 사용하여 그린다.

11. 터틀 그래픽을 이용하여 다음과 같이 오른쪽으로 길이가 100인 직선들을 50 간격으로 그려보자.

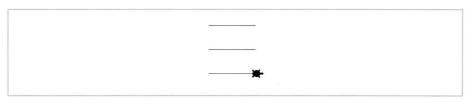

    ⧗   직선을 그릴 때는 turtle.forward() 함수, 펜을 들어 선을 그리지 않으려면 turtle.up() 함수, 펜을 내려 선을 그리려면 turtle.down() 함수를 사용한다. 좌표를 이용하여 거북이의 위치를 이동시키려면 turtle.goto(x좌표값, y좌표값) 함수를 사용한다. 화면의 중앙이 원점(0, 0)이며, 원점을 기준으로 x 좌표는 왼쪽에 음수(−) 값의 좌표, 오른쪽에 양수(+) 값의 좌표로 구성되며, 원점을 기준으로 y 좌표는 위쪽에 양수(+) 값의 좌표, 아래쪽에 음수(−) 값의 좌표로 구성된다.

12. 앞서 작업한 터틀 그래픽을 초기화하고 다음과 같이 아래쪽으로 길이가 100인 직선들을 50 간격으로 그려보자.

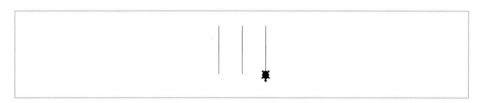

    ⧗   거북이의 현재 오른쪽 방향을 아래쪽 방향으로 바꾸려면 turtle.right() 함수, 펜을 들어 선을 그리지 않으려면 turtle.up() 함수, 펜을 내려 선을 그리려면 turtle.down() 함수를 사용한다. 좌표를 이용하여 거북이의 위치를 이동시키려면 turtle.goto(x좌표값, y좌표값) 함수를 사용한다. 화면의 중앙이 원점(0, 0)이며, 원점을 기준으로 x 좌표는 왼쪽에 음수(−) 값의 좌표, 오른쪽에 양수(+) 값의 좌표로 구성되며, 원점을 기준으로 y 좌표는 위쪽에 양수(+) 값의 좌표, 아래쪽에 음수(−) 값의 좌표로 구성된다.

CHAPTER
3
데이터 저장하기

 학습목표

- 변수의 개념과 변수명 작성 규칙에 대하여 이해한다.
- 변수에 값을 대입하는 방법에 대하여 이해한다.
- 사용자로부터 문자열을 입력받는 방법을 익힌다.
- 사용자로부터 정수를 입력받는 방법을 익힌다.
- 다양한 자료형의 종류를 파악하고, 해당 자료형의 값들을 변수에 대입하는 방법을 익힌다.
- 한 자료형에서 다른 자료형으로 변환하는 방법에 대하여 이해한다.

3.1 값을 변수에 저장하기

프로그램에서 사용되는 수치나 문자 등의 값을 저장하기 위해서는 변수(variable)가 필요하다. 변수는 컴퓨터 메모리의 공간에 이름을 붙인 것이며, 숫자, 문자열 등의 값을 저장하고, 수식에서 계산되는 임시 값 등을 저장한다. 변수의 값은 프로그램을 시작할 때 초기화된 후 실행 도중에 변경되거나 계산에 활용될 수 있다. 프로그램상의 수식이나 문장에서 변수의 이름을 작성하면 해당 변수에 저장된 값이 사용된다.

3.1.1 변수명 만들기

파이썬에서 변수명을 만드는 규칙은 다른 프로그래밍 언어에서 사용되는 변수명 작성 규칙과 비슷하다. 변수명, 즉 변수의 이름은 식별자(identifier)의 일종이며, 식별자는 변수와 변수들을 식별하는 역할을 한다. 파이썬의 변수명을 포함한 식별자 작성 규칙은 다음과 같다.

- 영문자와 숫자, 밑줄 문자(_)로 이루어진다.
- 중간에 공백을 사용할 수 없다.

- 첫 글자는 반드시 영문자 또는 밑줄 문자(_)이어야 하며, 숫자로 시작할 수 없다.
- 대문자와 소문자는 서로 다른 문자로 구분된다.
- if, while, for 등의 파이썬 예약어는 사용할 수 없다.

다음 경우는 변수명으로 올바른 예이다.

```
varname       # 영문자로 구성
varname1      # 첫 글자가 아닐 경우 숫자 사용 가능
_varname      # 밑줄 문자로 시작 가능
var_name      # 중간에 밑줄 문자 사용 가능
VarName       # 대/소문자가 구분되므로 varname과 VarName은 서로 다른 변수
varfor        # 예약어 for가 다른 글자에 붙여 함께 사용 가능
```

다음 경우는 변수명으로 올바르지 않은 예이다.

```
varname$      # 특수 문자를 사용할 수 없음
var name      # 중간에 공백을 사용할 수 없음
1varname      # 숫자로 시작할 수 없음
for           # 예약어 for를 단독으로 변수명으로 사용할 수 없음
```

변수의 이름은 변수의 역할을 잘 설명하는 이름으로 만들어야 한다. 잘 만들어진 변수 이름은 프로그램을 더 읽기 편하고 이해하기 쉽게 해준다. 예를 들면 어떤 일을 시작하는 년, 월, 일을 의미하는 변수를 만들 때 a, b, c와 같이 단순한 문자로 변수 이름을 정하기보다는, start_year, start_month, start_day와 같이 의미나 기능을 뜻하는 영어 단어 등을 활용하여 변수명을 정하는 것이 변수의 의미나 기능을 더 빠르게 파악할 수 있다.

> **TIP**
>
> **파이썬 코드 작성 규칙**
>
> 1. 파이썬의 코드 작성 규칙은 "PEP 8 -- Style Guide for Python Code"에서 더 자세히 확인할 수 있다. https://www.python.org/dev/peps/pep-0008/
> 2. 이름 작성 규칙이나 변수명 작성 규칙 등은 파이썬 코드 작성 규칙 중 "Naming Conventions" 항목을 통해 확인할 수 있다.

Thinking!

1. 파이썬의 예약어를 변수명으로 사용할 수 없지만, 다른 글자와 함께 붙여 사용하는 경우에는 올바른 변수명이 된다. 예를 들어, 예약어 for는 변수명으로 사용할 수 없지만, for1, ifor, forwhile 등과 같이 다른 글자와 붙여 변수명으로 사용할 수 있음에 주의하자.

>>> 잠깐! Coding

1. 올바른 변수명으로 입력하여 실행한 결과와 올바르지 않은 변수명으로 입력하여 실행한 결과가 어떻게 다른지 확인해보자(변수에 값을 대입하지 않은 상태로 실행하여 확인함).
2. import keyword 명령과 keyword.kwlist 명령을 이용하여 파이썬의 예약어를 확인해보자.

3.1.2 변수에 값 대입하기

변수에 값을 넣어 저장하는 것을 '대입(assign)' 또는 '할당'이라고 하며, 값을 대입할 때에는 대입 연산자인 '='를 사용한다. 변수 x에 1을 대입하는 문장은 x = 1이며, 대입 연산자를 사용한 문장을 대입문(assignment statement) 또는 할당문이라고 한다. 변수에 처음 값을 대입하는 것을 '변수의 초기화(initialization)'라고 한다.

```
x = 1
```

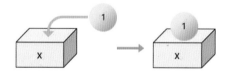

변수에 있는 값은 프로그램이 실행되는 도중에 언제든지 변경될 수 있다. 다음 문장의 경우 기존에 1이 저장된 변수 x에 2가 새로 대입되어 값이 변경된다.

```
x = 1
x = 2
```

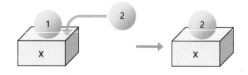

변수의 값은 수식을 이용하여 계산에 활용될 수 있으며 해당 값을 다시 변수에 대입하여 저장할 수 있다.

```
x = 1
y = 2
x = x + 3
y = y + 3
z = x + y
```

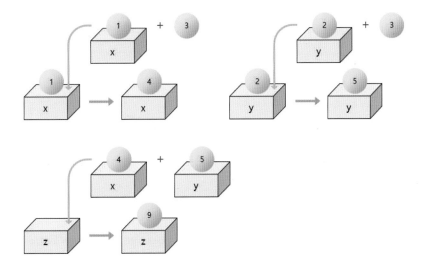

TIP

파이썬 셸에서 변수의 현재 값 확인

파이썬 셸에서 변수의 현재 값을 확인하려면 변수의 이름을 적은 후에 Enter 키를 누른다.

```
>>> x = 1
>>> x
1
```

프로그램 (p03-01) **두 변수의 값을 서로 바꾸기**

변수 x에 3을 대입하고, 변수 y에 4를 대입한 후, 변수 t를 이용하여 변수 x의 값과 변수 y의 값을 서로 바꾸어 보자.

① 변수 x에 3을 대입하고, 변수 y에 4를 대입한 후, print() 함수를 이용하여 변수 x와 변수 y의 값을 출력한다.

```
>>> x = 3
>>> y = 4
>>> print(x, y)
3 4
```

② 변수 t에 변수 x의 값을 대입하고, 변수 x에는 변수 y의 값을, 변수 y에는 변수 t의 값을 대입한 후, print() 함수를 이용하여 변수 x와 변수 y의 값을 출력한다.

```
>>> t = x
>>> x = y
>>> y = t
>>> print(x, y)
4 3
```

💡 Thinking!

2. x, y 두 변수의 값을 서로 바꾸기 위해 변수 t를 사용하지 않으면 어떤 문제가 생기는지 확인해보자.

3. 변수를 초기화하지 않고 파이썬 셀에서 변수의 값을 확인하거나 계산에 활용했을 때 어떤 문제가 생기는지 확인해보자.

>>> 잠깐! Coding

3. 변수 varname에 1을 대입하고, 변수 VarName에 3을 대입해보자. 두 변수의 값을 출력하여 변수명에서 대소문자가 구분됨을 확인해보자.

4. 변수 a에 3을 대입하고, 변수 b에 5를 대입해보자. 그리고 변수 c에 a * a + b * b의 값을 대입하여 출력해보자.

5. 변수 s1에 "파이썬"을 대입하고, 변수 s2에 " "을 대입하고, 변수 s3에 "프로그래밍"을 대입한 후, 변수 s4에 s1 + s2 + s3의 값을 대입하여 출력해보자.

3.2 사용자로부터 입력받아 데이터 저장하기

프로그램의 실행 도중 사용자로부터 값을 입력받는 경우가 많으며, 입력된 값은 변수에 저장된 후 계산 등에 사용된다.

3.2.1 사용자로부터 문자열 입력받기

문자열(string)은 문자들이 모인 것이며, 파이썬에서 사용자로부터 문자열을 입력받기 위해서는 input() 함수를 사용한다. 파이썬 내장 함수인 input() 함수는 사용자가 키보드로 입력한 값을 문자열로 반환한다. input() 함수의 인수는 사용자 입력을 돕기 위한 안내 문구 등을 표시하는 문자열을 작성한다.

```
>>> name = input("첫 번째 이름 : ")
```

input() 함수가 실행되면 "첫 번째 이름 : " 문자열이 출력되고 사용자로부터 입력을 기다린다. 사용자가 키보드로 값을 입력하고 Enter 키를 누르면 사용자가 입력한 값을 문자열로 반환하여 변수 name에 대입한다.

```
>>> name = input("첫 번째 이름 : ")
첫 번째 이름 : 홍길동
```

프로그램   **p03-02**   **학번과 이름 문자열 입력받기**

사용자로부터 학번과 이름을 입력받아 각각 변수 stud_num과 변수 name에 저장하고 해당 변수의 값을 출력해보자.

① input() 함수를 이용하여 다음과 같이 학번과 이름을 입력받아 변수 stud_num과 변수 name에 각각 대입한다.

```
>>> stud_num = input("학번 : ")
학번 : 12345678
>>> name = input("이름 : ")
이름 : 홍길동
```

② print() 함수를 이용하여 학번과 이름을 출력한다.

```
>>> print("학번 :", stud_num, "이름 :", name)
학번 : 12345678 이름 : 홍길동
```

💡 Thinking!

4. input() 함수는 사용자로부터 입력한 값을 문자열로 반환하므로 변수 stud_num에 대입된 12345678 값이 문자열임에 주의하자.

⟫⟫⟫ 잠깐! Coding

6. 학교 이름을 입력받아 변수 univ_name에 대입하고 학과 이름을 입력받아 변수 dept_name에 대입한 후, 각 변수의 값을 출력해보자.

3.2.2 사용자로부터 정수 입력받기

input() 함수는 사용자의 입력을 문자열로 반환하기 때문에 입력받은 숫자 형태의 문자열에 산술 연산을 적용하면 오류가 발생한다.

```
>>> x = input("정수 : ")
정수 : 10
>>> y = x + 1
Traceback (most recent call last):
  File "<pyshell#6>", line 1, in <module>
    y = x + 1
TypeError: must be str, not int
```

input() 함수를 통해 문자열 입력이 아닌 정수 입력을 위해서는 입력받은 문자열을 정수로 변환하는 형 변환(type conversion) 과정을 거쳐야 한다. 정수로 변환하기 위해서는 문자열을 정수로 변환하는 int() 함수를 사용한다.

```
>>> x = int(input("정수 : "))
정수 : 10
>>> y = x + 1
>>> y
11
```

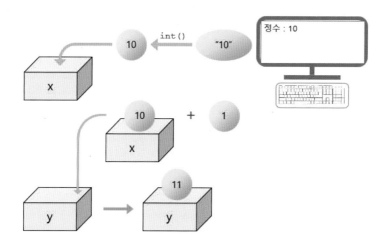

📑 **프로그램** (p03-03) **두 개의 정수를 입력받아 덧셈한 결과 출력하기**

사용자로부터 두 개의 정수를 입력받아 각각 변수 x와 변수 y에 대입하고, print() 함수를 이용하여 덧셈 (+)한 결과를 출력해보자.

① int() 함수와 input() 함수를 이용하여 정수를 입력받아 각각 변수 x와 변수 y에 대입 한다.

```
>>> x = int(input("정수1 : "))
정수1 : 4
>>> y = int(input("정수2 : "))
정수2 : 2
```

② print() 함수를 이용하여 덧셈(+)한 결과를 출력한다.

```
>>> print(x + y)
6
```

💡 **Thinking!**

5. int() 함수와 input() 함수를 이용하여 정수를 입력받을 때 정수가 아닌 문자열을 입력한 경우 오류 가 발생하는지 확인해보자.

⟫⟫ **잠깐! Coding**

7. 이름을 문자열로 입력받아 변수 name에 대입하고 출생연도를 정수로 입력받아 변수 year에 대입 하여 출력해보자.

3.3 | 다양한 자료형으로 데이터 저장하기

3.3.1 자료형의 종류

변수에는 정수, 실수, 문자열 등의 다양한 값들을 대입하여 저장할 수 있다. 프로그램에서 사용할 수 있는 자료의 종류를 자료형(data type)이라고 한다. 파이썬에는 기본 자료형으로 int 자료형, float 자료형, str 문자열 등을 제공한다.

자료 유형	자료형	예
정수(integer)	int	-1, 0, 1, 2, 3
실수(floating-point)	float	3.14, 0.12
문자열(string)	str	"Text", 'String', "123", '123'

변수를 사용하기 전에 미리 선언해야 하는 C/C++ 등의 선언형 언어와는 달리 파이썬은 변수를 미리 선언하지 않아도 되며, 변수에 값을 대입하면 그 값의 자료형에 따라 변수의 자료형이 자동으로 정해진다. 즉, 다음과 같은 문장에서는 변수 x에 정수, 실수, 문자열 형태의 값들이 차례대로 저장되며, 해당 값들이 대입되어 저장될 때 변수의 자료형이 자동으로 정해진다.

```
x = 1              # 정수
x = 3.14           # 실수
x = "Text string"  # 문자열
```

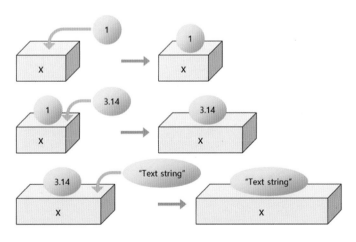

> **TIP**
>
> **파이썬의 자료형 종류**
>
> 파이썬은 정수, 실수, 문자열의 기본 자료형 외에도 다음과 같은 자료형들을 지원한다.
>
> - 부울(boolean) : True 또는 False의 값을 갖는 자료형, bool_data = True
> - 리스트(list) : 대괄호([ ]) 안에 임의의 객체를 순서 있게 나열한 자료형, list_data = [1, 2, 3]
> - 튜플(tuple) : 리스트와 비슷하지만 원소의 값을 변경할 수 없는 자료형, tuple_data = (1, 2, 3)
> - 집합(set) : 원소의 값들이 순서에 상관없이 모인 자료형, set_data = {2, 3, 1}
> - 딕셔너리(dictionary) : 중괄호({ }) 안에 '키:값'으로 된 쌍이 원소로 구성된 순서가 없는 자료형,
>   dict_data = {0:False, 1:True}
> - 이외에 숫자(numbers), 바이트(byte) 자료형 등이 있다.

프로그램 (p03-04) **변수에 정수, 실수, 문자열 자료 저장하기**

변수 x에 정숫값 1, 실숫값 3.14, 문자열 값 "Text string"을 순서대로 대입하여 저장한 후, 변수 x의 값을 각각 출력해보자. 또한 type() 함수를 이용하여 변수의 자료형을 출력해보자.

① 변수 x에 정숫값 1을 대입한 후, print() 함수를 이용하여 변수 x의 값과 type() 함수를 통해 변수 x의 자료형을 출력한다.

```
>>> x = 1
>>> print(x, type(x))
1 <class 'int'>
```

② 변수 x에 실숫값 3.14를 대입한 후, print() 함수를 이용하여 변수 x의 값과 type() 함수를 통해 변수 x의 자료형을 출력한다. 변수 x에 실숫값을 대입하면 변수 x의 자료형이 기존의 정수형(int)에서 실수형(float)으로 변경된다.

```
>>> x = 3.14
>>> print(x, type(x))
3.14 <class 'float'>
```

③ 변수 x에 문자열 값 "Text string"을 대입한 후, print() 함수를 이용하여 변수 x의 값과 type() 함수를 통해 변수 x의 자료형을 출력한다. 변수 x에 문자열 값을 대입하면 변수 x의 자료형이 기존의 실수형(float)에서 문자열형(str)으로 변경된다.

```
>>> x = "Text string"
>>> print(x, type(x))
Text string <class 'str'>
```

💡 Thinking!

6. 파이썬에서 지원하는 기본 자료형 이외의 다른 자료형 형태로 값들을 대입하고 해당 변수의 값을 출력해보자. (예: x = True, y = (1, 2, 3), ...)

>>> 잠깐! Coding

8. 실수를 입력받아 변수 fnum에 대입하고 출력해보자.

3.3.2 다른 자료형으로 변환하기

변수에 저장된 정수, 실수, 문자열 등의 다양한 자료형들의 값들은 사용자에 의해 강제로 다른 자료형으로 변환될 수 있다. 이미 input() 함수에서 사용자가 입력한 문자열 값을 int() 함수에 의해 정숫값으로 변환하여 정수형 변수에 대입하였었다. 마찬가지로 정수, 실수, 문자열 값들은 다음 표의 형 변환(type conversion) 함수에 의해 다른 자료형으로 변환될 수 있다.

자료 유형	자료형	형 변환 함수
정수(integer)	int	int()
실수(floating-point)	float	float()
문자열(string)	str	str()

int() 함수는 정수 형태의 문자열이나 실숫값을 정수로 형 변환하고, float() 함수는 실수 형태의 문자열이나 정숫값을 실수로 형 변환한다. str() 함수는 실수나 정숫값을 문자열로 형 변환한다.

```
x1 = "3.14"      # 문자열
x2 = float(x1)   # 실수
x3 = int(x2)     # 정수
x4 = str(x3)     # 문자열
```

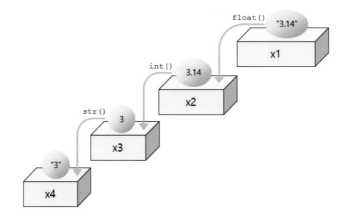

📑 프로그램 p03-05 문자열을 입력받아 실수형, 정수형으로 변환하기

사용자로부터 실수 형태의 문자열을 입력받아 실수형으로 변환하여 출력하고, 이어서 정수형, 문자열로 연속으로 변환하고 출력해보자. 출력할 때 각 변수의 값들과 자료형을 함께 출력해보자.

문자열을 실수형으로 변환하기 위해서는 float() 함수를 사용하고, 정수형으로 변환하기 위해서는 int() 함수를 사용한다. 그리고 실수형이나 정수형을 문자열로 변환하기 위해서는 str() 함수를 사용한다. 또한, 각 변수의 자료형은 type() 함수를 이용하여 출력한다.

① input() 함수를 이용하여 실수 형태의 문자열을 입력받아 변수 text에 대입한다.

```
>>> text = input("실수 형태 문자열 : ")
실수 형태 문자열 : 3.14
```

② 변수 text의 문자열을 float() 함수로 형 변환하여 변수 fnum에 대입한다.

```
>>> fnum = float(text)
```

③ 변수 fnum의 실숫값을 int() 함수로 형 변환하여 변수 inum에 대입한다.

```
>>> inum = int(fnum)
```

④ 변수 inum의 정숫값을 str() 함수로 형 변환하여 변수 tstr에 대입한다.

```
>>> tstr = str(inum)
```

⑤ 변수 text, fnum, inum, tstr의 값들과 각각의 자료형을 type() 함수를 이용하여 출력한다.

```
>>> print(text, type(text), fnum, type(fnum))
3.14 <class 'str'> 3.14 <class 'float'>
>>> print(inum, type(inum), tstr, type(tstr))
3 <class 'int'> 3 <class 'str'>
```

Thinking!

7. 문자가 포함된 실수 형태의 값(예: 3.14a)을 float() 함수를 통해 형 변환하면 어떠한 오류가 발생하는지 확인해보자.

8. 실숫값 3.14를 정수로 형 변환한 후, 다시 실수로 형 변환할 경우 원래의 값 3.14가 되는지 확인해보자.

>>> 잠깐! Coding

9. 변수 inum에 정수 3을 대입한 후, inum의 값을 실수형으로 변환하여 변수 fnum에 대입하고 출력하여 값이 어떻게 변환되는지 확인해보자.

10. 변수 fnum에 실수 3.14를 대입한 후, fnum의 값을 정수형으로 변환하여 변수 inum에 대입하고 출력하여 값이 어떻게 변환되는지 확인해보자.

1. 예약어 for, while, if 등은 단독으로 변수명으로 사용할 수 없다. 그러나 for1, ifor, forwhile 등과 같이 다른 글자와 붙여 변수명으로 사용할 수 있다. 파이썬 셀이나 파이썬 에디터에서 입력할 경우 예약어는 주황색 글자로 표시되고, 일반 변수명은 검은색 글자로 표시되어 쉽게 구분할 수 있다.

```
>>> for for1 ifor while forwhile if forif
```

2. 변수 t를 사용하지 않고 x, y 두 변수의 값을 서로 직접 바꾸면 한 변수의 값이 다른 변수의 값으로 곧바로 대입되어 두 변수의 값이 같아진다.

```
>>> x = 3
>>> y = 4
>>> print(x, y)
3 4
>>> x = y
>>> print(x, y)
4 4
>>> y = x
>>> print(x, y)
4 4
```

3. 변수를 초기화하지 않고 해당 변수의 값을 확인하거나 계산에 활용하면 해당 변수를 정의하지 않았다는 "NameError : name '변수명' is not defined" 오류가 발생한다. 아래의 코드에서 변수 x1은 값을 대입하지 않은, 즉 초기화하지 않은 채로 사용하였기 때문에 오류가 발생하였다. 다만, 변수 x2의 경우 x1 + 1에 의해 초기화되고 아직 사용되지 않았기에 오류가 발생하지 않는다.

```
>>> x1
Traceback (most recent call last):
  File "<pyshell#11>", line 1, in <module>
    x1
NameError: name 'x1' is not defined
>>> x2 = x1 + 1
Traceback (most recent call last):
  File "<pyshell#12>", line 1, in <module>
    x2 = x1 + 1
NameError: name 'x1' is not defined
```

4. input() 함수는 사용자로부터 입력한 값을 문자열로 반환하므로 변수 stud_num에 대입된 값은 문자열 값이다. stud_num을 확인하면 문자열 변수이므로 결과가 '12345678'로 나타난다.

```
>>> stud_num = input("학번 : ")
학번 : 12345678
>>> stud_num
'12345678'
```

5. int() 함수와 input() 함수를 이용하여 정수를 입력받을 때 정수가 아닌 문자열을 입력한 경우 "ValueError: invalid literal for int() with base 10: '10a'" 오류가 발생한다. 이 오류는 int() 함수의 인수로 10진수 값이 제공되어야 하는데, '10a'라는 문자열 값이 제공되어 오류가 발생하였음을 나타낸다.

```
>>> x = int(input("정수 : "))
정수 : 10a
Traceback (most recent call last):
  File "<pyshell#15>", line 1, in <module>
    x = int(input("정수 : "))
ValueError: invalid literal for int() with base 10: '10a'
```

6. 본문에서 다룬 기본 자료형인 정수, 실수, 문자열 형 외에도 부울, 리스트, 튜플, 집합, 딕셔너리 등의 자료형이 제공된다.

```
>>> bool_data = True
>>> bool_data
True
>>> list_data = [1, 2, 3]
>>> list_data
[1, 2, 3]
>>> tuple_data = (1, 2, 3)
>>> tuple_data
(1, 2, 3)
>>> set_data = {2, 3, 1}
>>> set_data
{1, 2, 3}
```

```
>>> dict_data = {0:False, 1:True}
>>> dict_data
{0: False, 1: True}
```

7. 'Thinking!' 5번의 경우와 마찬가지로, float() 함수와 input() 함수를 이용하여 실숫값을 입력받을 때 문자가 포함된 값을 입력한 경우 "ValueError: could not convert string to float: '3.14a'" 오류가 발생한다. 이 오류는 문자열을 실수로 변환하는 과정에서 오류가 발생하였음을 나타낸다. 다만, 문자열이 아닌 "314"와 같은 정수 형태를 입력할 경우 정상적으로 변환되어 314.0 값이 반환된다.

```
>>> x = float(input("실수 : "))
실수 : 3.14a
Traceback (most recent call last):
  File "<pyshell#27>", line 1, in <module>
    x = float(input("실수 : "))
ValueError: could not convert string to float: '3.14a'
```

8. 실숫값 3.14를 정수로 형 변환할 경우 소수점 이하 부분이 없어지고 정숫값 3으로 변환된다. 이후 다시 실수로 변환을 하면 실숫값 3.0으로 변환된다.

```
>>> x = 3.14
>>> x
3.14
>>> y = int(x)
>>> y
3
>>> x = float(y)
>>> x
3.0
```

1. 올바르지 않은 변수명을 입력하여 실행하면 "SyntaxError: invalid syntax" 오류가 발생한다. 이 오류는 문법적인 오류가 발생했음을 의미한다. 올바른 변수명을 입력하여 실행하였다 하더라도 변수에 값을 대입하여 초기화하지 않으면 "NameError: name 'num3' is not defined" 오류가 발생한다. 이 오류는 변수명이 초기화되지 않은 채로 사용되었음을 의미한다.

```
>>> 3num
SyntaxError: invalid syntax
>>> num3
Traceback (most recent call last):
  File "<pyshell#39>", line 1, in <module>
    num3
NameError: name 'num3' is not defined
```

2. 파이썬의 예약어를 확인하기 위하여 import keyword 명령과 keyword.kwlist 명령을 실행한다.

```
>>> import keyword
>>> keyword.kwlist
['False', 'None', 'True', 'and', 'as', 'assert', 'async', 'await', 'break',
'class', 'continue', 'def', 'del', 'elif', 'else', 'except', 'finally', 'for',
'from', 'global', 'if', 'import', 'in', 'is', 'lambda', 'nonlocal', 'not', 'or',
'pass', 'raise', 'return', 'try', 'while', 'with', 'yield']
```

3. 파이썬은 변수명에서 대소문자를 구분하므로 변수 varname과 변수 VarName은 서로 다른 변수이다. 그러므로 변수의 값들을 출력할 경우 변수 varname의 값이 3으로 변경되지 않고 처음 대입한 그대로 출력된다.

```
>>> varname = 1
>>> VarName = 3
>>> print(varname, VarName)
1 3
```

4. 변수 a에 3을 대입하고 변수 b에 5를 대입한 후, a * a + b * b의 값을 계산하여 변수 c에
   대입할 수 있다.

```
>>> a = 3
>>> b = 5
>>> c = a * a + b * b
>>> print(a, b, c)
3 5 34
```

5. 변수 s1에 "파이썬"을 대입하고, 변수 s2에 " "을 대입하고, 변수 s3에 "프로그래밍"을 대입
   한 후, s1 + s2 + s3의 값을 계산할 경우 변수 s1, s2, s3의 값이 문자열이므로 + 연산은
   문자열을 연결하는 연산을 수행한다. 변수 s4에 모든 문자열이 연결되어 대입된다.

```
>>> s1 = "파이썬"
>>> s2 = " "
>>> s3 = "프로그래밍"
>>> s4 = s1 + s2 + s3
>>> print(s4)
파이썬 프로그래밍
```

6. 학교 이름과 학과 이름은 문자열 값을 입력 받는 것이므로 input() 함수를 이용하여 입력을
   받는다.

```
>>> univ_name = input("학교 이름 : ")
학교 이름 : 한국대학교
>>> dept_name = input("학과 이름 : ")
학과 이름 : 인문학과
>>> print(univ_name, dept_name)
한국대학교 인문학과
```

7. 이름은 문자열 값을 입력받는 것이므로 input() 함수를 이용하여 입력을 받고, 출생연도는 정
   숫값을 입력받는 것이므로 int() 함수와 input() 함수를 이용하여 입력을 받는다.

```
>>> name = input("이름 : ")
이름 : 홍길동
>>> year = int(input("출생년도 : "))
출생년도 : 1999
>>> print(name, year)
홍길동 1999
```

8. 실숫값을 입력받는 것이므로 float() 함수와 input() 함수를 이용하여 입력을 받는다.

```
>>> fnum = float(input("실수 : "))
실수 : 3.14
>>> print(fnum)
3.14
```

9. 변수 inum의 값 3이 float() 함수에 의해 실수형으로 변환될 경우 3.0으로 변환된 값이 변
   수 fnum에 대입된다.

```
>>> inum = 3
>>> fnum = float(inum)
>>> print(inum, fnum)
3 3.0
```

10. 변수 fnum의 값 3.14는 int() 함수에 의해 정수로 변환될 경우 소수점 이하 부분이 제거되어
   3으로 변환된 값이 변수 inum에 대입된다.

```
>>> fnum = 3.14
>>> inum = int(fnum)
>>> print(fnum, inum)
3.14 3
```

Coding? Programming!

Basic Coding

1. 다음 변수명 중 올바른 것과 올바르지 않은 것을 구분하고, 올바르지 않은 이유를 설명해 보자.

　① abc   ② 3ab

　③ a b   ④ import

　⑤ import_var   ⑥ test

　⑦ temp#   ⑧ k31

> ⧗ 변수명을 포함한 식별자 작성 규칙은 다음과 같다.
> - 영문자와 숫자, 밑줄 문자(_)로 이루어진다.
> - 중간에 공백이 사용되면 안 된다.
> - 첫 글자는 반드시 영문자 또는 밑줄 문자(_)이어야 하며, 숫자로 시작할 수 없다.
> - 대문자와 소문자는 구별된다.
> - if, while, for 등의 파이썬 예약어는 사용할 수 없다.

2. 다음 작업에 해당하는 문장을 순서대로 작성하여 실행해보자.

　① 변수 a에 정숫값 3 대입

　② 변수 b에 수식 a + 4의 값 대입

　③ 변수 c에 수식 b * 5의 값 대입

　④ print() 함수를 이용하여 변수 a, b, c의 값 출력

> ⧗ 변수 a에 값을 대입하여 초기화하고, 그 후, 해당 변수의 값을 수식 계산에 활용할 수 있다.

3. 다음 문장에서 문제점이나 오류가 발생하는 것은 무엇인가? 또한, 문제점이나 오류가 발생하는 이유는 무엇인지 확인해보자.

```
>>> a = 3
>>> c = a + b + 1
```

> ⧗ 변수는 수식의 연산에 사용하기 위해서는 먼저 '초기화'(처음으로 변수에 값을 대입하는 것)를 진행해야 한다. 초기화를 하지 않은 채로 해당 변수를 수식의 연산에 사용할 경우 오류가 발생한다.

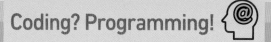

4. 다음 문장들을 실행한 후의 각 변수의 값은 무엇인지 확인해보자.

```
>>> a = 3
>>> b = 2
>>> c = 1
>>> a = a + 1
>>> b = b
>>> c = a + b
>>> c = c + 1
```

변수 a는 기존 값인 3에 1을 더하였고, 변수 b는 기존 값인 2를 다시 대입하였다. 그리고 변수 c는 변수 a와 b의 값을 더하여 대입한 후 1을 추가로 더하였다. 변수 a와 b와 c의 값을 변수명을 이용하여 출력하거나 print() 함수를 이용하여 값을 출력할 수 있다.

5. 다음 작업에 해당하는 문장을 순서대로 작성하여 실행해보자.

① 변수 s1에 문자열 값 "pyt" 대입
② 변수 s2에 문자열 값 "hon" 대입
③ 변수 s3에 변수 s1의 값과 변수 s2의 값을 연결하여 대입
④ print() 함수를 이용하여 변수 s1, s2, s3의 값 출력

변수 s1, s2에 문자열 값을 대입하여 초기화하고, + 연산자를 이용하여 문자열을 연결한다.

6. 변수 s1에 "대한", s2에 "민국" 문자열을 대입한 후, 다음 형태로 출력해보자.

```
대한민국
대한 민국
대한민국 만세
```

변수 s1, s2에 문자열 값을 대입하여 초기화하고, + 연산자를 이용하여 문자열을 연결하여 출력한다. s1, s2 문자열 사이에 " " 문자열을 포함하여 연결하고, s1, s2 문자열을 먼저 연결한 후 " 만세" 문자열을 이어서 연결한다.

7. 변수 s에 "#" 문자열을 대입한 후, 다음과 같이 반복하여 출력해보자.

```
###
#####
```

⧗ 변수에 대입된 문자열 값은 * 연산자를 이용하여 반복하여 출력한다.

8. 임의의 문자열을 입력받아 문자열 변수에 대입한 후, 입력한 문자열에 "을 입력하였습니다."
    문자열을 연결하여 출력해보자.

```
문자열 입력 : 파이썬
파이썬을 입력하였습니다.
```

⧗ 문자열 입력은 input() 함수를 이용하고, + 연산자를 이용하여 "을 입력하였습니다." 문자열을 연
  결하여 출력한다.

9. 임의의 정숫값을 입력받아 정수형 변수에 대입한 후, 입력한 값에 10을 더해 출력해보자.

```
정수 입력 : 30
40
```

⧗ 정수 입력은 int(input()) 함수 형태를 이용하고, print() 함수에서 정수 변수에 10을 더해 출력한다.

10. 임의의 실숫값을 입력받아 실수형 변수에 대입한 후, 이를 정숫값으로 변환하여 정수형 변수
    에 대입한다. 그리고 두 변수의 값을 출력해보자.

```
실수 입력 : 3.2
3.2 3
```

⧗ 실수 입력은 float(input()) 함수 형태를 이용하고, print() 함수에서 두 변수의 값을 출력한다.

11. 정수를 입력받아 변수 a에 저장한 후, 변수 a의 값을 문자열로 변환하여 변수 b에 저장해보자. 그리고 변수 a, b의 값과 자료형을 출력해보자.

```
정수 입력 : 345
345 <class 'int'> 345 <class 'str'>
```

⧖ 정수 변수의 값은 str() 함수를 이용하여 문자열로 변환하고, 변수의 자료형은 type() 함수를 이용하여 출력한다.

12. 길이에 해당하는 정수를 입력받아 변수 length에 대입한 후, 터틀 그래픽에서 변수 length의 값에 해당하는 직선을 그려보자.

길이 : 200

⧖ turtle.forward() 함수의 인수로 변수 length의 값을 지정하여 선을 그린다.

13. 삼각형의 한 변에 해당하는 정수를 입력받아 변수 side에 대입한 후, 터틀 그래픽에서 한 변의 길이가 변수 side의 값에 해당하는 삼각형을 그려보자.

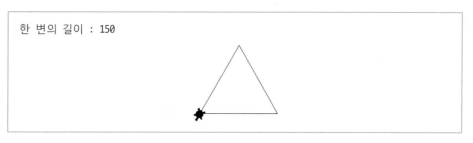

한 변의 길이 : 150

⧖ turtle.forward() 함수의 인수로 변수 side의 값을 지정하여 이동하고, turtle.left(120) 함수로 왼쪽으로 120도 회전하는 과정을 반복하여 삼각형을 그린다.

14. 반지름에 해당하는 정수를 입력받아 변수 radius에 대입한 후, 터틀 그래픽에서 반지름이 변수 radius의 값에 해당하는 원과, 원에 내접하는 정사각형의 마름모꼴을 그려보자.

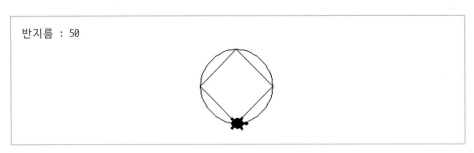

반지름 : 50

⧖ turtle.circle() 함수의 인수로 변수 radius의 값을 지정하면 반지름이 radius에 해당하는 원을 그릴 수 있다. 그리고 turtle.circle() 함수의 인수로 변수 radius의 값과, steps=4를 지정하여 반지름 radius에 내접하는 정사각형의 마름모꼴을 그린다.

15. 임의의 정숫값을 입력받아 변수 distance에 대입한 후, 터틀 그래픽에서 변수 distance 만큼 앞으로 이동하며 선을 그려보자.

거리 : 150

⧖ turtle.forward() 함수의 인수로 변수 distance의 값을 지정하고, turtle.right(90) 함수로 방향을 바꾼다.

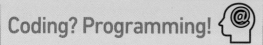
Enhancement Coding

1. 변수 s1에 "#", s2에 "@" 문자열을 대입한 후, 다음 형태로 출력해보자.

```
###
@@@
#@#@#@#@
```

> 변수에 대입된 문자열 값은 * 연산자를 이용하여 반복하여 출력하고, (s1 + s2) * 4 형태로 괄호
> 내에서 문자열 변수들을 + 연산자로 연결한 후 * 연산자로 경우 괄호 부분을 반복하여 출력한다.

2. 반복 횟수에 해당하는 정숫값을 입력받아 변수 rept에 대입하고, 해당 값에 따라 "#" 문자열
   을 반복하여 출력해보자.

```
반복 : 3
###
반복 : 5
#####
```

> "#" * rept 형태로 "#" 문자열을 반복하여 출력한다.

3. 현재의 연도에 해당하는 정숫값을 입력받아 변수 year에 대입하고, 2000년으로부터 몇 년
   이 지났는지 구하여 출력해보자.

```
현재 연도 : 2020
경과 연도 : 20
```

> 지난 연수는 year - 2000으로 계산한다.

4. 가로와 세로에 해당하는 정숫값을 입력받아 변수 horizontal, vertical에 각각 대입하고, 두 변수를 이용하여 다음과 같이 직사각형의 면적을 구하여 출력해보자.

```
가로 : 5
세로 : 4
면적 = 20
```

⏳ 직사각형의 면적은 가로 * 세로로 계산한다.

5. 반지름에 해당하는 정숫값을 입력받아 변수 radius에 대입하고, 해당 값을 이용하여 원의 넓이를 구하여 출력해보자.

```
반지름 : 5
원의 넓이 = 78.5398
```

⏳ 원의 넓이는 반지름 * 반지름 * 3.141592로 계산한다.

6. 정수 3개를 입력받아 변수 a, b, c에 각각 대입하고, 합계를 구하여 변수 sum에 대입하고 평균을 구하여 변수 avg에 대입해보자. 그리고 다음과 같이 모든 변수의 값을 출력해보자.

```
정수1 : 3
정수2 : 5
정수3 : 4
정수1 : 3  정수2 : 5  정수3 : 4
합: 12 평균: 4.0
```

⏳ 합계는 a + b + c로 계산하고, 평균은 sum / 3으로 계산한다.

7. 좋아하는 과목 이름과 희망하는 점수를 다음과 같이 입력받아 변수 subject와 변수 score
에 각각 대입하고, 두 변수의 값을 다음 형태로 출력해보자.

> 과목 : 수학
> 점수 : 95
> 선호 과목 : 수학 , 희망 점수 : 95

⧖ 문자열 입력은 input() 함수를 이용하고, 정수는 int(input()) 함수 형태로 사용하여 입력한다.
print() 함수에서 출력 형식대로 문자열을 작성하고 변수들의 값을 출력한다.

8. x 좌표와 y 좌표에 해당하는 정수를 입력받아 변수 x, y에 각각 대입하고, 해당 좌표 위치에
거북이의 모양을 도장 찍듯이 남겨보자.(프로그램 문장 작성은 파이썬 에디터를 사용하여 작
성하고 실행해보자.)

> x 좌표 : 0
> y 좌표 : 0
> x 좌표 : 50
> y 좌표 : -50
> x 좌표 : 100
> y 좌표 : 50

⧖ 파이썬 셀의 [File] 메뉴 → [New File]을 실행하여 파이썬 에디터를 열고 프로그램 문장을 작성한
다. 작성이 끝난 후 파이썬 에디터의 [File] 메뉴 → [Save] 또는 [Save As]를 실행하여 작성한 프
로그램을 저장하고, [Run] 메뉴 → [Run Module]을 실행하여 작성한 프로그램 문장을 실행한다.
turtle.goto(x, y) 함수로 거북이를 이동하고, 이동하는 과정에 선을 그리지 않으려면 turtle.up()
함수를 사용한다. 거북이의 모양을 도장 찍듯이 남기려면 turtle.stamp() 함수를 사용한다.

9. 반지름에 해당하는 정수를 입력받아 변수 radius에 대입하고, 길이에 해당하는 정수를 입력받아 변수 length에 대입해보자. 그리고 터틀 그래픽에서 반지름이 변수 radius의 값에 해당하는 원을 그리고, 변수 length 만큼 앞으로 이동한다. 원을 그리고 진행하는 동작을 세 번 반복하여 작성해보자.(프로그램 문장 작성은 파이썬 에디터를 사용하여 작성하고 실행해보자.)

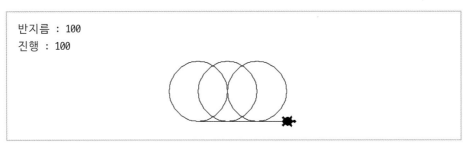

```
반지름 : 100
진행  : 100
```

⌛ 반지름이 radius인 원을 그리려면 turtle.circle(radius) 함수를 사용하고, length 만큼 앞으로 진행하려면 turtle.forward(length) 함수를 사용한다.

10. '2장의 Enhancement Coding 10번 문제'를 참고하여, 주기 값에 해당하는 정수를 입력받아 변수 t에 대입하고, 크기에 해당하는 정수를 입력받아 변수 p에 대입하자. 그리고 해당 변수들을 이용하여 다음과 같이 파형을 그려보자.(프로그램 문장 작성은 파이썬 에디터를 사용하여 작성하고 실행해보자.)

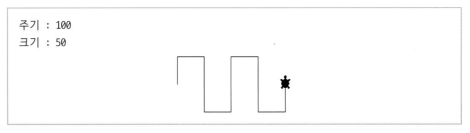

```
주기 : 100
크기 : 50
```

⌛ 거북이의 방향을 바꾸려면 turtle.left(), turtle.right() 함수를 사용하고, 오른쪽으로의 이동은 변수 t의 1/2 값만큼 각각 이동하고, 위/아래로의 이동은 변수 p의 값만큼 이동한다.

CHAPTER 4 데이터 연산하기

 학습목표

- 수식과 연산자에 대하여 이해하고 사칙연산 방법을 익힌다.
- 정수 나눗셈과 나머지 계산 방법을 익힌다.
- 대입 연산자와 대입문에 대하여 이해한다.
- 증분 대입 연산자에 대하여 이해한다.
- 수식에서 연산자의 우선순위를 고려하여 계산하는 방법에 대하여 이해한다.

4.1 입력된 데이터를 산술 연산하기

4.1.1 수식과 연산자

수식(expression)은 피연산자들과 연산자의 조합으로 구성되며, 연산자(operator)는 어떤 대상에 대한 연산(operation)을 나타내는 기호이고, 연산의 대상이 되는 것을 피연산자(operand)라고 한다. 피연산자들에 대해 연산자를 사용하여 계산하면 수식의 결과가 생성된다.

피연산자	연산자	피연산자	
6	+	2	----------- 수식
	8		------------------------- 수식의 결과값

파이썬은 덧셈, 뺄셈, 곱셈, 나눗셈 등의 산술 연산자와 관계 연산자, 논리 연산자, 비트 연산자 등을 지원한다.

4.1.2 사칙연산하기

산술 연산자 중 사칙연산을 수행하는 덧셈, 뺄셈, 곱셈, 나눗셈의 연산자와 수식의 결과는
다음과 같다.

연산	연산자	수식	결과
덧셈	+	6 + 4	10
뺄셈	−	6 − 4	2
곱셈	*	6 * 4	24
나눗셈	/	6 / 4	1.5

프로그램   p04-01   **두 개의 정수를 입력받아 사칙연산하기**

사용자로부터 두 개의 정수를 입력받아 각각 변수 x와 변수 y에 대입하고, print() 함수를 이용하여 사칙
연산(+, −, *, /)의 결과를 출력해보자.

int(input()) 형태를 이용하여 정숫값을 입력받고, print() 함수를 이용하여 입력받은 변수들
의 사칙연산(+, −, *, /) 결과를 출력한다.

① int() 함수와 input() 함수를 이용하여 정수를 입력받아 각각 변수 x와 변수 y에 대입한다.

```
>>> x = int(input("정수1 : "))
정수1 : 4
>>> y = int(input("정수2 : "))
정수2 : 2
```

② print() 함수를 이용하여 사칙연산(+, −, *, /) 결과를 출력한다.

```
>>> print(x + y)
6
>>> print(x - y)
2
```

```
>>> print(x * y)
8
>>> print(x / y)
2.0
```

💡 **Thinking!**

1. 입력하는 정수1과 정수2의 값을 다양하게 변경하면서 사칙연산의 결과를 확인해보자.
2. 만약 정수2의 값을 0으로 입력한 경우 오류가 발생하는 연산은 어느 경우인지 확인해보자.

>>> 잠깐! Coding

1. 변수 odd에 1부터 10까지의 모든 홀수를 더하여 대입하고, 변수 even에 1부터 10까지의 모든 짝수를 더하여 대입하자. 그리고 변수 even의 값에서 변수 odd의 값을 빼서 변수 diff에 대입하고 모든 변수의 값을 출력해보자.
2. 이름을 문자열로 입력받아 변수 name에 대입하고 출생연도를 정수로 입력받아 변수 year에 대입해보자. 그리고 나이를 구하기 위하여 현재 연도에서 변수 year의 값을 뺀 후 1을 더하여 변수 age에 대입하고 출력해보자.

4.1.3 정수 나눗셈과 나머지 연산하기

파이썬에서 나눗셈 연산은 피연산자가 둘 다 정수라 하더라도 항상 실수 연산을 수행한다. 만약 나눗셈의 몫에 해당하는 정수 결과를 구하려면 // 연산자를 사용하고, 나눗셈의 나머지 값을 구하려면 % 연산자를 사용한다.

연산	연산자	수식	결과
나눗셈(실수)	/	6 / 4	1.5
나눗셈(정수)	//	6 / 4	1
나머지	%	6 / 4	2

$$1.5 \leftarrow 6 / 4$$

$$\begin{array}{r} 1 \leftarrow 6 // 4 \\ 4 \overline{)\, 6} \\ -4 \\ \hline 2 \leftarrow 6 \% 4 \end{array}$$

프로그램   (p04-02)   **필요한 동전 개수 구하기**

정수를 입력받아 500원 동전 개수와 100원 동전 개수를 구해보자.

정숫값에 대하여 500으로 정수 나눗셈(//)을 하여 몫을 구하면 500원 동전 개수이고, 500 으로 정수 나눗셈을 한 나머지 값에 대하여 100으로 정수 나눗셈을 하여 몫을 구하면 100 원 동전 개수이다.

① 입력된 정수를 500으로 정수 나눗셈(//)을 실행하면 결과인 몫 값이 500원 동전 개수 이다.

```
>>> x = int(input("금액 : "))
금액 : 750
>>> x500 = x // 500
```

② 500을 이용하여 나머지 값을 구한 후, 나머지 값을 다시 100으로 정수 나눗셈을 실행 하면 결과인 몫 값이 100원 동전 개수이다.

```
>>> x100 = x % 500
>>> x100 = x100 // 100
```

③ print() 함수를 이용하여 500원과 100원 동전 개수를 출력한다.

```
>>> print("500원 :", x500, "100원 :", x100)
500원 : 1 100원 : 2
```

🔆   Thinking!

3. / 연산자를 사용한 나눗셈 결과와 // 연산자를 사용한 나눗셈 결과가 다름에 주의하자.

>>>   잠깐! Coding

3. 50원 동전 개수와 10원 동전 개수도 함께 구할 수 있도록 프로그램을 변경해보자.

4.2 대입 연산자와 증분 대입 연산자 활용하기

4.2.1 대입 연산자와 대입문

변수에 값을 대입할 때 사용하였던 = 기호를 대입 연산자(assignment operator)라고 하며, 배정 연산자 또는 할당 연산자라고도 한다. 대입 연산자인 = 기호는 "같다"라는 의미가 아니고, 변수에 값을 "대입하여 저장"하는 의미이다.

대입 연산자가 사용된 문장을 대입문(assignment statement)이라고 하며 배정문, 할당문이라고도 한다. 대입문에서 대입 연산자의 왼쪽은 반드시 변수이어야 하며, 오른쪽은 변수, 상수를 포함한 어떠한 형태의 수식도 위치할 수 있다. 다음 대입문에서 x, y, z는 변수이고, 1은 상수, x는 변수, x + y + 1은 수식이다.

```
x = 1
y = x
z = x + y + 1
```

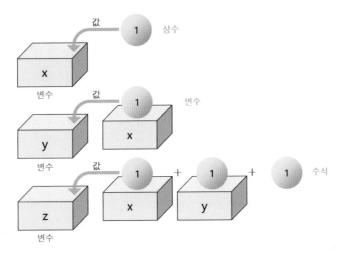

대입문에서 대입 연산자가 여러 개 사용되어 다중 대입(multiple assignment)할 수 있다. 이 경우 여러 개의 변수에 같은 값을 대입할 수 있다. 다음 대입문의 경우 변수 x, y, z에 1 값이 대입되며, z = 1, y = z의 값(1), x = y의 값(1)의 순서로 대입된다.

```
x = y = z = 1
```

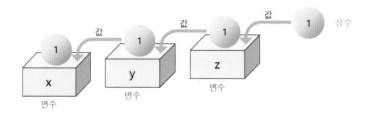

대입문에서 대입 연산자의 왼쪽에 변수가 아닌 상수나 수식이 위치할 경우 오류가 발생한다.

```
>>> 1 = x
SyntaxError: can't assign to literal
>>> y + 1 = x
SyntaxError: can't assign to operator
```

4.2.2 증분 대입 연산자

증분 대입 연산자(augmented assignment operator)는 다른 연산자와
대입 연산자가 결합된 형태의 연산자이다. x = x + 1과 같은 문장은 증
분 대입 연산자를 사용하여 x += 1 형태로 간략히 작성할 수 있다.

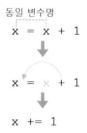

산술 연산자를 사용한 증분 대입 연산자는 다음과 같다.

복합 대입 연산자	문장	의미
+=	x += y	x = x + y
-=	x -= y	x = x - y
*=	x *= y	x = x * y
/=	x /= y	x = x / y
//=	x //= y	x = x // y
%=	x %= y	x = x % y

프로그램　(p04-03)　**정수를 입력받아 사칙연산하기**

정수를 입력받아 변수 x에 대입하고, 사칙연산을 위한 증분 대입 연산자를 활용하여 변수 x에 각각 2를 계산하면서 변수 x의 값을 순서대로 변경해보자.

x = x + 2 형태의 수식을 증분 대입 연산자를 사용한 x += 2 형태로 변경하여 사칙연산하고 계산 결과를 확인한다. 이때 변수 x의 값이 계속 변경됨에 주의한다.

① 정수를 입력받아 변수 x에 대입한다.

```
>>> x = int(input("정수 : "))
정수 : 8
```

② 사칙연산을 위한 증분 대입 연산자(+=, -=, *=, /=)를 사용하여 변수 x에 각각 2를 계산하고, 변수 x의 값을 확인한다.

```
>>> x += 2
>>> x
10
>>> x -= 2
>>> x
8
>>> x *= 2
>>> x
16
>>> x /= 2
>>> x
8.0
```

💡　Thinking!

4. 산술 연산자 외에도 파이썬에서 지원하는 다른 연산자들에 대해서도 증분 대입 연산자로 활용할 수 있음을 확인해보자.

5. 증분 대입 연산자의 활용은 프로그램 코드의 간결화를 위해 주로 사용되지만, 프로그램 코드를 읽기 어렵게 할 수도 있음에 주의해야 한다.

>>> 잠깐! Coding

4. 다음 프로그램 코드를 순서대로 실행해 본 후, 증분 대입 연산자를 사용하여 다시 작성하고 실행해
   보자.

```
>>> a = 1
>>> b = 2
>>> c = 3
>>> a = a + b
>>> b = b + a - c
>>> c = c * (a - b)
>>> print(a, b, c)
3 2 3
```

4.3 연산자의 우선순위를 고려하여 연산하기

수식에 두 개 이상의 연산자가 사용되는 경우 어느 연산자를 먼저 계산에 사용할지 결정해
야 한다. 만약 수식에서의 연산자 우선순위가 정해져 있지 않다면 다음과 같이 계산 순서를
다르게 적용하는 혼동이 발생할 수 있다.

$a + b * c$		$x * y + z$	
a + b * c ① ②	a + b * c ② ①	x * y + z ① ②	x * y + z ② ①

이러한 혼동을 예방하려면 괄호를 사용하여 계산의 순서를 명확히 하면 된다. 위의 두 수식
에 대하여 계산의 우선순위에 맞추어 괄호를 사용한 수식은 다음과 같다.

$a + (b * c)$	$(x * y) + z$
a + (b * c) ① ②	(x * y) + z ① ②

파이썬에서 연산자 우선순위(operator precedence)는 산술 연산의 경우 기본적으로 다음
순서와 같은 수학적 관례를 따르고 있다. 각 항목의 영어 단어 첫 글자들을 순서대로 나열

한 PEMDAS를 통해 연산자 우선순위를 쉽게 기억할 수 있다.

- 괄호(Parentheses)는 가장 높은 우선순위를 가지며, 괄호 내의 식이 먼저 실행된다.

- 지수승(Exponentiation)은 다음으로 높은 우선순위를 가진다.

- 곱셈(Multiplication)과 나눗셈(Division)은 동일한 우선순위를 가진다.

- 덧셈(Addition)과 뺄셈(Subtraction)은 동일한 우선순위를 가진다.

- 같은 우선순위를 갖는 연산자는 왼쪽에서 오른쪽 순서로 실행된다.

파이썬에서 지원하는 주요 연산자들의 우선순위는 다음과 같다.

순위	연산자	설명	순위	연산자	설명
1	**	지수 연산	8	< > <= >=	관계 연산(비교)
2	~ + -	비트 반전, +부호, -부호	9	== !=	관계 연산(동등)
3	* / // %	곱셈, 실수 나눗셈, 정수 나눗셈, 나머지	10	is, is not	아이덴티티 연산
4	+ -	덧셈, 뺄셈	11	in, not in	소속 연산
5	<< >>	왼쪽 비트 이동, 오른쪽 비트 이동	12	not	논리 부정
6	&	비트 AND	13	and, or	논리 AND, 논리 OR
7	^ ¦	비트 XOR, 비트 OR	14	= += -= *= /= //= %= **=	대입 연산

연산자의 우선순위를 변경할 경우에는 괄호를 사용한다. 만약 아래의 두 수식에서 * 연산보다 + 연산이 먼저 계산되도록 하려면 아래와 같이 괄호를 사용하여 + 연산 부분을 감싼다.

```
a + b * c        # a + (b * c)
x * y + z        # (x * y) + z

(a + b) * c
x * (y + z)
```

a + b * c
       ①
   ②

x * y + z
①
   ②

(a + b) * c
   ①
       ②

x * (y + z)
       ①
   ②

📑 **프로그램**   (p04-04)   **두 정수의 평균값 구하기**

두 정수를 입력받아 평균값을 구해보자. 두 정수의 평균값은 (x + y) / 2로 구할 수 있다.

① 두 개의 정수를 입력받아 각각 변수 x와 변수 y에 대입한다.

```
>>> x = int(input("값1 : "))
값1 : 10
>>> y = int(input("값2 : "))
값2 : 20
```

② (x + y) / 2 수식을 이용하여 평균값을 구한 후, 결과를 출력한다.

```
>>> z = (x + y) / 2
>>> print("평균 :", z)
평균 : 15.0
```

💡 **Thinking!**

6. x + y / 2로 계산한 경우와 (x + y) / 2로 계산한 결과가 다름에 주의하자.

7. 수식의 연산자 우선순위가 헷갈릴 경우나 연산자 우선순위에 상관없이 직접 우선순위를 변경할 경우 괄호를 사용하여 연산의 순서를 명확히 나타내는 것이 좋다.

>>> 잠깐! Coding

5. 10, 20, 30, 40, 50의 평균값을 구하여 변수 a에 대입하고 변수 a의 값을 출력해보자.

6. 3 + 2 * 4 / 2 수식의 계산 결과를 변수 b에 대입해보자. 또한, 이 수식을 연산자 우선순위에 맞추어 괄호로 표현하여 작성한 후 수식의 계산 결과를 변수 c에 대입해보자. 그리고 변수 b와 c의 값을 출력해보자.

7. ((3 + 2) * 4) / 2 수식의 계산 결과를 변수 d에 대입하고, 변수 d의 값을 출력해보자.

1. 정수1과 정수2의 값을 다음과 같이 다양하게 입력하면서 사칙연산의 결과를 예측하고 확인
   해보자.

정수1 입력	정수2 입력	+	−	*	/
−4	2	−2	−6	−8	−2.0
−4	−2	−6	−2	8	2.0
0	2	2	−2	0	0.0
2	0	2	2	0	오류 발생
4.2	4.2 입력을 할 경우 오류 발생				
4	2.2	2.2 입력을 할 경우 오류 발생			

2. 정수2의 입력을 0으로 한 경우 'Thinking!' 1번의 4번째 경우와 같이 나눗셈 연산에서 오류
   가 발생한다.

```
>>> x = int(input("정수1 : "))
정수1 : 2
>>> y = int(input("정수2 : "))
정수2 : 0
>>> print(x / y)
Traceback (most recent call last):
  File "<pyshell#5>", line 1, in <module>
    print(x / y)
ZeroDivisionError: division by zero
```

3. / 연산자는 피연산자의 값이 정수라 하더라도 연산 결과가 실숫값(실수 나누기)으로 계산되
   고, // 연산자는 연산 결과가 정숫값(정수 나누기, 몫 구하기)으로 계산된다.

```
>>> x = int(input("정수1 : "))
정수1 : 6
>>> y = int(input("정수2 : "))
정수2 : 4
>>> print(x / y)
1.5
>>> print(x // y)
1
```

4. 파이썬에서는 +=, −=, *=, /= 등의 산술 연산자를 사용한 증분 대입 연산자 외에도 《=, 》= 등의 비트 이동 연산자를 사용한 증분 대입 연산자와, &=, ^, |= 등의 비트 논리 연산자를 사용한 증분 대입 연산자 등을 지원하고 있다.

5. 증분 대입 연산자의 활용은 프로그램 코드의 간결화를 위해 주로 사용되지만, 프로그램 코드를 읽기 어렵게 할 수도 있음에 주의해야 한다. 예를 들어 '잠깐! Coding' 4번에서 다루는 프로그램 코드에서 c *= (a − b) 문장은 c = c * (a − b)와 같으며 연산의 우선순위를 쉽게 파악할 수 있다. 다만, c *= a − b 문장과 같이 작성할 경우 c = c * a − b와 같이 오해를 할 수 있다. 증분 대입 연산자의 연산자 우선순위가 다른 연산자보다 낮으므로 c = c * (a − b)와 같이 연산이 이루어짐에 주의해야 한다.

```
>>> a = 1          >>> a = 1          >>> a = 1
>>> b = 2          >>> b = 2          >>> b = 2
>>> c = 3          >>> c = 3          >>> c = 3
>>> c *= a - b     >>> c = c * (a - b) >>> c = c * a - b
>>> print(a, b, c) >>> print(a, b, c) >>> print(a, b, c)
1 2 -3             1 2 -3             1 2 1
```

6. 연산자 우선순위에 따라 x + y / 2 수식은 x + (y / 2)와 같이 계산되며, (x + y) / 2 수식과는 결과가 다르게 계산된다. 예를 들어 x = 1, y = 2인 경우 두 수식의 결과는 다음과 같다.

```
>>> x = 1
>>> y = 2
>>> print(x + y / 2)
2.0
>>> print((x + y) / 2)
1.5
```

7. 'Thinking!' 6번의 경우와 마찬가지로, 연산자 우선순위가 헷갈릴 경우나 연산자 우선순위에 상관없이 직접 우선순위를 변경할 경우 괄호를 사용하여 연산의 순서를 명확히 할 필요가 있다.

1. + 연산자를 이용하여 1부터 10까지의 모든 홀수(1, 3, 5, 7, 9)를 더하여 변수 odd에 대입하고, 1부터 10까지의 모든 짝수(2, 4, 6, 8, 10)를 더하여 변수 even에 대입한다. 그리고 변수 even의 값에서 변수 odd의 값을 빼서 변수 diff에 대입하고 모든 변수의 값을 출력한다.

```
>>> odd = 1 + 3 + 5 + 7 + 9
>>> even = 2 + 4 + 6 + 8 + 10
>>> diff = even - odd
>>> print(odd, even, diff)
25 30 5
```

2. 이름을 문자열로 입력받아 변수 name에 대입하고 출생연도를 정수로 입력받아 변수 year에 대입한다. 그리고 나이를 구하기 위하여 현재 연도에서 변수 year의 값을 뺀 후 1을 더하여 변수 age에 대입하고 출력한다.

```
>>> name = input("이름 : ")
이름 : 홍길동
>>> year = int(input("출생연도 : "))
출생연도 : 2001
>>> age = 2020 - year + 1
>>> print("나이 :", age)
나이 : 20
```

3. '프로그램 p04-02'에서 50원 동전의 개수와 10원 동전의 개수도 함께 구할 수 있도록 프로그램을 다음과 같이 변경한다.

```
>>> x = int(input("금액 : "))       # 입력값이 770인 경우
금액 : 770
>>> x500 = x // 500                 # 몫 : 1 (500원 동전의 개수)
>>> t = x % 500                     # 나머지 : 270
>>> x100 = t // 100                 # 몫 : 2 (100원 동전의 개수)
>>> t = t % 100                     # 나머지 : 70
>>> x50 = t // 50                   # 몫 : 1 (50원 동전의 개수)
>>> t = t % 50                      # 나머지 : 20
>>> x10 = t // 10                   # 몫 : 2 (10원 동전의 개수)
>>> print("500원 :", x500, "100원 :", x100, "50원 :", x50, "10원 :", x10)
500원 : 1 100원 : 2 50원 : 1 10원 : 2
```

4. 증분 대입 연산자를 사용하여 다음과 같이 다시 작성할 수 있다.

```
>>> a = 1              >>> a = 1
>>> b = 2              >>> b = 2
>>> c = 3              >>> c = 3
>>> a = a + b          >>> a += b
>>> b = b + a - c      >>> b += a - c
>>> c = c * (a - b)    >>> c *= (a - b)  # c *= a - b 와 같음
>>> print(a, b, c)     >>> print(a, b, c)
3 2 3                  3 2 3
```

5. 10, 20, 30, 40, 50 숫자를 모두 더하고 숫자의 개수인 5로 나누면 평균값을 구할 수 있다.

```
>>> a = (10 + 20 + 30 + 40 + 50) / 5
>>> print(a)
30.0
```

6. 3 + 2 * 4 / 2 수식의 계산 결과를 변수 b에 대입한다. 그리고 이 수식을 연산자 우선순위에 맞추어 괄호로 표현하면 3 + ((2 * 4) / 2)와 같으며 수식의 계산 결과를 변수 c에 대입한다.

```
>>> b = 3 + 2 * 4 / 2
>>> c = 3 + ((2 * 4) / 2)
>>> print(b, c)
7.0 7.0
```

7. 괄호를 사용하여 연산의 우선순위를 변경한 ((3 + 2) * 4) / 2 수식의 계산 결과는 '잠깐! Coding' 6번 결과와는 다르게 계산된다.

```
>>> d = ((3 + 2) * 4) / 2
>>> print(d)
10.0
```

Basic Coding

1. 변수 a, b, c의 값이 각각 다음과 같을 때 다음 수식 중 파이썬 문법에 맞지 않는 것은 어느 수식인지 파악하고, 그 이유는 무엇인지 설명해보자.

```
a = 3
b = 2
c = 4
```

① a = b + c   ② a = b // c

③ a + b = c   ④ a = b + 1

⑤ b += 2   ⑥ a = a %% c

⏳ 수식에서 대입 연산자의 왼쪽에는 변수만 위치할 수 있다. 대입 연산자의 왼쪽에 수식이 위치할 경우 문법 오류가 발생한다. 그리고 파이썬에서 % 연산자는 나머지를 구하는 연산자이고 %% 연산자는 해당하지 않는다.

2. 두 개의 정수를 입력받아 변수 a, b에 각각 대입한 후, 다음과 같이 수식의 결과를 출력해보자.

```
숫자1 : 26
숫자2 : 3
26 / 3 = 8.666666666666666
26 // 3 = 8
26 % 3 = 2
```

⏳ / 연산자는 두 수의 나눗셈 연산을 하여 소수점 이하 자리를 포함한 실수 결과를 구하고, // 연산자는 두 수의 나눗셈 연산을 하여 몫에 해당하는 정수 결과를 구한다. 그리고 % 연산자는 나눗셈의 나머지 값을 구한다.

3. 정수를 입력받아 변수 a에 대입하고, 하나의 대입문으로 변수 b, c, d에 변수 a의 값을 대입한 후 모든 변수의 값을 출력해보자.

```
정수 : 3
3 3 3 3
```

⏳ b = c = d = a와 같이 대입문 하나에 여러 대입 연산자를 사용하여 변수의 값을 동일하게 대입할 수 있다. 변수의 값이 대입되는 순서는 b = (c = (d = a))와 같이 오른쪽에서 왼쪽으로 순서대로 대입된다.

4. 다음 수식을 증분 대입 연산자를 이용하여 변경하고, a = 3, b = 2, c = 4의 경우 각 수식이 실행된 후의 변수 a 값을 구해보자.

수식	증분 대입 연산자를 사용한 수식	결과 값
a = a + b		
a = a * b		
a = a * (b + c)		
a = a − b * c		

⧖ x = x + 1과 같은 문장을 증분 대입 연산자를 사용하여 x += 1로 간략히 작성할 수 있다.

5. 연산자 우선순위를 고려하여 다음 수식을 입력하고 결과를 확인해보자.

① $3 + \dfrac{4}{2} + 1$

② $\dfrac{1 + 2}{2 + 4}$

③ $\dfrac{3 * 2}{4 - \dfrac{2}{3}}$

⧖ 괄호를 사용하여 연산자 우선순위를 변경할 수 있다.

6. 정수를 입력받아 변수 x에 대입하고, y = 3 * x + 4의 수식을 계산하여 결과를 출력해보자.

```
정수 : 3
13
```

⧖ 변수 y에 3 * x + 4의 값을 계산하여 대입하고 결과를 출력한다.

7. 국어, 영어, 수학 점수를 입력받아 변수 sco1, sco2, sco3에 각각 대입하고, 총점과 평균을 계산하여 출력해보자.

```
국어 : 100
영어 : 90
수학 : 80
총점 : 270
평균 : 90.0
```

⌛ 총점은 국어 + 영어 + 수학으로 계산하고, 평균은 총점 / 3으로 계산한다.

8. 정수를 연속으로 세 개 입력받으면서 순서대로 더한 누적합을 구하여 각각 출력해보자.

```
정수 : 2
누적합 : 2
정수 : 4
누적합 : 6
정수 : 6
누적합 : 12
```

⌛ 누적합을 계산하기 전에 미리 누적합 변수 sum을 0으로 초기화 해야 한다. 그 후, 입력을 받아 sum 변수에 값을 더하여 계산하고 출력한다.

9. 정수를 연속으로 세 개 입력받으면서 순서대로 곱한 누적곱을 구하여 각각 출력해보자.

```
정수 : 2
누적곱 : 2
정수 : 4
누적곱 : 8
정수 : 6
누적곱 : 48
```

⌛ 누적곱을 계산하기 전에 미리 누적곱 변수 cum_product를 1로 초기화 해야 한다. 그 후, 입력을 받아 cum_product 변수에 값을 곱하여 계산하고 출력한다.

10. 'Basic Coding 8번 문제'의 문장 중 sum = sum + a, 'Basic Coding 9번 문제'의 문장 중 cum_product = cum_product * a를 증분 대입 연산자를 사용하여 작성하고 실행해보자(프로그램 문장 작성은 파이썬 에디터를 사용하여 작성하고 실행해보자).

> x = x + 1 형태의 문장은 x += 1 형태로 증분 대입 연산자를 사용하여 작성할 수 있다.

11. 길이를 입력받아 변수 length에 대입하고, 오른쪽으로 45도 회전하면서 length의 길이를 1, 2, 4, 8, 16배씩 늘리면서 그려보자.

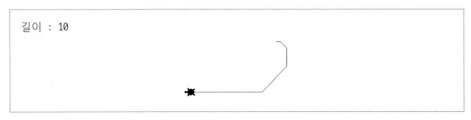

> 직선을 그릴 때는 turtle.forward(length*1), ..., turtle.forward(length*16) 식으로 늘리면서 그리고, turtle.right(45)로 회전한다.

12. 'Basic Coding 11번 문제'를 참고하여, 길이를 입력받아 변수 length에 대입하고, 오른쪽으로 45도 회전하면서 length의 길이를 1, 2, 4, 8, 16배씩 줄이면서 그려보자.

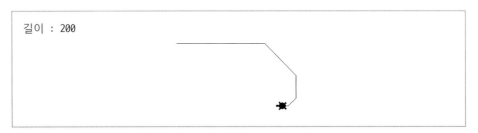

> 직선을 그릴 때는 turtle.forward(length/1), ..., turtle.forward(length/16) 식으로 줄이면서 그리고, turtle.right(45)로 회전한다.

13. 'Basic Coding 11번 문제'를 참고하여, 길이를 입력받아 변수 length에 대입하고, 터틀 스크린의 중앙을 기준으로 오른쪽으로 45도 회전하면서 length의 길이를 1, 2, 4, 8, 16배씩 늘리면서 그려보자.

⏳ 직선을 그릴 때는 turtle.forward(length*1), ..., turtle.forward(length*16) 식으로 늘리면서 그리고 turtle.goto(0,0)으로 터틀 스크린의 중앙으로 이동한다.

14. 'Basic Coding 13번 문제'를 참고하여, 길이를 입력받아 변수 length에 대입하고, 터틀 스크린의 중앙을 기준으로 오른쪽으로 45도 회전하면서 length의 길이를 1, 2, 4, 8, 16배씩 줄이면서 그려보자.

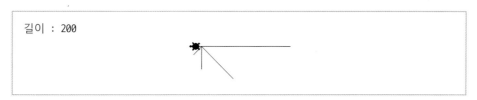

⏳ 직선을 그릴 때는 turtle.forward(length/1), ..., turtle.forward(length/16) 식으로 줄이면서 그리고 turtle.goto(0,0)으로 터틀 스크린의 중앙으로 이동한다.

Enhancement Coding

1. 홍길동의 나이에 아버지의 나이를 더하면 38살이고 어머니의 나이는 34살이다. 홍길동의 나이가 현재 5살이면 아버지의 나이와 어머니의 나이는 몇 살인지 계산하여 출력해보자.

```
아버지의 나이 = 33
어머니의 나이 = 29
```

⌛ 아버지의 나이 = 38 - 홍길동의 나이, 어머니의 나이 = 34 - 홍길동의 나이로 계산한다.

2. 원의 반지름을 입력받아 변수 radius에 대입하고, 원의 넓이와 둘레를 계산하여 출력해보자.

```
반지름 : 10
원의 넓이 : 314.1592
원의 둘레 : 62.83184
```

⌛ 원의 넓이는 반지름*반지름*3.141592로 계산하고, 원의 둘레는 2*반지름*3.141592로 계산한다.
3.141592 대신에 math 모듈을 포함한 후 math.pi를 사용할 수 있다.

3. 윗변, 밑변, 높이를 입력받아 변수 top, bottom, height에 각각 대입하고, 사다리꼴의 넓이를 계산하여 출력해보자.

```
윗변 : 6
밑변 : 8
높이 : 4
사다리꼴의 넓이 : 28.0
```

⌛ 사다리꼴의 넓이는 (윗변 + 밑변) * 높이 / 2로 계산한다.

4. 시간의 분(minute)을 입력받아 변수 minute에 대입하고, 초(second)를 계산하여 출력해보자.

```
분 : 12
720 초
```

⌛ 분에서 초로 변환하려면 60을 곱하여 계산한다.

5. 시간의 초(second)를 입력받아 변수 sec에 대입하고, 분(minute)과 초(second)를 계산하여 출력해보자.

```
초 : 345
345 초 = 5 분 45 초
```

⧗ 초에서 분을 구하기 위해서는 60으로 정수 나눗셈(//)을 하여 몫 값을 구하고, 60으로 나머지 나눗셈(%)을 하여 나머지 값을 구하면 분을 제외한 초를 구할 수 있다.

6. 1초에 3.4m 움직이는 자동차가 있을 때, 시간의 초(second)를 입력받아 해당 초 시간 동안 움직이는 거리를 계산하여 출력해보자.

```
초 : 10
34 m
```

⧗ 초 * 3.4로 움직이는 거리를 계산한다.

7. 1초당 움직이는 거리를 입력받아 1시간당 움직이는 시속을 계산하여 출력해보자.

```
1초당 움직이는 거리 : 3.4
시속 : 12240.0 m/h
시속 : 12.24 km/h
```

⧗ 1시간은 60분이고, 1분은 60초이므로, 1시간에 움직이는 거리는 1초당 움직이는 거리 * (60 * 60)으로 계산하고, m/h 값 / 1000으로 km/h 값을 계산한다.

8. 섭씨온도를 입력받아 1초에 움직이는 음속을 계산하여 출력해보자.

```
섭씨온도 : 10
음속 : 12240.0 m/s
```

⧗ 음속의 공식은 $v = 331 + 0.6 * t$ (v: 음속(m/s), t: 섭씨온도(℃))이므로, $331 + 0.6 * t$로 계산한다.

Coding? Programming!

9. 인치(in)를 입력받아 센티미터(cm)로 변환하여 출력해보자.

```
인치 : 10
10 인치 = 25.4 센티미터
```

⌛ 1인치는 2.54센티미터이므로, inch * 2.54로 계산한다.

10. 센티미터(cm)를 입력받아 인치(in)로 변환하여 출력해보자.

```
센티미터 : 30
10 센티미터 = 11.811 인치
```

⌛ 1센티미터는 0.39370인치이므로, cm * 0.39370으로 계산한다.

11. 닭, 토끼, 돼지의 수를 입력받아 모든 다리의 수를 계산하여 출력해보자.

```
닭 : 12
토끼 : 8
돼지 : 14
다리 합계 : 112
```

⌛ 닭의 다리는 2개, 토끼의 다리는 4개, 돼지의 다리는 4개이다.

12. 하루에 한 갑의 담배를 피울 때 1년 동안의 총지출 금액을 계산하고, 경과 연수를 입력받아 경과 연수에 해당하는 기간의 총지출 금액을 계산하여 출력해보자.(단, 담배 가격은 4,500원)

```
경과 연수 : 30
1 년 총지출 = 1642500 원
30 년 총지출 = 49275000 원
```

⌛ 1년은 365일이므로 1년 동안의 총지출 금액은 365 * 4500으로 계산하고, 1년 동안의 총지출 금액 * 경과 연수로 입력한 경과 연수에 해당하는 총지출 금액을 계산한다.

13. 예를 들면 325 * 7과 같이 세 자릿수와 한 자릿수의 곱셈은 다음과 같이 계산할 수 있다. 세 자릿수 opnd1과 한 자릿수 opnd1을 입력하여 다음과 같이 곱셈하는 과정을 출력해보자.

```
피연산자1 : 325
피연산자2 : 7
325 * 7
= ( 3 + 2 + 5 ) * 7
= 3 * 7 + 2 * 7 + 5 * 7
= 21 + 14 + 35
= 2275
```

⌛ 100 자릿수의 값은 opnd1 // 100으로, 10 자릿수의 값은 opnd1 // 10 % 10으로, 1 자릿수의 값은 opnd1 % 10으로 계산한다.

14. '2장의 Enhancement Coding 11번 문제'를 참고하여, 길이와 간격을 입력받아 변수 length와 distance에 각각 대입하고 오른쪽으로 길이가 length만큼인 직선들을 distance 간격으로 그려보자.

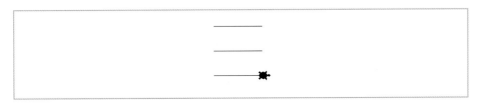

⌛ 직선을 그릴 때는 turtle.forward(length), 간격을 띄울 때 turtle.goto(0, -(distance*1)), turtle.goto(0, -(distance*2))로 그린다.

15. 'Enhancement Coding 14번 문제'를 참고하여, 길이와 간격을 입력받아 변수 length 와 distance에 각각 대입하고 직선들을 distance 간격으로 그려보자. 단, 직선은 오른쪽 으로 길이가 length+distance*0, length+distance*1, length+distance*2가 되도 록 해보자.

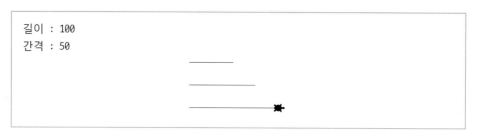

⌛ 직선을 그릴 때는 turtle.forward(length+distance*0), ..., turtle.forward(length+distance*2), 간격을 띄울 때 turtle.goto(0, -(distance*1)), turtle.goto(0, -(distance*2))로 그린다.

16. 반지름에 해당하는 정수를 입력받아 변수 radius에 대입하여 원을 그려보자. 그리고 원에 인 접한 위쪽에 해당 반지름의 1/2 크기 반지름으로 원을 그려보자.

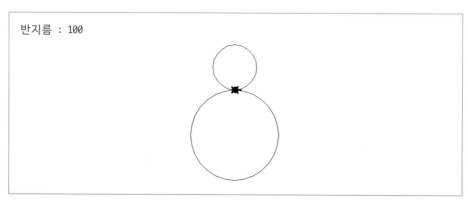

⌛ turtle.circle(radius)로 아래쪽 원을 그리고, 위쪽으로 turtle.goto(0, radius*2) 만큼 이동한다. 그리고 turtle.circle(radius/2)로 위쪽 원을 그린다.

CHAPTER 5 참, 거짓 판정과 프로그램의 실행 흐름 선택하기

 학습목표

- 관계 연산자의 개념과 종류를 이해한다.
- 논리 연산자의 개념과 종류를 이해한다.
- 프로그램의 실행 흐름 구조인 순차 구조, 선택 구조, 반복 구조에 대하여 이해한다.
- if문의 기본 개념을 이해하고 사용법을 익힌다.
- 참인 경우 또는 거짓인 경우의 선택 방식인 if-else 문에 대하여 이해한다.
- 거짓인 경우에서의 추가적인 조건 검사 방식인 elif 문에 대하여 이해한다.

5.1 관계 연산자와 논리 연산자에 의한 참, 거짓 판정하기

5.1.1 관계 연산자

관계 연산자(relational operator)는 두 개의 피연산자를 비교하는 데 사용되며, 관계 연산자가 사용된 수식의 결과는 참(True) 아니면 거짓(False)으로 계산된다. '점수가 80 이상인' 문장은 'socre >= 80'처럼 관계 연산자가 사용된 조건 수식으로 나타낼 수 있다. 만약 변수 score의 값이 90일 경우 수식의 결과는 참(True)이 되고, 70일 경우 수식의 결과는 거짓(False)이 된다.

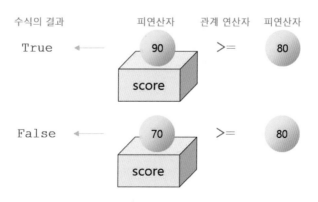

파이썬에서는 다음과 같은 관계 연산자를 제공한다.

관계 연산자	의미	결과 (x:6, y:2 인 경우)
x > y	x가 y보다 큰가?	True
x >= y	x가 y보다 크거나 같은가?	True
x < y	x가 y보다 작은가?	False
x <= y	x가 y보다 작거나 같은가?	False
x == y	x와 y가 같은가?	False
x != y	x와 y가 다른가?	True

TIP

= 연산자와 == 연산자의 구분

프로그램의 코딩 작업에서 = 연산자와 == 연산자를 혼동하거나 잘못 사용하여 작성하는 경우가 많다.
= 연산자는 대입 연산자이고, == 연산자는 관계 연산자이다.

프로그램 (p05-01) 두 정수의 값을 관계 연산하기

6을 변수 x에, 2를 변수 y에 각각 대입한 후, 관계 연산자를 이용하여 두 변수에 대한 관계 연산의 결과를 출력해보자.

```
>>> x = 6
>>> y = 2
>>> x > y
True
>>> x >= y
True
>>> x < y
False
>>> x <= y
False
>>> x == y
False
>>> x != y
True
```

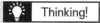 Thinking!

1. 일상적으로 표현하는 '초과', '이상', '미만', '이하' 표현은 각각 >, >=, <, <= 연산자로 나타낼 수 있음을 기억해두자.

>>> 잠깐! Coding

1. print() 함수를 이용하여 다음 관계 수식들의 값을 계산해보자.

   ① 2는 1 + 1의 값보다 크다.

   ② 7 // 3은 2와 같다.

   ③ 1 + 2 + 3의 합은 6보다 작거나 같다.

   ④ 6은 짝수이다(6을 2로 나누어 나머지가 0과 같으면 짝수이고, 그렇지 않으면 홀수임).

2. x = y 문장을 실행한 후의 결과는 어떻게 나타나는지 확인해보자. 또한 변수 x의 값을 출력해보고, x == y 문장과의 차이를 파악해보자.

5.1.2 논리 연산자

논리 연산자(logical operator)는 여러 개의 조건을 조합하여 전체적으로 참인지, 거짓인지를 파악할 때 사용한다. 즉, '국어 점수가 80점 이상이고 영어 점수가 80점 이상이면'과 같은 복합 조건은 'kscore >= 80' 조건과 'escore >= 80' 조건이 함께 사용되어 동시에 둘 다 참이어야만 해당 복합 조건을 만족하게 된다. 이런 경우 논리 연산자 중 and 연산자를 사용하여 'kscore >= 80 and escore >= 80'과 같이 나타낼 수 있다. and 연산자는 두 조건이 모두 참일 때 전체가 참이 되는 논리 연산자이고, 두 조건 중 하나라도 거짓일 때 전체가 거짓이 된다.

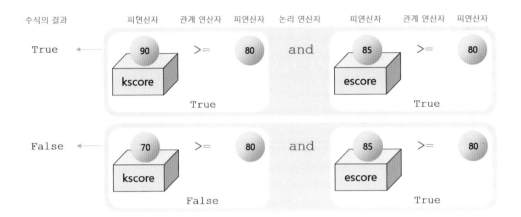

만약 '국어 점수가 80점 이상이거나 영어 점수가 80점 이상이면'과 같은 복합 조건은 'kscore >= 80' 조건 또는 'escore >= 80' 조건이 둘 중 하나만 참이어도 해당 복합 조건을 만족하게 된다. 이런 경우 논리 연산자 중 or 연산자를 사용하여 'kscore >= 80 or escore >= 80'과 같이 나타낼 수 있다. or 연산자는 두 조건 중 하나라도 참일 때 전체가 참이 되는 논리 연산자이고, 두 조건 모두가 거짓일 때 전체가 거짓이 된다.

파이썬에서는 다음과 같은 논리 연산자를 제공한다.

논리 연산자	의미
x and y	x와 y가 모두 True이면 True, 그렇지 않으면 False
x or y	x나 y중에서 하나만 True이면 True, 모두 False이면 False
not x	x가 True이면 False, x가 False이면 True

📑 프로그램   **p05-02**   **두 정수의 값이 동시에 80 이상인지 관계 연산하기**

변수 k에 대입한 값과 변수 e에 대입한 값이 모두 80 이상인지 논리 연산자 and와 or를 이용하여 관계 연산해보자.

```
>>> k = 90
>>> e = 85
>>> k >= 80 and e >= 80
True
>>> k >= 80 or e >= 80
True
```

💡 Thinking!

2. 변수 k의 값과 변수 e의 값을 각각 80보다 작거나, 같거나, 큰 조건으로 변경하면서 and 연산의 결과와 or 연산의 결과가 어떻게 달라지는지 확인해보자.

≫≫ 잠깐! Coding

3. print() 함수를 이용하여 다음 논리 수식들의 값을 계산해보자.

   ① 3은 1보다 크고 5보다 작다.

   ② 3은 1보다 크거나 5보다 작다.

   ③ 85점은 점수가 80 이상이고 90 미만이다.

   ④ 85는 80부터 89까지의 숫자이다.

5.2 프로그램의 실행 흐름 선택하기

5.2.1 프로그램 실행 흐름 구조

프로그램의 실행 흐름 중 가장 기본적인 것은 위에서 아래로 차례대로 실행이 되는 것이다. 이러한 실행 흐름 구조로 프로그램을 작성한 형태를 순차(sequence) 구조라고 한다. 현재까지 살펴본 본문의 실습이나 프로그램 예제들은 모두 순차 구조로 작성하고 실행이 되었다.

그러나 프로그램을 작성하는 과정에서 순서대로만 문장을 실행하지 않고, 조건에 따라 실행을 하는 경우나 실행을 하지 않기도 한다. 또한, 조건에 따라 한 부분을 실행하거나 다른 부분을 실행하기도 한다. 이렇게 조건에 따라 선택하여 실행되는 구조를 선택(selection) 구조라고 하며, 선택 구조도 순차 구조와 마찬가지로 실행의 흐름은 한 방향으로 진행된다.

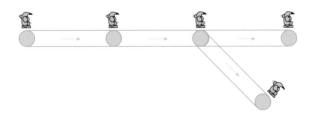

그리고 프로그램의 문장이나 부분 등이 지정된 횟수나 조건에 따라 반복되기도 하며, 이렇게 같은 문장이나 부분이 여러 번 반복되어 실행되는 구조를 반복(iteration) 구조라고 한다. 반복 구조는 실행의 흐름이 회전하듯이 실행된다.

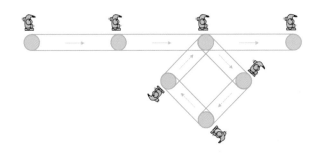

다음은 프로그램 작성에서 사용되는 프로그램의 실행 흐름 구조인 순차 구조, 선택 구조, 반복 구조 형태를 순서도(flowchart)로 나타낸 것이다.

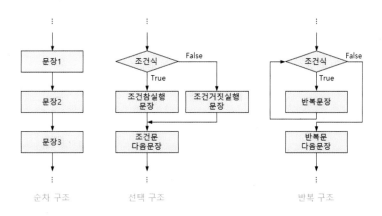

5.2.2 조건에 만족하면 실행하기

선택 구조를 위한 기본적인 문장은 if 문이다. if 문 내에 조건식을 포함하여 조건문이라고 하며, 조건에 맞으면(즉, 조건식의 값이 참(True)이면) 문장 또는 블록을 실행하고 그렇지 않으면 건너뛴다. if 문의 일반적인 형식은 다음과 같다.

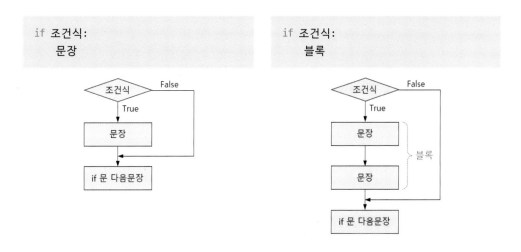

조건식은 관계 연산자나 논리 연산자 등이 사용된 수식이며 수식의 결과는 참(True)이나 거짓(False)으로 변환된다. 조건식의 값이 참이면 문장이나 블록이 실행되고, 조건식의 값이 거짓이면 문장이나 블록을 실행하지 않고 건너뛴다.

```
>>> kor_score = 90
>>> if kor_score >= 80:
        print("합격입니다.")

합격입니다.
```

```
>>> kor_score = 90
>>> if kor_score >= 80:
        print("합격입니다.")
        print("축하합니다.")

합격입니다.
축하합니다.
```

```
                        조건식
                          False
>>> kor_score = 90
>>> if kor_score >= 80:
        print("합격입니다.")  True
```

```
                        조건식
                          False
>>> kor_score = 90
>>> if kor_score >= 80:    True
        print("합격입니다.")
        print("축하합니다.") 블록
```

블록(block)은 문장들을 하나의 공간 안에 모아둔 것으로, 하나의 블록 안에 속한 문장들은 모두 같이 실행된다. 블록에 있는 문장들은 그 위의 문장들과 비교할 때 기본적으로 네 칸의 공백으로 들여쓰기(indentation)하며, 이 공백의 수에 의해 블록에 속했는지 아닌지 구분된다. 만약 블록 내의 들여쓰기한 공백 수가 서로 다르면 오류가 발생한다.

```
>>> kor_score = 90
>>> if kor_score >= 80:
        print("합격입니다.")
    print("축하합니다.")

SyntaxError: unexpected indent
```

```
>>> kor_score = 90
>>> if kor_score >= 80:
        print("합격입니다.")
        print("축하합니다.")
    공백   들여쓰기
```

블록의 끝은 셀을 통하여 문장을 입력한 경우 빈 줄로 판별하게 되며, 프로그램을 셀이 아닌 별도의 에디터를 통해 작성하거나 파일에 들어 있는 경우 빈 줄은 필요 없고 들여쓰기가 끝나면 파이썬은 블록이 끝났다고 판단한다.

```
>>> kor_score = 90
>>> if kor_score >= 80:
        print("합격입니다.")
        print("축하합니다.")

합격입니다.
축하합니다.
>>> eng_score = 85
```

```
kor_score = 90
if kor_score >= 80:
    print("합격입니다.")
    print("축하합니다.")
eng_score = 85
```

블록(block), 스윗(suite)

대부분의 프로그래밍 언어에서는 문장들의 그룹을 블록(block)이라는 용어로 사용하지만, 파이썬에서는 스윗(suite)이란 용어를 사용한다. 파이썬 프로그래밍 책이므로 당연히 스윗(suite)이란 용어를 사용해야 하지만, 전통적으로 문장들의 그룹을 블록(block)이라는 용어로 사용해 왔고 아직 스윗(suite)이라는 용어가 대중화되지 않았다는 저자의 판단으로 본 교재에서는 '스윗' 용어 대신에 '블록'을 계속 사용하고자 한다. 독자 여러분들께서는 두 용어가 같은 개념임을 유의해 주시고 블록이라는 용어와 스윗이란 용어를 함께 기억해 주시기 바란다.

프로그램 p05-03 점수가 60 이상인지 판별하기

파이썬 에디터를 이용하여 변수 score의 값이 60 이상이면 "Pass"를 출력해보자.

이번 프로그램부터는 파이썬 에디터를 이용하여 프로그램을 작성한다. 파이썬 에디터를 실행하여 변수 score에 60 이상의 값 중 하나를 대입한다. 그리고 if 문을 이용하여 score >= 60 조건식을 작성하고 print() 함수를 이용하여 "Pass"를 출력한다.

① IDLE의 메뉴에서 [File] → [New File]을 실행(Ctrl+N)하여 파이썬 에디터를 나타낸다.

② 파이썬 에디터에서 다음과 같이 프로그램 코드를 작성한다.

③ [File] → [Save As]를 실행하여 p05-03.py로 저장하고, [Run] → [Run Module]을 실행(F5)하면 결과가 파이썬 셀에 출력된다.

Thinking!

3. 파이썬 셀을 통하여 문장들을 하나씩 입력하고 결과를 즉시 확인하는 방법과 파이썬 에디터를 이용하여 프로그램 코드를 작성하고 실행하는 방법의 차이점을 확인해보자. 또한, 프로그램 코드가 복잡할수록 어느 방법이 더욱더 효과적인지 생각해보자.

\# 프로그램 코드의 형태가 조금 더 복잡해지고 코드의 양이 많아질 경우 파이썬 셀을 통해 한 줄씩 작성하는 것이 불편하고 비효율적일 수 있다. 그러므로 이번 절 이후 프로그램부터는 파이썬 에디터를 이용하여 프로그램 코드를 작성하고 실행하는 방법으로 실습을 진행하고자 한다.

>>> 잠깐! Coding

4. 변수 a에 3, 변수 b에 4를 대입한 후, if 문을 이용하여 변수 a의 값이 변수 b의 값보다 작으면 "if의 참인 문장 실행"을 출력해보자. if 문 다음에 실행되는 문장으로 print() 함수를 이용하여 "if 문 다음 문장 실행"을 출력해보자.

5. 정수를 입력받아 변수 num에 대입한 후, if 문을 연속으로 3개 사용하여 변수 num의 값이 0보다 크면 "양수"를 출력하고, 0과 같으면 "0"을 출력하고, 0보다 작으면 "음수"를 출력해보자.

5.2.3 조건에 따라 선택하기

조건식의 값이 참일 때만 문장(또는 블록)을 실행하는 if 문의 경우 조건식의 값이 거짓일 경우 문장(또는 블록)을 실행하지 않고 건너뛴다. 만약 조건식의 값이 거짓인 경우에도 실행할 문장(또는 블록)이 있으면 if—else 문을 사용한다.

```
if 조건식:
    문장(또는 블록)
else:
    문장(또는 블록)
```

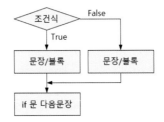

if-else 문은 만약 조건식의 값이 참이면 if 아래의 문장(또는 블록) 부분을 실행하고, 조건식의 값이 거짓이면 else 아래의 문장(또는 블록) 부분을 실행한다. if 문과는 다르게 if-else 문은 참이나 거짓에 해당하는 부분 중 한 부분을 반드시 실행한다.

```python
kor_score = 90
if kor_score >= 80:
    print("합격입니다.")
else:
    print("불합격입니다.")
```

TIP

else 글자의 들여쓰기 맞춤

파이썬 셸에서 print("합격입니다.")를 입력하고 Enter 키를 누르면 p 글자 위치에 맞추어 들여쓰기가 된다. 이때 Backspace 키를 눌러 줄의 처음으로 이동한 후 else를 입력해야 오류가 발생하지 않는다. 만약 에디터에서 직접 입력할 경우 if의 i 위치와 else의 e 위치를 맞추면 된다.

프로그램 p05-04 **변수의 점수가 모두 80 이상인지 판별하기**

변수 kor_score와 eng_score의 값이 모두 80 이상이면 "합격입니다."를 출력하고, 그렇지 않으면(둘 중 하나라도 80 이상이 아니면) "불합격입니다."를 출력해보자.

```python
kor_score = 90
eng_score = 85
if kor_score >= 80 and eng_score >= 80:
    print("합격입니다.")
else:
    print("불합격입니다.")
```

실행결과

> 합격입니다.

Thinking!

4. 변수 kor_score의 값과 eng_score의 값을 각각 변경하면서 결과가 어떻게 달라지는지 확인해보자.

5. 합격인 경우는 "kor_score >= 80이고 eng_score >= 80"인 경우이고, 불합격인 경우는 "kor_score < 80 이거나 eng_score < 80"인 경우이다. 만약 위 프로그램에서 if 문의 and 연산자를 or 연산자로 변경할 경우 프로그램 코드를 어떻게 수정해야 하는지 확인해보자.

>>> 잠깐! Coding

6. 양의 정수를 입력받아 변수 num에 대입한 후, 변수 num의 값을 2로 나누어 나머지가 0이면 "짝수"를 출력하고, 그렇지 않으면(즉, 나머지가 1이면) "홀수"를 출력해보자.

7. if 문을 이용하여 변수 num의 값이 0이면 "0"을 출력하고, if-else 문을 이용하여 변수 num의 값이 0보다 크면 "양수"를 출력하고 그렇지 않으면 "음수"를 출력해보자.

5.2.4 거짓이면 다른 조건을 검사하여 선택하기

if-else 문에서 조건식의 값이 거짓일 경우 다른 조건을 검사할 수 있다. 이 경우 else 부분에 또 다른 if 문을 추가하여 작성해야 하지만 파이썬의 경우 'else if'를 합친 것과 같은 elif 예약어를 사용하여 추가 if 문을 작성할 수 있다. elif 예약어가 사용된 if 문의 형태는 다음과 같다.

```
if 조건식1:
    문장(또는 블록)
elif 조건식2:
    문장(또는 블록)
else:
    문장(또는 블록)
```

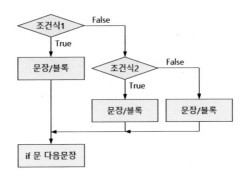

만약 조건식1의 값이 참이면 해당 문장(또는 블록)이 실행되고, 거짓이면 다음의 조건식2를 검사한다. elif 조건식 형태가 계속 이어져 있으면 조건식의 값을 검사하여 참이면 해당 문장(또는 블록)이 실행되고 거짓이면 다음 조건식을 검사한다. 최종적으로 조건식의 값들이 모두 거짓이면 else 부분의 문장(또는 블록)이 실행된다.

```
num = -5
if num > 0:
    print("양수")
elif num == 0:
    print("0")
else:
    print("음수")
```

```
num = -5          조건식1
if num > 0:           True
    print("양수")       False
elif num == 0:        True
    print("0")
else:                 False
    print("음수")
```

음수

🗒️ 프로그램 p05-05 성적 등급 판정하기

점수를 입력받아 점수가 90점 이상이면 "A", 80점 이상이면 "B", 70점 이상이면 "C", 60점 이상이면 "D", 60점 미만이면 "F"를 출력해보자.

조건이 90점 이상이면 "A"를 출력하고, 그렇지 않으면 90점 미만의 나머지 점수대를 비교해야 하므로 elif 예약어를 사용하여 if 문을 작성한다.

```python
score = int(input("점수 : "))
if score >= 90:
    print("A")
elif score >= 80:
    print("B")
elif score >= 70:
    print("C")
elif score >= 60:
    print("D")
else:
    print("F")
```

실행결과

```
점수 : 75
C
```

💡 Thinking!

6. elif 부분이 사용된 if 문에서 해당 조건 중 하나가 만족할 경우(참인 경우) if 문에서 해당 문장이 실행되고 나머지 조건을 비교하지 않음에 주의하자.

7. else 부분이 사용되지 않은 if 문에서 모든 조건을 만족하지 못하면(모두 거짓이면) if 문에서 아무 문장도 실행되지 않고 if 문을 벗어나게 된다.

⟫⟫ 잠깐! Coding

8. if-elif-else 문을 사용하여 변수 num의 값이 0이면 "0"을 출력하고, 그렇지 않고 만약 변수 num의 값이 0보다 크면 "양수"를 출력하고, 그렇지 않으면 "음수"를 출력해보자.

1. 관계 연산자는 다음 표의 의미로 사용되는 경우도 많지만, 일상적인 표현으로도 사용되는 경우
   가 많음을 기억해두자.

관계 연산자	의미	일상적인 표현
x > y	x가 y보다 큰가?	초과, 크다
x >= y	x가 y보다 크거나 같은가?	이상, 크거나 같다
x < y	x가 y보다 작은가?	미만, 작다
x <= y	x가 y보다 작거나 같은가?	이하, 작거나 같다
x == y	x와 y가 같은가?	동등, 일치하다, 같다
x != y	x와 y가 다른가?	다르다, 같지 않다

2. 변수 k의 값과 변수 e의 값을 각각 80보다 작거나, 같거나, 큰 조건으로 변경한 경우의 and
   연산자의 결과와 or 연산자의 결과는 다음과 같다.

```
>>> k = 90
>>> e = 85
>>> k >= 80 and e >= 80
True
```

```
>>> k = 75
>>> e = 85
>>> k >= 80 and e >= 80
False
```

```
>>> k = 90
>>> e = 75
>>> k >= 80 and e >= 80
False
```

```
>>> k = 90
>>> e = 85
>>> k >= 80 or e >= 80
True
```

```
>>> k = 75
>>> e = 85
>>> k >= 80 or e >= 80
True
```

```
>>> k = 90
>>> e = 75
>>> k >= 80 or e >= 80
True
```

3. 파이썬 셀을 통하여 문장들을 하나씩 입력하고 결과를 즉시 확인하는 방법은 대화형
   (interactive) 방식으로 문장을 입력하고 결과를 즉시 확인할 수 있다는 장점이 있고, 짧은 프
   로그램 코드를 처리할 경우 효율적일 수 있다. 다만, 파이썬 셀을 통한 대화형 방식은 앞서 입
   력한 문장의 수정이 어려울 수 있고, 알고리즘이 복잡하면 코드의 작성이 어려워지는 경우가 많
   다. 그러므로 if 문 등의 제어문 작성이나 for 문 등의 반복문 작성 등 복잡한 문장이나 프로그
   램 코드를 작성하기 위해서는 파이썬 에디터를 사용하는 것이 더 효과적일 수 있다.

4. 'Thinking!' 2번의 결과를 참고하여 변수 kor_score의 값과 eng_score의 값을 각각 변경한 결과는 다음과 같다.

kor_score = 90 eng_score = 85	kor_score = 75 eng_score = 85	kor_score = 90 eng_score = 75

```
if kor_score >= 80 and eng_score >= 80:
    print("합격입니다.")
else:
    print("불합격입니다.")
```

합격입니다.	불합격입니다.	불합격입니다.

5. 합격인 경우는 "kor_score >= 80 and eng_score >= 80"인 경우이고, 불합격인 경우는 "kor_score < 80 or eng_score < 80"인 경우이다. 만약 위 프로그램의 if 문의 조건을 "kor_score < 80 or eng_score < 80"으로 변경하려면 기존 if 문에서 참인 경우의 실행 문장과 거짓인 경우의 실행 문장을 서로 바꾸면 된다.

```
kor_score = 90
eng_score = 85
if kor_score < 80 or eng_score < 80:
    print("불합격입니다.")
else:
    print("합격입니다.")
```

6. elif가 사용된 if 문에서 해당 조건 중 하나가 만족할 경우(참인 경우) if 문에서 해당 문장이 실행되고 나머지 조건을 비교하지 않음에 주의하자.

```
score = int(input("점수 : "))    75 입력의 경우
if score >= 90:                  75 >= 90 (False)
    print("A")
elif score >= 80:           75 >= 80 (False)
    print("B")
elif score >= 70:           75 >= 70 (True)
    print("C")
elif score >= 60:
    print("D")
else:
    print("F")
```

7. else 부분이 사용되지 않은 if 문에서 모든 조건을 만족하지 못하면(모두 거짓인 경우) if 문에
   서 아무 문장도 실행되지 않고 if 문을 벗어나게 된다.

```
score = int(input("점수 : "))  55 입력의 경우
if score >= 90:          55 >= 90 (False)
        print("A")
elif score >= 80:        55 >= 80 (False)
        print("B")
elif score >= 70:        55 >= 70 (False)
        print("C")
elif score >= 60:        55 >= 60 (False)
        print("D")
```

1. 다음과 같은 관계 연산자를 사용하여 관계 수식들의 값을 계산한다.

　　① 2는 1 + 1의 값보다 크다 : 관계 연산자 〉

　　② 7 // 3은 2와 같다 : 관계 연산자 ==

　　③ 1 + 2 + 3의 합은 6보다 작거나 같다 : 관계 연산자 〈=

　　④ 6은 짝수이다(6을 2로 나누어 나머지가 0과 같으면 짝수이고, 그렇지 않으면 홀수임)

　　　　 : 관계 연산자 ==

```
>>> print(2 > 1 + 1)
False
>>> print(7 // 3 == 2)
True
>>> print(1 + 2 + 3 <= 6)
True
>>> print(6 % 2 == 0)
True
```

2. x = y 문장은 변수 y의 값을 변수 x로 대입하기 때문에 변수 x의 값을 출력하면 변수 y의 값과
같은 값이 출력된다. x == y 문장은 변수 x의 값과 변수 y의 값이 같은가를 비교하여 같으면
True, 다르면 False 값이 출력된다.

```
>>> x = 6
>>> y = 2
>>> print(x == y)
False
>>> x = y
>>> print(x)
2
```

3. 다음과 같은 관계 연산자와 논리 연산자를 사용하여 수식들의 값을 계산한다.

① 3은 1보다 크고 5보다 작다 : 관계 연산자(〉, 〈), 논리 연산자(and)

② 3은 1보다 크거나 5보다 작다 : 관계 연산자(〉, 〈), 논리 연산자(or)

③ 85점은 점수가 80 이상이고 90 미만이다 : 관계 연산자(〉=, 〈), 논리 연산자(and)

④ 85는 80부터 89까지의 숫자이다 : 관계 연산자(〉=, 〈=), 논리 연산자(and)

```
>>> print(3 > 1 and 3 < 5)
True
>>> print(3 > 1 or 3 < 5)
True
>>> print(85 >= 80 and 85 < 90)
True
>>> print(85 >= 80 and 85 <= 89)
True
```

4. 변수 a에 3, 변수 b에 4를 대입한다. if 문의 a 〈 b 수식의 결과가 참(True)이므로 "if의 참인 문장 실행"이 출력된다. 그리고 if 문의 다음 문장인 print() 함수에 의해 "if 문 다음 문장 실행"이 출력된다.

```
a = 3
b = 4
if a < b:
    print("if의 참인 문장 실행")
print("if 문 다음 문장 실행")
```

실행결과

```
if의 참인 문장 실행
if 문 다음 문장 실행
```

만약 변수 a에 4, 변수 b에 3을 대입하였다면, if 문의 a < b 수식의 결과가 거짓(False)이므로 "if의 참인 문장 실행"이 출력되지 않고, "if 문 다음 문장 실행"만 출력된다.

```python
a = 4
b = 3
if a < b:
    print("if의 참인 문장 실행")
print("if 문 다음 문장 실행")
```

실행결과

```
if 문 다음 문장 실행
```

5. 정수를 입력받아 변수 num에 대입한 후, 양수를 판별하기 위해 첫 번째 if 문에서 num > 0으로 비교하고, 0을 비교하기 위해 두 번째 if 문에서는 num == 0으로 비교하고, 음수를 비교하기 위해 세 번째 if 문에서는 num < 0으로 비교한다. 세 번 실행하며 각각 3, 0, -3을 입력하면 결과는 "양수", "0", "음수"가 출력된다.

```python
num = int(input("정수 : "))
if num > 0:
    print("양수")
if num == 0:
    print("0")
if num < 0:
    print("음수")
```

실행결과

```
정수 : 3
양수
정수 : 0
0
정수 : -3
음수
```

6. 변수 num의 값을 2로 나누어 나머지가 0이면 짝수이므로 "짝수"가 출력되고, 그렇지 않으면(즉, 나머지가 1이면) 홀수이므로 "홀수"가 출력된다. 두 번 실행하며 각각 4, 3을 입력하면 결과는 "짝수", "홀수"가 출력된다.

```python
num = int(input("정수 : "))
if num % 2 == 0:
    print("짝수")
else:
    print("홀수")
```

실행결과

```
정수 : 4
짝수
정수 : 3
홀수
```

7. 0을 비교하기 위하여 첫 번째 if 문에서는 num == 0으로 비교한다. 양수와 음수를 비교하기 위하여 두 번째 if 문에서는 num > 0으로 비교하여 참이면 "양수"가 출력되고, 그렇지 않으면 "음수"가 출력된다. 세 번 실행하며 각각 3, 0, -3을 입력하면 결과는 "양수", "0", "음수"가 출력된다.

```python
num = int(input("정수 : "))
if num == 0:
    print("0")
if num > 0:
    print("양수")
else:
    print("음수")
```

실행결과

```
정수 : 3
양수
정수 : 0
0
정수 : -3
음수
```

8. if-elif-else 문을 사용하여 만약(if) num == 0이면 "0"이 출력되고, 그렇지 않고 만약(elif) num > 0이면 "양수"가 출력되고, 그렇지 않으면(else) "음수"가 출력된다. 세 번 실행하며 각각 3, 0, -3을 입력하면 결과는 "양수", "0", "음수"가 출력된다.

```python
num = int(input("정수 : "))
if num == 0:
    print("0")
elif num > 0:
    print("양수")
else:
    print("음수")
```

실행결과

```
정수 : 3
양수
정수 : 0
0
정수 : -3
음수
```

Basic Coding

1. 다음 관계 연산 수식에서 올바른 수식과 올바르지 않은 수식을 구분하고, 올바르지 않은 예의
이유를 설명해보자.

① a 〈 3　　　　　　　　　　② a =〈 b

③ a 〉 b　　　　　　　　　　④ a 〈 = 3

⑤ a = b　　　　　　　　　　⑥ a 〈〉 b

> 관계 연산자 중 크거나 같은 의미인 〉= 연산자와 작거나 같은 의미인 〈= 연산자는 연산자를 구성하
> 는 기호의 순서에 주의해야 한다. 또한, 같은지를 나타내는 == 연산자는 =와 같이 기호를 하나 누
> 락하여 사용하면 대입 연산자가 됨에 주의해야 하고, 일부 타 언어의 경우 같지 않음을 의미하는 연
> 산자로 〈〉가 사용되기도 하지만 파이썬은 != 연산자를 사용한다.
> – 올바른 수식 : ① ③
> – 올바르지 않은 수식 : ② ④ ⑤ ⑥
> ② =와 〈의 순서가 틀림
> ④ 〈와 = 사이에 공백이 위치할 수 없음
> ⑤ =는 대입 연산자임, 동등비교는 == 연산자를 사용함
> ⑥ 같지 않음을 나타내는 연산자는 != 연산자를 사용함

2. 다음 논리 연산 수식의 결과를 구해보자.

수식	결과 값	수식	결과 값
3>2 or 2<-1		2<-1 and 3>2	
2<-1 or 3>2		3>2 and 2>-1	
2<-1 or 3<2		not (3>2 and 2<-1)	
3>2 and 2<-1		not (3>2 and 2>-1)	

> or 연산자는 두 값 중 하나라도 참(True)이면 결과는 참(True)이 되며, and 연산자는 두 값 모두가
> 참이어야만 결과가 참(True)이 된다. not 연산자는 참(True)은 거짓(False)이 되고, 거짓(False)
> 은 참(True)이 된다.

3. 정수를 입력받아 변수 num에 대입한 후, 변수 num의 값이 100보다 작으면 숫자를 출력해보자.

```
정수 : 4
4
정수 : 100
```

⏳ num < 100 조건식으로 if 문을 이용하여 숫자 출력 여부를 판별한다.

4. 정수를 입력받아 변수 num에 대입한 후, 변수 num의 값이 10보다 크거나 같고 30보다 작거나 같은 숫자이면 출력하고 그렇지 않으면 '범위를 벗어난 수'라고 출력해보자.(and 연산자 사용)

```
정수 : 12
12
정수 : 8
범위를 벗어난 수
정수 : 31
범위를 벗어난 수
```

⏳ num >= 10 and num <= 30 조건식으로 if 문을 이용하여 숫자 출력 여부를 판별한다.

5. 정수를 입력받아 변수 num에 대입한 후, 변수 num의 값이 10보다 작거나 30보다 큰 숫자이면 출력하고 그렇지 않으면 '범위를 벗어난 수'라고 출력해보자.(or 연산자 사용)

```
정수 : 8
8
정수 : 31
31
정수 : 12
범위를 벗어난 수
```

⏳ num < 10 or num > 30 조건식으로 if 문을 이용하여 숫자 출력 여부를 판별한다.

6. 임의의 두 정수를 입력받아 변수 num1, num2에 각각 대입한 후, 두 변수의 값 중 작은 값을 출력해보자.

```
정수1 : 10
정수2 : 7
작은 수 = 7
```

⌛ num1 >= num2이면 num2를 출력하고, 그렇지 않으면 num1을 출력한다.

7. '4장의 Basic Coding 10번 문제'를 참고하여, 국어, 영어, 수학 점수를 입력받아 총점과 평균을 계산하고, 평균이 80 이상이면 "잘함", 70 이상 79 이하이면 "보통", 70 미만이면 "미흡"을 출력해보자.

```
국어 : 100
영어 : 90
수학 : 80
총점 : 270
평균 : 90.0
평가 : 잘함
```

⌛ 총점은 국어 + 영어 + 수학으로 계산하고, 평균은 총점 / 3으로 계산한다. 그리고 if-elif-else 문을 사용하여 if average >= 80, elif average >= 70, else 형식으로 작성한다.

8. 정수를 입력받아 변수 num에 대입한 후, 변수 num의 값이 짝수이면 "짝수"를 출력해보자.

```
정수 : 4
짝수
정수 : 5
```

⌛ 변수 num의 값을 2로 % 나누기한 결과가 0이면 짝수이다.

9. 정수를 입력받아 변수 num에 대입한 후, 변수 num의 값이 짝수이면 "짝수"를 출력하고, 홀
수이면 "홀수"를 출력해보자.

```
정수 : 4
짝수
정수 : 5
홀수
```

⧗ 변수 num의 값을 2로 % 나누기한 결과가 0이면 짝수이고, 0이 아니면 홀수이다.

10. 두 정수를 입력받아 변수 a, b에 각각 대입하고, a가 b의 배수이면 "배수"를 출력하고, 배수
가 아니면 "배수가 아님"을 출력해보자.

```
a : 6
b : 3
배수
a : 7
b : 3
배수가 아님
```

⧗ 변수 a의 값을 변수 b로 % 나누기한 결과가 0이면 배수이고, 0이 아니면 배수가 아니다.

11. '3장의 Basic Coding 12번 문제'를 참고하여, 1이면 가로, 2이면 세로를 의미하는 방향의
종류를 입력받고, 길이에 해당하는 값을 입력받아 해당 방향으로 직선을 그려보자. 방향이 1이
나 2가 아니면 직선을 그리지 않는다.

⧗ if-elif 문을 이용하여 방향이 1일 경우 가로 방향으로, 2일 경우 세로 방향으로 길이에 해당하는 직
선을 그린다.

12. '3장의 Basic Coding 13번 문제'를 참고하여, 도형의 종류를 입력받고 '삼각형'이면 삼각형
　　을 그려보자. 그리고 변수 shape의 값이 '사각형'이면 가로와 세로의 길이에 해당하는 정수
　　를 추가로 입력받아 사각형을 그려보자. 도형의 종류가 '삼각형'이나 '사각형'이 아니면 도형을
　　그리지 않는다.

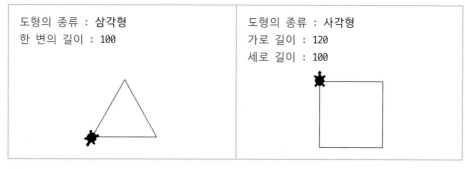

　　⏳ if-elif 문을 이용하여 도형의 종류가 '삼각형'일 경우 추가로 한 변의 길이를 입력받아 삼각형을 그
　　　리고, '사각형'이면 가로, 세로 길이를 입력받아 사각형을 그린다.

Enhancement Coding

1. 정수를 입력받아 변수 num에 대입한 후, 변수 num의 값이 100보다 작으면 10% 감소한 값
　　을 출력하고 그렇지 않으면 10% 증가한 값을 출력해보자.

```
정수 : 10
9.0
정수 : 100
110.00000000000001
```

　　⏳ 10% 감소한 값은 num * 0.9로 계산하며, 10% 증가한 값은 num * 1.1로 계산한다.

2. 두 정수를 입력받아 변수 a, b에 각각 대입하고, $a+b-b^2$의 계산 결과가 0이거나 양수이면 결과를 출력하고, 음수이면 "음수"를 출력해보자.

```
a : 4
b : 2
2
a : 5
b : 3
음수
```

⧗ $a+b-b^2$의 계산은 $a+b-b*b$로 계산하고 그 결과를 임시 변수인 tmp에 대입한다. 그리고 'tmp 결과가 0이거나 양수이면'의 수식은 tmp >= 0으로 작성한다.

3. 정수를 입력받아 변수 num에 대입한 후, 변수의 값이 2와 3으로 나누어지면 "나누어짐"을 출력하고, 그렇지 않으면 "나누어지지 않음"이라고 출력해보자.

```
정수 : 6
나누어짐
정수 : 4
나누어지지 않음
정수 : 9
나누어지지 않음
```

⧗ 2와 3으로 나누어지는 여부는 num % 2 == 0 and num % 3 == 0의 수식으로 확인할 수 있다.

4. 두 정수를 입력받아 변수 a, b에 각각 대입한다. 두 정수의 차가 양수이면 "a > b"를 출력하고, 음수이면 "a < b"를 출력하고, 0이면 "a = b"를 출력해보자.

a : 4	a : 2	a : 2
b : 2	b : 4	b : 2
a > b	a < b	a == b

⧗ a, b의 차는 tmp = a - b로 계산하고, if-elif-else 문을 사용하여 if tmp > 0, elif tmp < 0, else 형식으로 작성한다.

5. a=5, b=3인 경우, +, −, *, / 중 한 문자를 입력받아 +이면 두 변수를 더하고, −이면 두 변수를 빼고, *이면 두 변수를 곱하고, /이면 두 변수를 나눈 후, 그 결과를 출력해보자.

```
연산자 : +
5 + 3 = 8
연산자 : -
5 - 3 = 2
연산자 : *
5 * 3 = 15
연산자 : /
5 / 3 = 1.6666666666666667
```

⧗ 연산자의 입력은 input() 함수를 이용하고, 연산자의 비교는 if-elif-else 문을 사용한다.

6. 정수를 입력받아 다음 수소 이온 지수(pH) 범위 내의 숫자일 경우 해당 용액의 종류를 출력해보자.

수소 이온 지수(pH)	용액의 종류	수소 이온 지수(pH)	용액의 종류
0~4	강산성	8~9	약염기성
5~6	약산성	10~14	강염기성
7	중성		

```
ph : 3
강산성
ph : 9
약염기성
```

⧗ if-elif-else 문을 사용하며, 0~4의 조건 범위는 ph >= 0 and ph <= 4의 수식으로 작성한다.

7. 연도를 입력받아 윤년인지 평년인지를 구분하여 출력해보자.

```
연도 : 2000
윤년
연도 : 2018
평년
```

⧗ 연도를 4로 나누어 나머지가 0이고 100으로 나누었을 때 나머지가 0이 아니면 윤년으로 판정한다.
단, 100으로 나누었을 때 나머지가 0이더라도 400으로 나누어 나머지가 0이면 윤년으로 판정한다.

8. 키와 몸무게를 입력받아 체질량지수(Body Mass Index, BMI)를 계산하여 출력해보자.
BMI 계산은 몸무게(kg) / 키²(m)로 계산하며, BMI 판정 기준은 다음과 같다.

BMI 판정 기준

BMI<18.5	18.5<=BMI<23	23<=BMI<25	25<=BMI<30	30<=BMI<35	BMI>=35
저체중	정상	과체중	경도비만	중등도비만	고도비만

```
키(cm) : 178
몸무게(kg) : 65
정상
키(cm) : 178
몸무게(kg) : 75
과체중
```

⧗ if-elif-else 문을 사용하며, 조건 범위는 bmi >= 18.50 and bmi < 23의 수식 형식으로 작성한다.

9. 한국전력의 주택용 전력(저압) 요금표는 기타 계절(1.1~6.30, 9.1~12.31)에 다음과 같은 기본요금과 전력량 요금을 적용하여 계산된다(2019.12.31 기준). 전 달 전력량과 이번 달 전력량을 입력받아, 이번 달 전력량에서 전 달 전력량을 뺀 사용량을 이용하여 이번 달 전기요금을 계산하여 출력해보자. 이번 달 전력량이 전 달 전력량보다 작으면 "전력량 입력 오류"를 출력하고, 그렇지 않으면 기본요금 + 전력량 * 구간별 전력량 요금으로 전기요금을 계산한다.

구간	기본요금(원/호)	전력량 요금(원/kWh)
200kWh 이하	910	93.3
201~400kWh	1600	187.9
400kWh 초과	7300	280.6

```
전 달 전력량 : 1230
이번 달 전력량 : 1010
전력량 입력 오류
전 달 전력량 : 1010
이번 달 전력량 : 1230
이번 달 전력 사용량 = 220
전기요금 = 42938.0
```

if-elif-else 문을 사용하여 사용전력 구간별로 기본요금과 전력량 요금을 구분하여 적용한다.

10. '4장의 Enhancement Coding 13번 문제'를 참고하여, opnd1의 입력값이 100부터 999
   까지일 때만 opnd2를 입력받아보자. 그리고 opnd2의 값이 1부터 9까지일 때만 opnd1
   과 opnd2의 곱셈 계산을 진행해보자. 각각의 입력 범위를 벗어나면, "opnd1 입력 오류"와
   "opnd2 입력 오류"를 출력해보자.

```
피연산자1 : 3256
opnd1 입력 오류

피연산자1 : 325
피연산자2 : 70
opnd2 입력 오류

피연산자1 : 325
피연산자2 : 7
325 * 7
= ( 3 + 2 + 5 ) * 7
= 3 * 7 + 2 * 7 + 5 * 7
= 21 + 14 + 35
= 2275
```

⧗ if opnd1 >= 100 and opnd1 <= 999: ... if opnd2 >= 1 and opnd2 <= 9: ... else: ... else:
   ... 형식으로 작성한다.

11. 반지름에 해당하는 정수를 입력받아 변수 radius에 대입한다. 바깥 원 존재에 해당하는 정수
   를 입력받아 변수 outer에 대입하고 1이면 바깥 원을 그리고 0이면 그리지 않는다. 도형에 해
   당하는 정수를 입력받아 변수 stype에 대입하고, 변수 stype의 값에 따라 3 : 삼각형, 4 :
   사각형, 5 : 오각형, 6 : 육각형을 원에 내접하도록 그리고, 다른 값이면 내접하는 도형을 그
   리지 않는다.

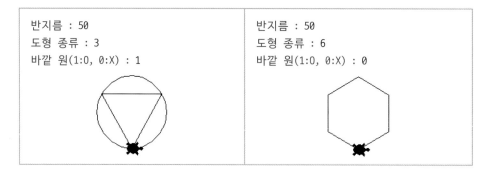

반지름 : 50
도형 종류 : 3
바깥 원(1:O, 0:X) : 1

반지름 : 50
도형 종류 : 6
바깥 원(1:O, 0:X) : 0

⌛ if 문에서 or 연산자를 사용하여 stype의 값이 3, 4, 5, 6중 하나의 값인지 비교하고, 이 값 중 하나
이면 turtle.circle() 함수의 인수로 변수 radius의 값과 stype의 값을 지정하여 반지름 radius에
내접하는 도형을 그린다. 3, 4, 5, 6중 하나의 값이 아니면 도형을 그리지 않는다.

12. 방향(1:왼쪽, 2:오른쪽, 3:위쪽, 4:아래쪽)을 입력받아 변수 direction에 대입하고, 해당
값에 따라 터틀의 크기와 펜의 크기를 정한다. 그리고 해당 방향에 따라 길이가 200인 선을
그려보자.

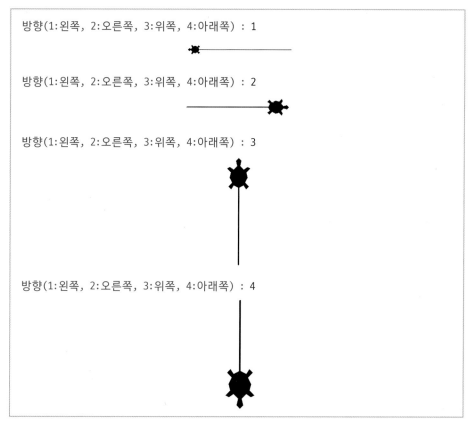

⌛ 터틀의 크기는 turtle.shapesize(direction, direction), 펜의 크기는 turtle.pensize(direction)
으로 정한다. 터틀이 오른쪽을 바라볼 때를 기준으로 터틀의 방향은 왼쪽 turtle.setheading(180),
오른쪽 turtle.setheading(0), 위쪽 turtle.setheading(90), 아래쪽 turtle.setheading(-90)
으로 정한다.

CHAPTER 6 프로그램의 실행 반복하기

 학습목표

- 반복의 필요성을 이해한다.
- 리스트를 이용하여 횟수만큼 반복하는 for 문을 익힌다.
- range() 함수를 이용하여 정해진 횟수만큼 반복하는 for 문을 익힌다.
- 조건에 따라 반복하는 while 문을 익힌다.
- 반복의 계속 진행을 위한 contiune 문과 반복의 탈출을 위한 break 문에 대하여 이해한다.

6.1 정해진 횟수만큼 반복하기

6.1.1 반복의 필요성

일상생활에서 업무를 처리하다 보면 반복해서 일을 진행하는 경우가 많이 발생한다. 이와 마찬가지로 프로그램 코드를 작성하는 경우 특정 코드 부분을 반복해서 작성해야 하는 경우가 많이 발생한다. 2장의 '2.3 그래픽 데이터 출력하기'의 'Thinking!'에서도 거론하였듯이 사각형을 그리는 과정에서 아래와 같은 반복된 부분이 발생한다.

```
>>> import turtle
>>> turtle.shape("turtle")
>>> turtle.right(90)      ┐ 반복
>>> turtle.forward(100)   ┘
>>> turtle.right(90)      ┐ 반복
>>> turtle.forward(100)   ┘
>>> turtle.right(90)      ┐ 반복
>>> turtle.forward(100)   ┘
>>> turtle.right(90)      ┐ 반복
>>> turtle.forward(100)   ┘
>>>
```

위의 반복된 코드 부분들은 다음 코드의 반복문 형태로 표현할 수 있으며, 이 경우 프로그램 코드를 간결하게 할 수 있고 몇 번 반복하는지 쉽게 파악할 수 있다.

```
>>> import turtle
>>> turtle.shape("turtle")
>>> for i in range(4) :
        turtle.right(90)
        turtle.forward(100)          반복문

>>>
```

프로그램에서 반복(iteration)은 같은 문장이나 부분을 지정된 횟수나 조건에 따라 여러 번 반복하는 구조이다. 지정된 횟수만큼 반복하는 횟수 제어 반복은 파이썬에서 for 문으로 작성할 수 있으며, 정확한 반복 횟수를 미리 아는 경우 사용될 수 있다.

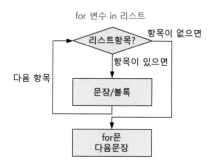

지정한 조건을 만족할 때 계속 반복되는 조건 제어 반복은 파이썬에서 while 문으로 작성할 수 있으며, 조건을 만족하는, 즉 조건이 참이면 계속 반복하고, 조건을 만족하지 않는, 즉 조건이 거짓이면 반복을 종료한다.

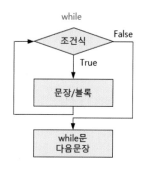

TIP

루프(loop)

반복 구조는 실행의 흐름이 위에서 아래로, 아래에서 위로 회전하듯이 실행되며, 실행되는 과정이 마치 회전되는 경우와 비슷하다 하여 루프(loop)라고도 한다.

6.1.2 횟수만큼 반복하기

1 리스트를 이용한 반복

리스트(list)는 순서를 갖는 여러 개의 값을 저장할 수 있는 자료형 중의 하나이며, 다음과 같은 형태로 [ ] 안에 리스트 원소를 순서대로 나열한다.

```
list1 = [1, 2, 3, 4, 5]
list2 = ['a', 'b', 'c']
list3 = [ 1, 'a', "abc", [1, 2, 3]]
```

리스트 내에 정해진 개수의 값들을 저장한 후, for 문을 이용하여 리스트 내의 값에 따라 정해진 횟수만큼 반복할 수 있다. 리스트를 이용한 기본적인 for 문의 형태는 다음과 같다.

```
for 변수 in 리스트:
    문장(또는 블록)
```

for 문에서 리스트를 이용하여 반복할 경우, 리스트 원소들의 순서대로 반복하면서 문장(또는 블록)을 반복한다. 만약 리스트를 이용하여 "파이썬"을 5회 반복하여 출력한다면 다음과 같이 프로그램 코드를 작성할 수 있다.

```
for i in [1, 2, 3, 4, 5]:
    print("파이썬")
```

> 실행결과

```
파이썬
파이썬
파이썬
파이썬
파이썬
```

첫 번째 반복에서 변수 i의 값은 리스트의 첫 번째 원소인 1이 되고 print() 함수가 실행된다. 이어서 두 번째 반복에서는 변수 i의 값이 리스트의 두 번째 원소인 2가 되고 print() 함수가 실행된다. 그리고 리스트의 세 번째부터 마지막 다섯 번째 원소까지의 값이 변수 i에 순서대로 대입되어 print() 함수가 반복되어 실행된다.

변수 i의 값을 다음과 같이 반복되는 부분에서 사용하여 출력할 수 있다.

```python
for i in [1, 2, 3, 4, 5]:
    print("파이썬", i)
```

실행결과

```
파이썬 1
파이썬 2
파이썬 3
파이썬 4
파이썬 5
```

프로그램 (p06-01) **리스트를 이용하여 반복하면서 숫자의 합계 구하기**

리스트를 이용하여 1부터 5까지의 정수 숫자들의 합계를 구해보자.

1부터 5까지의 반복을 위해 [1, 2, 3, 4, 5]의 리스트가 필요하며, 해당 숫자들을 모두 더하기 위하여 변수 s가 필요하다. for 반복문 전에 변수 s의 값을 0으로 초기화해야 한다.

```python
s = 0
for i in [1, 2, 3, 4, 5]:
    s = s + i
print("s :", s)
```

실행결과

```
s : 15
```

반복하는 중간에 변수 i의 값과 변수 s의 값을 출력하여 확인하기 위해서는 다음과 같이 프로그램 코드를 수정한다.

```
s = 0
for i in [1, 2, 3, 4, 5]:
    s = s + i
    print("i :", i, ", s :", s)
print("s :", s)
```

실행결과

```
i : 1 , s : 1
i : 2 , s : 3
i : 3 , s : 6
i : 4 , s : 10
i : 5 , s : 15
s : 15
```

Thinking!

1. 들여쓰기 때문에 for 문에서 반복되는 부분(블록)과 for 문의 다음 문장으로 구분됨에 주의하자. 즉, print() 함수의 위치에 따라 for 문의 블록이 될 수 있고, for 문의 다음 문장이 될 수 있다. '프로그램 p06-01'을 이용하여 print() 함수의 위치를 변수 s 위치나 for의 위치에 맞춰 변경하면서 결과가 어떻게 달라지는지 확인해보자.

>>> 잠깐! Coding

1. 리스트를 이용하여 5부터 1까지의 정수 숫자들의 합계를 구해보자.

2 range() 함수를 이용한 반복

range() 함수는 정수들을 생성하는 함수이며 일반적인 형식은 다음과 같다.

```
range(start=0, stop, step=1)
```

range() 함수가 호출되어 실행되면 start에서 시작하여 (stop − step)까지 step 간격으로 정수들을 생성한다. 만약 start와 step이 생략되어 호출되면 start는 0, step은 1로 간주하여 실행된다. 즉, range(5)로 호출하면 start와 step은 생략된 것이며 range(0, 5, 1)로 호출한 것과 같고, 함수의 결과는 0부터 시작하여 (stop(5) − step(1))까지인 0, 1, 2, 3, 4가 생성된다. 리스트 [1, 2, 3, 4, 5]의 경우와 같이 만약 1부터 5까지 생성할 경우 range(1, 6, 1) 또는 range(1, 6)으로 호출해야 한다.

range() 함수를 이용한 기본적인 for 문의 형태는 다음과 같다.

```
for 변수 in range():
    문장(또는 블록)
```

range() 함수의 결과에 따라 순서대로 문장(또는 블록)을 반복한다. 만약 range() 함수를 이용하여 변수 i의 값을 5회 반복하여 출력한다면 다음과 같이 프로그램 코드를 작성할 수 있다.

```
for i in range(5):
    print(i, end=" ")
```

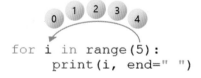

실행결과

```
0 1 2 3 4
```

range(5)는 range(0, 5, 1)로 호출한 것과 같고, 함수의 결과는 (stop − 1)까지인 0, 1, 2, 3, 4가 생성되어 5회 반복된다. print() 함수에서 end=" "와 같이 지정할 경우 출력되는 결과가 줄이 바뀌지 않고 한 줄에 출력된다.

≣a **프로그램** (p06-02) **range() 함수를 이용하여 반복하면서 숫자의 합계 구하기**

range() 함수를 이용하여 1부터 5까지의 정수 숫자들의 합계를 구해보자.

1부터 5까지의 반복을 위해 range(1, 6)으로 함수를 호출해야 하며, 해당 숫자들을 모두 더하기 위하여 변수 s가 필요하다. for 문의 시작 이전에 변수 s의 값을 0으로 초기화해야 한다.

```python
s = 0
for i in range(1, 6):
    s = s + i
print("s :", s)
```

실행결과

```
s : 15
```

Thinking!

2. range(1, 6)으로 호출한 것은 step 인수를 생략한 것이며 range(1, 6, 1)로 호출한 것과 같음에 주의하자.

3. range(5)로 호출한 경우와 range(6)으로 호출한 경우는 어떤 값들이 생성되고 결과가 어떻게 달라지는지 확인해보자.

≫≫ 잠깐! Coding

2. range() 함수를 이용하여 1, 3, 5, 7, 9의 정수 숫자들의 합계를 구해보자.

3. range() 함수를 이용하여 9, 7, 5, 3, 1의 정수 숫자들의 합계를 구해보자.

6.2 조건에 따라 반복하기

반복의 횟수를 정확히 모르지만, 반복의 조건은 알고 있을 때 while 문을 통해 조건에 따른 반복을 할 수 있다. while 문의 기본적인 형태는 다음과 같으며, 조건식의 값이 참이면 문장(또는 블록)을 반복하여 실행하고 조건식의 값이 거짓이면 반복을 종료한다.

```
while 조건식:
    문장(또는 블록)
```

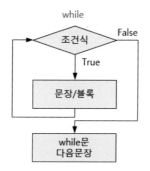

일반적으로 while 문에 진입하면서 조건을 비교하기 위하여 초기 조건 값을 미리 설정하며, while 루프 내에서 다음 반복을 위하여 조건 값을 변경하여 조건을 비교하고 반복의 계속 여부를 판단하게 된다.

이러한 동작을 위해 초기 조건 값 설정을 위한 문장과 조건 값 변경을 위한 문장이 다음과 같이 추가된다. 초기 변수의 값을 설정하고, 설정된 변수의 값을 이용하여 조건을 비교하여 조건식의 값이 참이면 반복을 시작한다. 그리고 변수의 값을 변경한 후 다시 조건식을 비교하여 참이면 계속 반복한다. 만약 조건식의 값이 거짓이면 반복을 종료한다. 이렇게 변수를 통해 반복문을 제어한다고 하여 반복문의 조건 비교 변수를 루프 제어 변수(lcv, loop control variable)라고 한다.

```
조건초기화문
while 조건식:
    문장(또는 블록)
    조건변경문
```

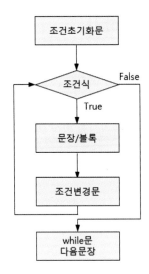

만약 while 문을 이용하여 1부터 5까지 반복하면서 값을 출력한다면 다음과 같이 프로그램 코드로 작성할 수 있다.

```python
i = 1
while i <= 5:
    print(i, end=" ")
    i = i + 1
print("")
print(i)
```

조건초기화문
`i = 1`   조건식
`while` `i <= 5`:
`print(i, end=" ")` True
`i = i + 1` 조건변경문
`print("")` ◄
`print(i)`   False

실행결과

```
1 2 3 4 5
6
```

변수 i의 값은 처음에 1로 설정되며, while 문의 첫 번째 조건 비교에서 변수 i의 값이 5보다 작거나 같은 조건이므로 결과는 참이 되고 while 문의 print() 함수를 실행하여 1이 출력된다. 그리고 변수 i의 값에 1을 더하여 2로 변경한다. 다음 조건 비교 결과들도 계속 참이되어 계속 반복을 진행하고 2, 3, 4, 5가 순서대로 출력된다. 5가 출력된 후 변수 i의 값이 6으로 변경되고 다시 조건 비교를 하면 거짓이 되어 while 반복을 종료한다. print("") 함수를 통해 줄 바꿈이 이루어진 후 while 반복을 빠져나올 때의 변수 i의 값인 6이 출력된다.

프로그램 (p06-03) **1부터 10까지의 숫자 중 짝수의 합 계산하기**

1부터 반복을 시작하여 루프 제어 변수 n의 값이 10보다 작거나 같을 때까지 반복하면서 숫자가 짝수인 경우의 합계를 구해보자.(단, 루프 제어 변수 n의 값은 1씩 증가함)

1부터 10까지의 반복 숫자를 저장하기 위한 루프 제어 변수 n과 합계를 구하기 위한 변수 s가 필요하다. 또한, 10보다 작거나 같을 때까지 반복하기 위하여 while 문을 사용한다. 변수 n의 값을 2로 나누어 나머지가 0이면 짝수이고 1이면 홀수이다. if 문을 사용하여 변수 n의 값이 짝수일 때만 값을 누적하도록 한다.

```python
n = 1
s = 0
while n <= 10:
    if n % 2 == 0:
        s = s + n
    n = n + 1
print("s :", s)
```

실행결과

```
s : 30
```

반복하는 중간에 변수 n의 값과 변수 s의 값을 출력하여 확인하기 위해서는 다음과 같이
프로그램 코드를 수정한다.

```
n = 1
s = 0
while n <= 10:
    if n % 2 == 0:
        s = s + n
        print("n :", n, ", s :", s)
    n = n + 1
print("s :", s)
```

실행결과

```
n : 2 , s : 2
n : 4 , s : 6
n : 6 , s : 12
n : 8 , s : 20
n : 10 , s : 30
s : 30
```

🔅   Thinking!

4. '프로그램 p06-03'은 while 문의 반복이 10보다 작거나 같으면 계속 반복하는 것이므로 조건식의
    관계 연산자가 <= 임에 주의하자.

5. 1부터 10까지 반복하는 것이므로(증가하는 방향) n = n + 1을 사용하여 변수 n의 값을 증가시켰음
    에 주의하자. 만약 n = n − 1로 하면 반복이 어떻게 되는지 확인해보자.

6. 반복문을 빠져나올 때의 루프 제어 변수 n의 값이 어떤 값을 가지게 되는지 파악해보자.

>>>   잠깐! Coding

4. while 문을 이용하여 2부터 10까지 반복하면서 숫자 중 짝수의 합을 구해보자.(단, 루프 제어 변수
    n의 값은 2씩 증가함)

5. while 문을 이용하여 9부터 1까지 반복하면서 숫자 중 홀수의 합을 구해보자.(단, 루프 제어 변수 n
    의 값은 −2씩 감소함)

6.3 반복문에서의 탈출과 계속 반복하기

for 문과 while 문 내의 모든 문장(블록)은 정해진 조건을 만족하는 한 반복하여 실행된다. 하지만 반복문을 진행하는 도중에 어떤 조건을 만나면 반복문의 루프를 빠져나오거나 일부 문장을 건너뛰고 반복을 계속하고자 할 때가 있다. 파이썬에서는 반복문의 루프를 제어하는 방법으로 break 문과 continue 문을 제공한다. 반복문 내에 있는 break 문이 실행될 경우 즉시 반복문의 루프를 벗어난다. 반복문 내에 있는 continue 문이 실행될 경우 continue 문 아래에 있는 문장들은 건너뛰고 다음 반복을 계속 진행한다.

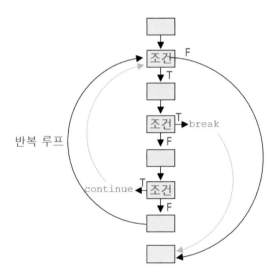

다음 프로그램은 1부터 5까지 반복하면서 변수의 값을 출력하지만, break 문을 이용하여 변수의 값이 4이면 반복을 종료하고, continue 문을 사용하여 짝수인 경우는 변수의 값을 출력하지 않는다.

```python
for i in [1, 2, 3, 4, 5]:
    if i == 4:
        break
    if i % 2 == 0:
        continue
    print(i, end=" ")
print("")
print(i)
```

```
for i in [1, 2, 3, 4, 5]:
    if i == 4:
        break
    if i % 2 == 0:
        continue
    print(i, end=" ")
print("")
print(i)
```

for 반복

실행결과

```
1 3
4
```

for 문의 루프 내에서의 반복 순서, 변수 i의 값, 첫 번째 if 문의 조건 비교 결과, 두 번째 if 문의 조건 비교 결과, 출력값들을 순서대로 나열하면 다음과 같다.

반복순서	변수 i 값	if i == 4	if i % 2 == 0	출력
반복 1	1	False	False	1
반복 2	2	False	True (continue 실행)	
반복 3	3	False	False	3
반복 4	4	True (break 실행)		
for 문 종료	4			4

첫 번째 반복에서는 두 if 문의 조건이 모두 거짓이 되어 break 문과 continue 문이 실행되지 않고 print() 함수에 의해 변수 i의 값인 1이 출력되었다. 두 번째 반복에서는 두 번째 if 문의 조건이 참이 되어 continue 문이 실행되고 세 번째 반복으로 건너뛴다. 이때 주의할 점은 continue 문이 실행되면 그 다음의 print() 함수가 실행되지 않는다는 점이다. 세 번째 반복에서는 두 if 문의 조건이 모두 거짓이 되어 break 문과 continue 문이 실행되지 않고 print() 함수에 의해 변수 i의 값인 3이 출력되었다. 네 번째 반복에서는 첫 번째 if 문의 조건이 참이 되어 break 문이 실행되고 for 반복을 종료하였다. 이때 주의할 점은 for 문의 break 문 이후 모든 문장이 실행되지 않고 for 문을 종료하였다는 점이다.

프로그램 p06-04 1부터 20까지의 숫자 중 짝수의 합 계산하기

for 문을 이용하여 1부터 20까지를 반복하면서 숫자가 홀수이면 continue 문을 사용하여 반복을 계속 진행하고, 짝수이면 합계를 구해보자. 단 합계가 30을 넘으면 반복을 종료해보자. 반복을 진행하면서 반복 진행 횟수와 합계를 계속 표시하고, 반복이 종료된 후에도 표시해보자.

for 문으로 반복하기 위하여 1부터 20까지의 반복 숫자를 저장하기 위한 루프 제어 변수 i가 필요하고, 합계를 구하기 위하여 변수 s가 필요하다. 변수 i의 값을 2로 나누어 나머지가 1이면 홀수이고 0이면 짝수이다. if 문을 이용하여 변수 i의 값이 홀수이면 반복을 계속하고 짝수이면 값이 누적되도록 한다. if 문을 이용하여 변수 s의 값이 30을 넘었는지 비교한다.

```python
s = 0
for i in range(1, 21):
    if i % 2 == 1:
        continue
    s = s + i
    print("i :", i, ", s :", s)
    if s > 30:
        break
print("i :", i, ", s :", s)
```

실행결과

```
i : 2 , s : 2
i : 4 , s : 6
i : 6 , s : 12
i : 8 , s : 20
i : 10 , s : 30
i : 12 , s : 42
i : 12 , s : 42
```

Thinking!

7. 변수 i의 값이 홀수이면 continue 문에 의해 다음 반복으로 계속 진행됨에 주의하자. 또한, 변수 s의 값 변화를 주의 깊게 살펴보고, 30을 초과하였을 때 break 문에 의해 for 문의 반복을 빠져나옴에 주의하자.

▶▶▶ 잠깐! Coding

6. for 문을 이용하여 1부터 20까지를 반복하면서 숫자가 짝수이면 continue 문을 사용하여 반복을 계속 진행하고, 홀수이면 합계를 구해보자. 단 합계가 30을 넘으면 반복을 종료해보자. 반복을 진행하면서 반복 진행 횟수와 합계를 계속 표시하고, 반복이 종료된 후에도 표시해보자.

1. 다음 두 프로그램 코드 내의 print() 함수는 들여쓰기 때문에 for 문에서 반복되는 부분이 되거나(두 번째 프로그램), for 문의 다음 문장(첫 번째 프로그램)이 된다. 첫 번째 프로그램의 경우 print() 함수는 for 문의 반복이 모두 끝난 후 실행되고, 두 번째 프로그램의 경우 print() 함수는 for 문의 반복이 진행되는 동안 계속 실행된다.

```
s = 0
for i in [1, 2, 3, 4, 5]:
    s = s + i
print("s :", s)
```

실행결과

```
s : 15
```

```
s = 0
for i in [1, 2, 3, 4, 5]:
    s = s + i
    print("s :", s)
```

실행결과

```
s : 1
s : 3
s : 6
s : 10
s : 15
```

2. range(1, 6)은 step 인수를 생략한 것으로 range(1, 6, 1)로 호출한 것과 같은 범위(1, 2, 3, 4, 5)이다.

```
s = 0
for i in range(1, 6):
    s = s + i
print("s :", s)
```

실행결과

```
s : 15
```

```
s = 0
for i in range(1, 6, 1):
    s = s + i
print("s :", s)
```

실행결과

```
s : 15
```

3. range(5)는 range(1, 5, 1)과 같은 범위(1, 2, 3, 4)이며, range(6)은 range(1, 6, 1) 과 같은 범위(1, 2, 3, 4, 5)이다.

```
s = 0
for i in range(5):
    s = s + i
print("s :", s)
```

실행결과

s : 10

```
s = 0
for i in range(6):
    s = s + i
print("s :", s)
```

실행결과

s : 15

4. '프로그램 p06-03'은 while 문의 반복이 10보다 작거나 같으면 계속 반복하는 것이므로 조건식의 관계 연산자로 <= 이 사용된다. 만약 다음의 두 번째 프로그램처럼 조건식의 관계 연산자로 >= 이 사용되면, 처음 반복을 시작할 때의 변수 n의 값이 1이고 조건식 1 >= 10이 거짓이므로 while 반복을 바로 빠져나와(즉, 반복하지 못하고) print() 함수를 실행한다.

```
n = 1
s = 0
while n <= 10:
    if n % 2 == 0:
        s = s + n
    n = n + 1
print("s :", s)
```

실행결과

s : 30

```
n = 1
s = 0
while n >= 10:
    if n % 2 == 0:
        s = s + n
    n = n + 1
print("s :", s)
```

실행결과

s : 0

5. 1부터 10까지 반복하는 것이므로(증가하는 방향) 반복문의 조건변경문 n = n + 1을 사용하여 변수 n의 값을 증가시킨다. 두 번째 프로그램처럼 반복문의 조건변경문 n = n − 1로 사용한다면 변수 n 값이 작아지고 while 조건식이 계속 참이 되므로 '사실상' 무한 반복되는 경우와 같이 계속 반복하게 된다. 이때 Ctrl+C 단축키를 통해 반복을 중단할 수 있다.

```python
n = 1
s = 0
while n <= 10:
    if n % 2 == 0:
        s = s + n
        print("s :", s)
    n = n + 1
print("s :", s)
```

실행결과

```
s : 0
s : 2
s : 6
s : 12
s : 20
s : 30
s : 30
```

```python
n = 1
s = 0
while n <= 10:
    if n % 2 == 0:
        s = s + n
        print("s :", s)
    n = n - 1
print("s :", s)
```

실행결과

```
s : 0
s : -2
s : -6
s : -12
(... 중간 생략 ...)
s : -2305842
(Ctrl+C 키를 눌러 실행 중단)
Traceback (most recent call last):
  File "B:/down/t06-05-2.py", line 7,
in <module>
    print("s :", s)
KeyboardInterrupt
```

6. 반복문을 빠져나올 때의 루프 제어 변수 n의 값은 while 조건식을 거짓이 되게 만든 값을 가지
    게 된다. 변수 n의 값이 11일 때 while 조건식이 거짓이 되어 반복을 빠져나왔으므로 마지막
    print() 함수에서 변수 n의 값은 11로 출력된다.

```
n = 1
s = 0
while n <= 10:
    if n % 2 == 0:
        s = s + n
        print("n :", n, "s :", s)
    n = n + 1
print("n :", n, "s :", s)
```

실행결과

```
n : 2 s : 2
n : 4 s : 6
n : 6 s : 12
n : 8 s : 20
n : 10 s : 30
n : 11 s : 30
```

7. 변수 i의 값이 홀수이면 continue 문에 의해 다음 반복으로 계속 진행된다. 변수 s의 경우 30
    을 초과하였을 때 break 문에 의해 for 문의 반복을 빠져나온다.

다음 값

```
s = 0
for i in range(1, 21):
    if i % 2 == 1:
        continue
    s = s + i
    print("i :", i, ", s :", s)
    if s > 30:
        break
print("i :", i, ", s :", s)
```

조건 False

반복 종료

1. 5부터 1까지의 정수 숫자들의 합계를 구할 경우, 리스트의 원소는 [5, 4, 3, 2, 1]의 순으로 나열한다.

```
s = 0
for i in [5, 4, 3, 2, 1]:
    s = s + i
print("s :", s)
```

실행결과

s : 15

2. 1, 3, 5, 7, 9의 정수 숫자들의 합계를 구할 경우, range() 함수의 인수는 range(1, 11, 2)로 작성한다. 1부터 시작하여 2씩 증가하면서 9(즉, 11 - 2)까지 반복된다.

```
s = 0
for i in range(1, 11, 2):
    s = s + i
print("s :", s)
```

실행결과

s : 25

3. 9, 7, 5, 3, 1의 정수 숫자들의 합계를 구할 경우, range() 함수의 인수는 range(9, -1, -2)로 작성한다. 9부터 시작하여 2씩 감소하면서 1(즉, -1 - -2)까지 반복된다.

```
s = 0
for i in range(9, -1, -2):
    s = s + i
print("s :", s)
```

실행결과

s : 25

4. 변수 n의 초기값은 2로 대입하고, 10까지 반복이므로 조건식은 n <= 10으로 작성한다. 2씩 증가하면서 반복하므로 조건변경문은 n = n + 2로 작성한다.

```python
n = 2
s = 0
while n <= 10:
    s = s + n
    print("n :", n, "s :", s)
    n = n + 2
print("s :", s)
```

실행결과

```
n : 2 , s : 2
n : 4 , s : 6
n : 6 , s : 12
n : 8 , s : 20
n : 10 , s : 30
s : 30
```

5. 변수 n의 초기 조건 값은 9로 대입하고, 1까지 반복이므로 조건식은 n >= 1로 작성한다. 2씩 감소하면서 반복하므로 조건변경문은 n = n - 2로 작성한다.

```python
n = 9
s = 0
while n >= 1:
    s = s + n
    print("n :", n, "s :", s)
    n = n - 2
print("s :", s)
```

실행결과

```
n : 9 , s : 9
n : 7 , s : 16
n : 5 , s : 21
n : 3 , s : 24
n : 1 , s : 25
s : 25
```

6. 숫자가 짝수인 경우는 if 문에서 i % 2 == 0으로 판별할 수 있다.

```python
s = 0
for i in range(1, 21):
    if i % 2 == 0:
        continue
    s = s + i
    print("i :", i, ", s :", s)
    if s > 30:
        break
print("i :", i, ", s :", s)
```

실행결과

```
i : 1 , s : 1
i : 3 , s : 4
i : 5 , s : 9
i : 7 , s : 16
i : 9 , s : 25
i : 11 , s : 36
i : 11 , s : 36
```

1. for 문을 이용하여 리스트 [1, 3, 5, 7, 9] 원소들의 합을 순서대로 다음과 같이 출력해보자.

```
1 1
3 4
5 9
7 16
9 25
```

⌛ for i in [리스트 원소들]의 형태로 for 문을 작성하여 계산한다.

2. for 문을 이용하여 subject 리스트 ["국어", "영어", "수학", "과학", "한국사"]의 원소를 순서대로 출력해보자.

```
국어  영어  수학  과학  한국사
```

⌛ for i in [리스트 원소들]의 형태로 for 문을 작성하여 출력하며, 한 줄에 나열하면서 출력할 경우 print() 함수 내에서 end=" "를 사용한다.

3. for 문을 이용하여 name 리스트 ["홍길동", "임꺽정"]과 subject 리스트 ["국어", "영어", "수학"]의 원소를 교차 반복하여 출력해보자.

```
홍길동 국어
홍길동 영어
홍길동 수학
임꺽정 국어
임꺽정 영어
임꺽정 수학
```

⌛ 교차 반복 출력은 for 문 내에 또 다른 for 문을 중첩하여 작성한다. 바깥쪽 for 문은 성명 리스트를 반복하고, 안쪽 for 문은 과목 리스트를 반복한다.

Coding? Programming!

4. for 문과 range() 함수를 이용하여 1부터 100까지의 모든 수의 합을 출력해보자.

```
5050
```

⌛ 1부터 100까지의 범위는 range(1, 101) 또는 range(1, 101, 1)로 작성한다.

5. for 문과 range() 함수를 이용하여 1부터 100까지의 모든 홀수의 합과 짝수의 합을 각각 계산하여 출력해보자.

```
홀수 합 : 2500
짝수 합 : 2550
```

⌛ 수를 2로 나누어 나머지가 1이면 홀수이고, 0이면 짝수로 구분한다.

6. for 문과 range() 함수를 이용하여 3부터 −3까지의 모든 수를 한 줄에 나열하여 출력하고, 모든 수의 합을 계산하여 출력해보자.

```
3 2 1 0 -1 -2 -3
0
```

⌛ 3부터 −3까지의 범위는 range(3, -4, -1)로 작성한다. 한 줄에 나열하면서 출력할 경우 print() 함수 내에서 end=" "를 사용하며, 나열된 줄의 끝을 바꿔 새로운 줄에 출력할 경우 빈 문자열인 ""를 사용한다.

7. for 문과 range() 함수를 이용하여 분수 y = 1/1 + 1/2 + 1/3 … + 1/10의 합을 계산하면서 중간 단계의 y 값들을 출력해보자.

```
1.0
1.5
1.8333333333333333
2.083333333333333
2.283333333333333
2.4499999999999997
2.5928571428571425
2.7178571428571425
2.8289682539682537
2.9289682539682538
```

⏳ 분모의 범위는 range(1, 11)로 작성한다.

8. for 문과 range() 함수를 이용하여 분수 y = 1/2 + 2/3 + 3/4 … + 10/11의 합을 계산하면서 중간 단계의 y 값들을 출력해보자.

```
0.5
1.1666666666666665
1.9166666666666665
2.716666666666667
3.5500000000000003
4.4071428571428575
5.2821428571428575
6.171031746031746
7.071031746031746
7.980122655122655
```

⏳ 분자의 범위는 range(1, 11)로 작성하고, 분모의 값은 분자의 값 + 1로 작성한다.

9. 'Basic Coding 7번 문제'를 참고하여, 분수 y = 1/1 − 1/2 + 1/3 − 1/4 … − 1/10의
   합을 계산하면서 중간 단계의 y 값들을 출력해보자.

```
1.0
0.5
0.8333333333333333
0.5833333333333333
0.7833333333333332
0.6166666666666666
0.7595238095238095
0.6345238095238095
0.7456349206349207
0.6456349206349207
```

⧗ sign = −1로 초기화한 후, sign = sign * −1로 부호를 +, −로 번갈아 바꿀 수 있다.

10. 정수를 입력받아 구구단 중 입력된 수의 단 값을 출력해보자. 단, 입력한 정숫값이 2부터 9까
    지 중 한 수일 경우에만 단 값을 출력한다.

```
단 : 5
5 * 1 = 5
5 * 2 = 10
5 * 3 = 15
5 * 4 = 20
5 * 5 = 25
5 * 6 = 30
5 * 7 = 35
5 * 8 = 40
5 * 9 = 45
```

⧗ 입력된 숫자가 n >= 2 and n <= 9일 때 for 문의 범위를 range(1, 10)으로 반복한다.

11. 두 개의 for 문을 중첩하여 반복하면서 다음 모양을 출력해보자.

```
1234
1234
1234
1234
1234
```

바깥쪽 for 문은 range(1, 6)으로, 안쪽 for 문은 range(1, 5)로 반복한다. 안쪽 for 문에서는 print(j, end="")를 사용하여 출력하고, 바깥쪽 for 문에서는 줄을 바꿔야 하므로 print("")를 작성한다.

12. 'Basic Coding 11번 문제'를 참고하여, 두 개의 for 문을 중첩하여 반복하면서 다음 모양을 출력해보자.

```
****
****
****
****
****
```

바깥쪽 for 문은 range(1, 6)으로, 안쪽 for 문은 range(1, 5)로 반복한다. 안쪽 for 문에서는 print("*", end="")를 사용하여 출력하고, 바깥쪽 for 문에서는 줄을 바꿔야 하므로 print("")를 작성한다.

13. 'Basic Coding 11번 문제'를 참고하여, 두 개의 for 문을 중첩하여 반복하면서 다음 모양을 출력해보자.

```
1234
2345
3456
4567
5678
```

바깥쪽 for 문은 range(1, 6)으로, 안쪽 for 문은 range(1, 5)로 반복한다. 안쪽 for 문에서는 print(i+j-1, end="")를 사용하여 출력하고, 바깥쪽 for 문에서는 줄을 바꿔야 하므로 print("")를 작성한다.

14. while 문을 이용하여 반복하면서 정수를 입력받아 입력된 모든 수의 합을 출력해보자. 단, 입력한 정숫값이 0이 아니면 반복을 계속 진행하고, 0이면 반복을 종료한다.

```
정수 : 5
정수 : 7
정수 : 6
정수 : 3
정수 : 2
정수 : 0
합 : 23
```

⧗ 입력한 값이 0이 아닌 경우 while 문을 계속 반복하는 것이므로 while n != 0: 로 반복한다.

15. while 문을 이용하여 비밀번호를 입력받아 "pwpass"가 아닐 경우 계속 비밀번호를 입력받고, "pwpass"가 입력될 경우 "LogIn Pass!!"를 출력해보자.

```
비밀번호 : pw
비밀번호 : pass
비밀번호 : pwpass
LogIn Pass!!
```

⧗ 입력한 값이 "pwpass"가 아닌 경우 계속 반복하는 것이므로 while pw != "pwpass": 로 반복한다.

16. while 문을 이용하여 무한 반복을 하면서 정수를 입력받아 합을 계산해보자. 단, 입력한 정숫값이 양수이면 합을 구하고, 음수이면 합을 구하지 말고 계속 반복을 진행한다. 단, 0인 경우 반복을 종료하고 계산된 합을 출력한다.

```
정수 : 5
정수 : 4
정수 : -2
정수 : -1
정수 : 3
정수 : 0
합 : 12
```

⧗ while 문을 이용한 무한 반복은 while True: 로 작성하며, 무한 반복을 종료할 경우 break 문을 사용한다. 그리고 반복을 계속 진행하기 위해서는 continue 문을 사용한다.

17. 반지름이 50인 원을 그리고 오른쪽으로 120도 회전하는 동작을 세 번 반복하면서 원으로 구성된 삼각 모양을 그려보자.

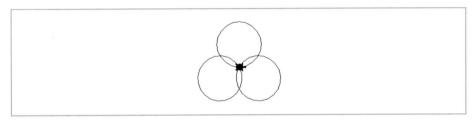

⌛ for 문에서 range(360/120)으로 반복하면서 turtle.circle(50)으로 원을 그리고 turtle.right(120)으로 터틀을 회전한다.

18. 'Basic Coding 17번 문제'를 참고하여, 반지름이 50인 원을 그리고 오른쪽으로 60도 회전하는 동작을 여섯 번 반복하면서 원으로 구성된 삼각 모양을 그려보자.

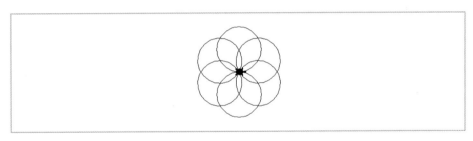

⌛ for 문에서 range(360/60)으로 반복하면서 turtle.circle(50)으로 원을 그리고 turtle.right(60)으로 터틀을 회전한다.

19. 세 번 반복하면서 반지름이 50인 원을 오른쪽으로 반지름만큼 이동하면서 그려보자.

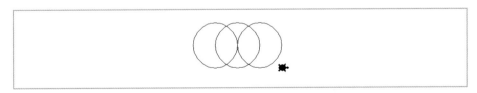

⌛ for 문에서 range(3)으로 반복하면서 turtle.down()으로 선을 그리는 상태로 변경하고 turtle.circle(50)으로 원을 그린다. turtle.up()으로 선을 그리지 않는 상태로 변경하고 turtle.forward(50)로 터틀을 이동한다.

20. 'Basic Coding 17번 문제'를 참고하여, 세 번 반복하면서 반지름이 50인 원을 오른쪽으로
    인접하여 그려보자.

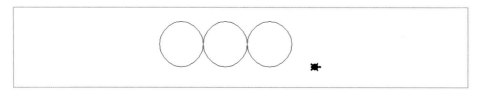

> for 문에서 range(3)으로 반복하면서 turtle.down()으로 선을 그리는 상태로 변경하고 turtle.
> circle(50)으로 원을 그린다. turtle.up()으로 선을 그리지 않는 상태로 변경하고 turtle.
> forward(50*2)로 터틀을 이동한다.

Enhancement Coding

1. for 문을 이용하여 반복하면서 num 리스트 [8, 7, 3, 2, 9, 4, 1, 6, 5]의 원소 중 가장
   큰 수와 가장 작은 수를 출력해보자.

```
최댓값 : 9
최솟값 : 1
```

> 파이썬 3에서 정수의 최댓값은 sys.maxsize이며, 최솟값은 –sys.maxsize – 1로 확인할 수 있으
> 며, 초기 최댓값에 –sys.maxsize – 1를, 초기 최솟값에 sys.maxsize를 대입한 후 반복을 진행하
> 면서 최댓값과 최솟값을 구한다.

2. for 문을 이용하여 반복하면서 다음 모양을 출력해보자.

```
1 5
2 4
3 3
4 2
5 1
```

> 1과 5의 합계가 6인 것인 것을 이용하여, 6 – 1에 의해 5 값을 계산할 수 있다.

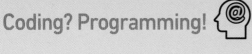

3. for 문을 이용하여 반복하면서 섭씨 10도부터 20도까지를 화씨온도로 변환하여 출력해보자.

```
10 50.0
11 51.8
12 53.6
13 55.400000000000006
14 57.2
15 59.0
16 60.8
17 62.6
18 64.4
19 66.2
20 68.0
```

⧖ 화씨 = 섭씨 * 9 / 5 + 32로 계산한다.

4. for 문을 이용하여 반복하면서 화씨 10도부터 20도까지를 섭씨온도로 변환하여 출력해보자.

```
10 -12.222222222222221
11 -11.666666666666666
12 -11.11111111111111
13 -10.555555555555555
14 -10.0
15 -9.444444444444445
16 -8.88888888888889
17 -8.333333333333334
18 -7.777777777777778
19 -7.222222222222222
20 -6.666666666666667
```

⧖ 섭씨 = (화씨 - 32) * 5 / 9로 계산한다.

5. 'Enhancement Coding 3번 문제'를 참고하여, 0도부터 100도까지 10단위로 섭씨온도를 화씨온도와 절대온도(켈빈온도)로 변환하여 출력해보자.

```
0 32.0 273.15
10 50.0 283.15
20 68.0 293.15
30 86.0 303.15
40 104.0 313.15
50 122.0 323.15
60 140.0 333.15
70 158.0 343.15
80 176.0 353.15
90 194.0 363.15
100 212.0 373.15
```

⧖ 화씨 = 섭씨 * 9 / 5 + 32로 계산하고, 절대온도(켈빈온도)는 섭씨 + 273.15로 계산한다.

6. 바깥쪽 한 개의 for 문과 안쪽 두 개의 for 문을 중첩하여 반복하면서 다음 모양을 출력해보자.

```
*
**
***
****
*****
```

⧖ 바깥쪽 for 문은 range(1, 6)으로, 안쪽 for 문은 range(1, i+1)로 반복한다.

7. 'Enhancement Coding 6번 문제'를 참고하여, 임의의 수를 입력받아 해당 수 만큼 다음과 같은 직각 삼각형 모양을 출력해보자.

```
밑변, 높이 : 5
*
**
***
****
*****
```

⧖ 입력받은 정수를 변수 n에 대입하고, 바깥쪽 for 문은 range(1, n+1)로, 안쪽 for 문은 range(1, i+1)로 반복한다.

8. 바깥쪽 한 개의 for 문과 안쪽 두 개의 for 문을 중첩하여 반복하면서 다음 모양을 출력해보자.

```
    *
   **
  ***
 ****
*****
```

⌛ 바깥쪽 for 문은 range(1, 6)으로, 안쪽의 두 for 문은 각각 range(1, 6-i)와 range(1, i+1)로 반복한다.

9. 바깥쪽 한 개의 for 문과 안쪽 세 개의 for 문을 중첩하여 반복하면서 다음 모양을 출력해보자.

```
    *
   ***
  *****
 *******
*********
```

⌛ 바깥쪽 for 문은 range(1, 6)으로, 안쪽의 세 for 문은 각각 range(1, 6-i), range(1, i+1), range(1, i)로 반복한다.

10. 'Enhancement Coding 6번, 7번 문제'를 참고하여, 시작과 높이에 해당하는 정수를 입력 받아 각각 변수 s, h에 대입하고, 변수 s의 값으로 시작하여 변수 h의 값만큼 반복하며 다음과 같은 삼각형 모양을 출력해보자.(단, 출력되는 숫자는 한자리 단위 숫자만 출력한다)

```
시작 : 8
높이 : 5
8
89
890
8901
89012
```

⌛ 바깥쪽 for 문은 range(1, h+1)로, 숫자 출력을 위한 안쪽 for 문은 range(1, i+1)로 반복한다. 한 자리 단위 숫자만 출력하기 위하여 (s + j - 1) % 10을 계산한다.

11. 'Enhancement Coding 10번 문제'를 참고하여, 시작과 높이에 해당하는 정수를 입력받아 각각 변수 s, h에 대입하고, 변수 s의 값으로 시작하여 변수 h의 값만큼 반복하며 다음과 같은 삼각형 모양을 출력해보자.(단, 출력되는 숫자는 한자리 단위 숫자만 출력한다)

```
시작 : 8
높이 : 5
    8
   8 9
  8 9 0
 8 9 0 1
8 9 0 1 2
```

바깥쪽 for 문은 range(1, h+1)로, 빈 공백을 위한 안쪽 for 문은 range(1, h+1-i)로, 숫자 출력을 위한 안쪽 for 문은 range(1, i+1)로 반복한다. 한자리 단위 숫자만 출력하기 위하여 (s + j - 1) % 10을 계산한다.

12. 'Enhancement Coding 11번 문제'를 참고하여, 시작과 높이에 해당하는 정수를 입력받아 각각 변수 s, h에 대입하고, 변수 s의 값으로 시작하여 변수 h의 값만큼 반복하며 다음과 같이 같은 줄에는 같은 숫자로 구성된 삼각형 모양을 출력해보자.(단, 출력되는 숫자는 한자리 단위 숫자만 출력한다)

```
시작 : 8
높이 : 5
    8
   9 9
  0 0 0
 1 1 1 1
2 2 2 2 2
```

바깥쪽 for 문은 range(1, h+1)로, 빈 공백을 위한 안쪽 for 문은 range(1, h+1-i)로, 같은 숫자 출력을 위한 안쪽 for 문은 range(1, i+1)로 반복한다.

13. 'Basic Coding 10번 문제'를 참고하여, 정수를 입력받아 구구단 중 입력된 수의 단 값을 출력해보자. 단, 입력한 정숫값이 2부터 8까지 중 한 수일 경우 해당 숫자의 단과 그다음 단을 출력하고, 입력한 정숫값이 9이면 9만 출력한다.

```
단 : 9
9 * 1 = 9
9 * 2 = 18
9 * 3 = 27
9 * 4 = 36
9 * 5 = 45
9 * 6 = 54
9 * 7 = 63
9 * 8 = 72
9 * 9 = 81
단 : 5
5 * 1 = 5 6 * 1 = 6
5 * 2 = 10 6 * 2 = 12
5 * 3 = 15 6 * 3 = 18
5 * 4 = 20 6 * 4 = 24
5 * 5 = 25 6 * 5 = 30
5 * 6 = 30 6 * 6 = 36
5 * 7 = 35 6 * 7 = 42
5 * 8 = 40 6 * 8 = 48
5 * 9 = 45 6 * 9 = 54
```

입력된 숫자가 n == 9일 때 9단만 출력하고, n >= 2 and n <= 8일 때 해당 숫자와 그다음 단을 print(n, "*", i, "=", n*i, n+1, "*", i, "=", (n+1)*i) 형식으로 출력한다.

14. 종이를 한 번 접으면 원래 두께의 2배로 두꺼워진다. 이렇게 접은 종이를 또다시 접으면 종이
두께는 원래 종이 두께의 네 배가 된다. 또다시 접으면 8배가 된다. n번 접으면 원래 두께에 2^n
을 곱한 수만큼 두께가 커지게 된다. 이런 과정을 계속하여 접은 두께가 100m(100000mm)
를 넘으려면 두께가 1mm인 종이를 몇 번 접어야 할지 계산해보자.

```
1 번 접으면 2 mm
2 번 접으면 4 mm
3 번 접으면 8 mm
4 번 접으면 16 mm
5 번 접으면 32 mm
6 번 접으면 64 mm
7 번 접으면 128 mm
8 번 접으면 256 mm
9 번 접으면 512 mm
10 번 접으면 1024 mm
11 번 접으면 2048 mm
12 번 접으면 4096 mm
13 번 접으면 8192 mm
14 번 접으면 16384 mm
15 번 접으면 32768 mm
16 번 접으면 65536 mm
17 번 접으면 131072 mm
횟수 : 17 두께 : 131072
```

⧗ while 문을 이용한 무한 반복하면서 두께가 100000을 넘으면 반복을 종료하고 반복 횟수와 최종
두께를 출력한다.

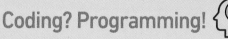
15. 'Basic Coding 17, 18번 문제'를 참고하여, 반지름과 회전 횟수를 입력받아 각각 radius, rotatecnt 변수에 대입하고, for 문을 이용하여 rotatecnt 번 반복하면서 radius인 원을 그리고 오른쪽으로 360/rotate 각도 만큼 회전하면서 도형을 그려보자.

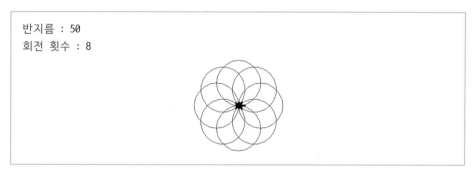

반지름 : 50
회전 횟수 : 8

⌛ for 문에서 range(rotatecnt)로 반복하면서 turtle.circle(radius)로 원을 그리고 turtle. right(360/rotatecnt)로 터틀을 회전한다.

16. 'Basic Coding 19, 20번 문제'를 참고하여, 반지름, 횟수, 이동을 입력받아 각각 radius, rotatecnt, distance 변수에 대입하고, for 문을 이용하여 rotatecnt 번 반복하면서 radius인 원을 그려보자. 단, 터틀의 이동은 radius * distance로 정한다.

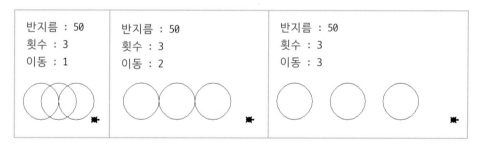

반지름 : 50
횟수 : 3
이동 : 1

반지름 : 50
횟수 : 3
이동 : 2

반지름 : 50
횟수 : 3
이동 : 3

⌛ for 문에서 range(cnt)로 반복하면서 turtle.down()으로 선을 그리는 상태로 변경하고 turtle. circle(radius)로 원을 그린다. turtle.up()으로 선을 그리지 않는 상태로 변경하고 turtle. forward(radius*distance)로 터틀을 이동한다.

CHAPTER 7 반복적인 코드를 함수로 사용하기

 학습목표

- 함수의 필요성에 대하여 이해하고, 내장함수의 종류를 파악한다.
- 함수를 만들고 호출하는 방법에 대하여 이해한다.
- 함수에 값을 전달하는 방법과 결과를 반환 받는 방법에 대하여 이해한다.

7.1 반복적인 코드를 함수로 만들기

7.1.1 함수의 필요성

프로그램 코드를 작성하는 과정에서 특정 기능을 수행하는 코드 부분을 여러 곳에서 자주 사용하는 때도 있다. 이런 경우 특정 기능의 코드 부분을 한데 묶어 이름을 붙여 함수를 만든 후 필요한 곳에서 함수 이름만을 사용하여 해당 기능을 사용할 수 있다. 함수를 사용하면 같은 기능을 하는 코드를 반복적으로 입력하지 않아도 되기 때문에 소스 코드를 단순하게 만들 수 있고, 작성된 소스 코드의 이해 및 에러 수정이 쉽게 이루어진다.

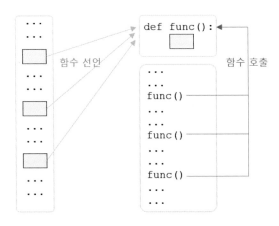

함수(function)는 특정 기능을 수행하는 코드의 묶음에 이름을 붙여 놓은 것이며, 큰 프로그램을 만드는데 사용할 수 있는 작은 프로그램 조각과 같다. 함수는 입력을 받아 함수 내부에서 계산 등의 처리를 한 후 결과를 함수 밖으로 반환한다.

함수는 파이썬에서 미리 만들어져 제공되는 input(), print() 함수 등과 같은 내장함수(built-in function)와 사용자가 직접 만들어 사용하는 사용자 정의 함수(user-defined function)로 구분된다.

다음 표의 함수들은 파이썬에서 제공하고 있는 내장함수들이며, 내장함수들에 대한 자세한 사항은 파이썬 공식문서인 https://docs.python.org/3/library/functions.html을 통해 확인할 수 있다.

abs()	delattr()	hash()	memoryview()	set()
all()	dict()	help()	min()	setattr()
any()	dir()	hex()	next()	slice()
ascii()	divmod()	id()	object()	sorted()
bin()	enumerate()	input()	oct()	staticmethod()
bool()	eval()	int()	open()	str()
breakpoint()	exec()	isinstance()	ord()	sum()
bytearray()	filter()	issubclass()	pow()	super()
bytes()	float()	iter()	print()	tuple()
callable()	format()	len()	property()	type()
chr()	frozenset()	list()	range()	vars()
classmethod()	getattr()	locals()	repr()	zip()
compile()	globals()	map()	reversed()	__import__()
complex()	hasattr()	max()	round()	

7.1.2 함수를 만들고 호출하기

사용자 정의 함수는 def 예약어를 이용하여 정의할 수 있으며, 매개변수(parameter)가 사용되지 않으면서 함수 결과를 반환하지 않는 기본적인 형태는 다음과 같다.

```
def 함수이름():
    문장들
```

"Python" 문자열과 "파이썬" 문자열을 각각 출력하는 fpython() 함수는 다음과 같이 정의한다.

```
def fpython():
    print("Python")
    print("파이썬")
```

함수의 이름은 함수를 호출할 때 사용하며, 들여쓰기로 함수의 시작과 끝을 정의한다. 즉, fpython() 함수는 들여쓰기가 된 첫 번째 print() 함수부터 시작하여 같은 들여쓰기가 된 두 번째 print() 함수까지 함수의 몸체를 구성한다. 만약 다음과 같이 두 번째 print() 함수의 들여쓰기가 첫 번째 print() 함수와 다를 경우 함수의 몸체 부분은 print("Python")만 해당한다.

```
def fpython():            # 함수 fpython() 정의
    print("Python")       # 함수의 몸체 부분
print("파이썬")            # 함수 fpython()과 별개의 문장
```

함수가 정의(definition)되면 함수를 사용하게 되며, 이를 '함수를 호출(call)한다'라고 한다. 위에서 정의한 fpython() 함수를 호출하면 fpython() 함수 내의 두 print() 함수가 순서대로 실행되어 값들이 출력된다.

```
def fpython():            # 함수 fpython() 정의
    print("Python")       # 함수의 몸체 부분
    print("파이썬")        # 함수의 몸체 부분

fpython()                 # 함수 fpython() 호출
```

실행결과

```
Python
파이썬
```

앞선 fpython() 함수와 들여쓰기가 다르게 작성한 ifpython() 함수의 경우, ifpython() 함수를 호출하기 전에 위에 있는 print("파이썬") 함수가 먼저 실행되고, 이어서 ifpython() 함수가 호출되어 실행된다.

```
def ifpython():           # 함수 ifpython() 정의
    print("Python")       # 함수의 몸체 부분
print("파이썬")            # 함수 ifpython()과 별개의 문장

ifpython()                # 함수 ifpython() 호출
```

실행결과

```
파이썬
Python
```

함수를 정의할 때 파이썬은 정의 내용을 기록할 뿐 실행하지는 않는다. 함수를 호출하면 호출한 함수의 첫째 줄로 이동하여 정의한 내용을 실행한다. 함수 호출이 완료되면 최초에 함수를 호출했던 곳으로 되돌아간다.

```
  ┌─②def fpython():              ┌─③def ifpython():
  │    ③│ print("Python")        │     ④ print("Python")
  │      ▼print("파이썬")          ①print("파이썬")
  │                                     ▼
  └─①fpython()                   └─②ifpython()
     ④◄─                            ⑤◄─
```

함수 정의 전에 함수를 호출한 경우 오류 발생

함수를 정의하고 호출하는 과정에서 주의할 점은 함수를 호출하기 전에 위의 본문과 같이 반드시 먼저 함수가 정의되어야 한다. 만약 다음과 같이 함수 호출이 함수 정의보다 먼저 나타나면 해당 함수가 정의되지 않았다는 오류 메시지가 나타난다.

```
fpython()

def fpython():
    print("Python")
    print("파이썬")


=====
NameError: name 'fpython' is not defined
```

프로그램 p07-01 학번, 성명 출력하기

다음 동작들을 순서대로 작성해보자.

① print() 함수를 이용하여 순서대로 학번과 성명을 2회 출력하시오.

② for 문을 이용하여 학번과 성명을 2회 출력하시오.

③ 학번과 성명을 출력하는 sn() 함수를 만든 후 sn() 함수를 2회 호출하시오.

④ for 문을 이용하여 sn() 함수를 2회 호출하시오.

① print() 함수를 이용하여 학번, 성명, 학번, 성명순으로 출력한다. print("")를 이용하여 다른 출력 결과와 구분하기 위해 빈 줄을 추가한다.

② for 문에서 range(2)로 2회 반복하며 학번, 성명을 출력한다.

③ def sn()으로 함수를 정의하며, 함수 몸체에는 학번, 성명을 출력한다. sn() 함수 정의 후, sn() 함수를 2회 호출한다.

④ for 문에서 range(2)로 2회 반복하며 sn() 함수를 호출한다.

```
print("12345678")
print("홍길동")
print("12345678")
print("홍길동")
print("")

for i in range(2):
    print("12345678")
    print("홍길동")
print("")

def sn():
    print("12345678")
    print("홍길동")

sn()
sn()
print("")

for i in range(2):
    sn()
```

실행결과

```
12345678
홍길동
12345678
홍길동

12345678
홍길동
12345678
홍길동

12345678
홍길동
12345678
홍길동

12345678
홍길동
12345678
홍길동
```

💡 Thinking!

1. '프로그램 p07-01'의 직접 순서대로 출력하는 ① 방법과 반복하는 ② 방법, 함수를 정의하여 호출하는 ③, ④ 방법의 차이점을 각각 비교해보자.

2. '프로그램 p07-01'의 ④ 방법과 같이 함수를 정의한 후, 프로그램의 함수 정의 부분 이후 어느 곳에서든지 자유롭게 함수를 호출할 수 있음에 주의하자.

>>> 잠깐! Coding

1. for 문을 이용하여 1부터 9까지 출력하는 함수 print19()를 작성하고 호출해보자.

7.2 함수에 값 전달하고 결과 반환받기

7.2.1 함수에 값 전달하기

함수를 호출할 때 함수로 값을 전달할 수 있다. 함수로 전달하는 값을 인수(argument)라고 하고, 함수에서 전달된 값을 받는 변수를 매개변수(parameter)라고 한다. 인수와 매개변수는 함수를 호출할 때 값을 주고받는 데 필요하다. 매개변수를 포함하고 함수 결과를 반환하지 않는 함수의 기본적인 선언 형태는 다음과 같다.

```
def 함수이름(매개변수1, 매개변수2, ...):
    문장들
```

두 정숫값을 전달받아 더한 후 값을 출력하는 fadd() 함수를 정의하고, fadd(a, b)로 함수를 호출하여 실행한 결과는 다음과 같다.

```
def fadd(n, m):
    s = n + m
    print(n, "+", m, "=", s)

a = 3
b = 4
fadd(a, b)
```

실행결과

```
3 + 4 = 7
```

함수를 정의할 때 사용한 매개변수의 개수가 두 개이므로, 함수를 호출할 때 사용하는 인수의 개수도 두 개임에 주의해야 한다. 또한, 함수를 호출할 때 인수의 값은 순서대로 매개변수에 전달된다. 즉, 위의 예제에서 인수 a의 값 3은 매개변수 n으로 전달되고, 인수 b의 값 4는 매개변수 m으로 전달된다.

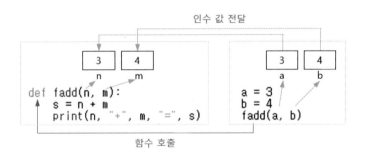

프로그램　p07-02　**구구단의 단 계산하기**

사용자로부터 계산할 단을 입력받아 해당 구구단의 단을 계산하여 출력해보자.

단의 값을 전달받는 매개변수가 포함된 def calc_gugudan(dan)으로 함수를 정의한다. 함수 몸체에는 for 문을 이용하여 매개변수 dan에 해당하는 구구단의 단을 계산하여 출력한다. 정숫값을 입력받아 인수로 전달하기 위하여 calc_gugudan(d)로 함수를 호출한다.

```
def calc_gugudan(dan):
    for i in range(1, 10):
        print(dan, "*", i, "=", dan*i, "")


d = int(input("단 : "))
calc_gugudan(d)
```

실행결과

```
단 : 3
3 * 1 = 3
3 * 2 = 6
3 * 3 = 9
3 * 4 = 12
3 * 5 = 15
3 * 6 = 18
3 * 7 = 21
3 * 8 = 24
3 * 9 = 27
```

💡 Thinking!

3. '프로그램 p07-02'를 이용하여 단의 값을 바꿔 입력하면서 계산된 구구단의 값을 확인해보자.

>>> 잠깐! Coding

2. '프로그램 p07-02'를 이용하여 입력되는 단의 값을 1부터 9까지로 제한하도록 변경해보자.

3. 시작에 해당하는 정수를 입력받아 변수 s에 대입하고, 끝에 해당하는 정수를 입력받아 e에 대입한 후, for 문을 이용하여 start부터 end까지 출력하는 함수 print19(start, end)를 작성하고 호출해보자. (단, 입력한 후, 변수 s의 값이 변수 e의 값보다 작을 때만 함수를 호출한다.)

7.2.2 함수의 결과 반환받기

함수는 매개변수를 통해 값을 전달받아 계산한 후 return 예약어를 사용하여 함수 밖으로 값을 반환할 수 있다. 함수 결과를 반환하는 return 예약어를 포함한 함수의 기본적인 형태는 다음과 같다.

```
def 함수이름(매개변수1, 매개변수2, ...):
    문장들
    return 결과값
```

두 정숫값을 전달받아 더한 후 값을 반환하는 fadd() 함수를 정의하고, fadd(a, b)로 함수를 호출하여 결과를 반환받아 출력하면 다음과 같다.

```
def fadd(n, m):
    s = n + m
    return s

a = 3
b = 4
r = fadd(a, b)
print("반환값 =", r)
```

실행결과

```
반환값 = 7
```

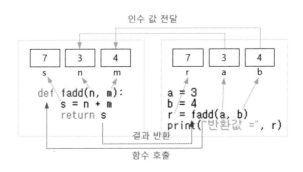

return 예약어에 의해 값이 반환되면 함수를 호출한 부분으로 값이 전달된다. 위의 예제에서 a=3, b=4일 때 fadd(a, b)로 함수를 호출할 경우 값 7을 반환하여 변수 r에 저장된다. print("반환값 =", fadd(a, b))와 같이 함수의 인수로 사용될 경우 반환된 값이 print() 함수의 인수로 사용되며, c = 2 + fadd(a, b)와 같이 수식에서 사용될 경우 반환된 값이 수식에서 계산된다. 만약 fadd(a, b)와 같이 함수 단독으로 사용할 경우 반환된 값을 사용하지 않는다.

프로그램 (p07-03) 두 수의 평균값 구하기

사용자로부터 입력받은 두 수의 평균값을 구하여 반환하는 avg() 함수를 만들고 호출해보자. 또한 avg() 함수의 결과를 반환받아 출력해보자.

정숫값 두 개를 전달받는 매개변수 a, b가 포함된 def avg(a, b)로 함수를 정의한다. 함수 몸체에서 값을 계산한 후, return 예약어를 이용하여 계산된 값을 반환한다. 두 개의 정숫값을 입력받아 인수로 전달하고, 함수 내에서 계산된 계산 값을 반환받기 위하여 r = avg(in1, in2)로 함수를 호출한다.

```python
def avg(a, b):
    s = (a + b) / 2
    return s

in1 = int(input("값1 : "))
in2 = int(input("값2 : "))
r = avg(in1, in2)
print("평균 =", r)
```

실행결과

```
값1 : 3
값2 : 7
평균 = 5.0
```

Thinking!

4. '프로그램 07-03'은 avg() 함수의 매개변수가 두 개로 정의되어 있어 함수 몸체 내의 평균을 구하는 수식에서 2로 나누었음에 주의하자.

>>> 잠깐! Coding

4. '프로그램 07-03'을 이용하여 입력값이 세 개일 때의 평균을 구하도록 avg() 함수를 변경해보자.

1. '프로그램 p07-01'에서 ① 방법은 print() 함수를 이용하여 학번, 성명을 단순하게 2회 출력한 것에 불과하다. ② 방법은 반복문인 for 문을 이용하여 2회 반복하면서 학번, 성명을 출력한 것이다. ③ 방법은 함수를 정의한 후 2회 연속으로 함수를 호출한 것이다. ④ 방법은 반복문인 for 문을 이용하여 함수를 2회 호출한 것이다.

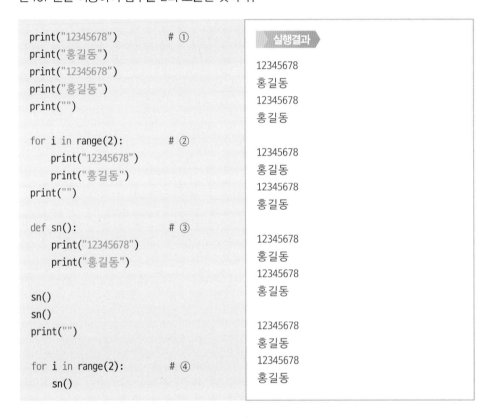

```
print("12345678")          # ①
print("홍길동")
print("12345678")
print("홍길동")
print("")

for i in range(2):         # ②
    print("12345678")
    print("홍길동")
print("")

def sn():                  # ③
    print("12345678")
    print("홍길동")

sn()
sn()
print("")

for i in range(2):         # ④
    sn()
```

실행결과

```
12345678
홍길동
12345678
홍길동

12345678
홍길동
12345678
홍길동

12345678
홍길동
12345678
홍길동

12345678
홍길동
12345678
홍길동
```

2. '프로그램 p07-01'의 ④ 방법과 같이 함수가 이미 정의되어 있다면 그 이후에 함수를 자유롭게 호출할 수 있다. 다만 정의되기 이전에 함수를 호출하면 오류가 발생한다.

3. '프로그램 p07-02'를 이용하여 단의 값을 바꿔 입력하면서 계산된 구구단의 값을 확인한다.

```python
def calc_gugudan(dan):
    for i in range(1, 10):
        print(dan, "*", i, "=", dan*i, "")

d = int(input("단 : "))
calc_gugudan(d)
```

실행결과

```
단 : 5
5 * 1 = 5
5 * 2 = 10
5 * 3 = 15
5 * 4 = 20
5 * 5 = 25
5 * 6 = 30
5 * 7 = 35
5 * 8 = 40
5 * 9 = 45
```

4. '프로그램 p07-03'은 avg() 함수의 매개변수가 두 개로 정의되어 있고, 해당 매개변수를 모두 더하여 2로 나누어 평균을 구하였다. 만약 매개변수의 개수가 가변적일 때 평균을 구한다면 해당 매개변수의 개수를 파악하여 나누는 숫자도 변경해야 올바른 평균을 구할 수 있다.('잠깐! Coding' 4번 참고)

```python
def avg(a, b):
    s = (a + b) / 2
    return s

in1 = int(input("값1 : "))
in2 = int(input("값2 : "))
r = avg(in1, in2)
print("평균 =", r)
```

실행결과

```
값1 : 3
값2 : 7
평균 = 5.0
```

잠깐! Coding

1. for 문을 이용하여 1부터 9까지 출력하는 함수를 def print19()로 정의하고, 정의된 함수
    print19()를 호출한다.

```python
def print19():
    for i in range(1, 10):
        print(i, end=" ")
    print("")

print19()
```

실행결과

```
1 2 3 4 5 6 7 8 9
```

2. '프로그램 p07-02'를 이용하여 입력되는 단의 값을 1부터 9까지로 제한하는 방법은 두 가지
    로 접근할 수 있다. 첫 번째, 입력한 후 바로 if 문에 의해서 입력된 값을 검사하는 방법이고, 두
    번째, 함수 내에서 검사하는 방법이다. 일반적으로 함수 내에서 값을 검사하는 것보다는 입력
    이 발생한 곳에서 바로 검사하는 것이 더 직관적이므로 첫 번째 방법을 권한다.

```python
def calc_gugudan(dan):
    for i in range(1, 10):
        print(dan, "*", i, "=", dan*i, "")

d = int(input("단 : "))
if d >=1 and d <= 9:
    calc_gugudan(d)
else:
    print("단은 1~9까지 입력해주세요.")
```

실행결과

```
단 : 10
단은 1~9까지 입력해주세요.
```

```python
def calc_gugudan(dan):
    if dan >=1 and dan <= 9:
        for i in range(1, 10):
            print(dan, "*", i, "=", dan*i,"")
    else:
        print("단은 1~9까지 입력해주세요.")
d = int(input("단 : "))
calc_gugudan(d)
```

실행결과

```
단 : 0
단은 1~9까지 입력해주세요.
```

3. 시작에 해당하는 정수를 입력받아 변수 s에 대입하고, 끝에 해당하는 정수를 입력받아 e에 대입한 후, for 문을 이용하여 st부터 ed까지 출력하는 함수 print19(st, ed)를 작성하고 호출한다. (단, 입력한 후, 변수 s의 값이 변수 e의 값보다 작을 때만 함수를 호출한다)

```python
def print19(st, ed):
    for i in range(st, ed+1):
        print(i, end=" ")
    print("")

s = int(input("시작값 : "))
e = int(input("끝값 : "))
if s < e:
    print19(s, e)
else:
    print("시작값이 끝값보다 작아야
합니다.")
```

실행결과
```
시작값 : 10
끝값 : 2
시작값이 끝값보다 작아야 합니다.

시작값 : 2
끝값 : 10
2 3 4 5 6 7 8 9 10
```

4. '프로그램 07-03'을 이용하여 입력 값이 세 개일 때의 평균을 구하도록 avg() 함수를 변경하려면 세 번째 입력을 저장할 변수 in3을 추가하고, avg(a, b, c) 형태로 함수 선언을 변경하며, 평균 계산에 이용되는 값이 3개이므로 3으로 나누어야 한다.

```python
def avg(a, b, c):
    s = (a + b + c) / 3
    return s

in1 = int(input("값1 : "))
in2 = int(input("값2 : "))
in3 = int(input("값3 : "))
r = avg(in1, in2, in3)
print("평균 =", r)
```

실행결과
```
값1 : 3
값2 : 7
값3 : 5
평균 = 5.0
```

Basic Coding

1. "파이썬"을 출력하는 print_python() 함수를 선언하고, print_python() 함수를 호출하여 실행해보자.

```
파이썬
```

⌛ def print_python() 형태로 함수를 선언한다.

2. "환영합니다."를 출력하는 welcome() 함수를 선언해보자. for 문을 이용하여 3회 반복하면서 welcome() 함수를 호출하여 실행해보자.

```
환영합니다.
환영합니다.
환영합니다.
```

⌛ def welcome() 형태로 함수를 선언하고, for 문을 이용하여 3회 반복하며 함수를 호출한다.

3. 이름(예:홍길동)을 매개변수로 전달받아 "환영합니다. 홍길동 님"을 출력하는 welcome() 함수를 선언해보자. 이름을 입력받아 welcome() 함수를 호출하여 실행해보자.

```
이름 : 홍길동
환영합니다. 홍길동 님
```

⌛ def welcome(name) 형태로 함수를 선언하고, 문자열 이름을 입력받아 welcome(n) 형태로 함수를 호출한다.

4. 문자열과 횟수를 매개변수로 전달받아 횟수만큼 문자열을 반복하여 출력하는 print_str() 함
   수를 선언해보자. 문자열과 횟수를 각각 입력받아 print_str() 함수를 호출하여 실행해보자.

   ```
   문자열 : 파이썬
   횟수 : 3
   파이썬
   파이썬
   파이썬
   ```

   ⌛ def print_str(st, cnt) 형태로 함수를 선언하고, 문자열과 횟수를 입력받아 print_str(s, c) 형태로
      함수를 호출한다.

5. 문자와 횟수를 매개변수로 전달받아 횟수만큼 문자를 반복하여 출력하는 dispch() 함수를 선
   언해보자. 문자와 반복 숫자를 입력받아 함수를 호출하고 결과를 출력해보자.

   ```
   문자 : @
   횟수 : 5
   @@@@@
   ```

   ⌛ def dispch(ch, n) 형태로 함수를 선언하고, ch 문자를 n개 반복하여 출력한다.

6. 두 개의 숫자를 전달받아 큰 수를 반환하는 maxnum() 함수를 선언해보자. 두 개의 숫자를 입
   력받아 함수를 호출하고 결과를 출력해보자.

   ```
   숫자1 : 3
   숫자2 : 5
   큰 수 = 5
   ```

   ⌛ def maxnum(m, n) 형태로 함수를 선언하고, m과 n을 비교하여 큰 수를 반환한다.

7. 두 개의 숫자를 전달받아 작은 수를 반환하는 minnum() 함수를 선언해보자. 두 개의 숫자를 입력받아 함수를 호출하고 결과를 출력해보자.

```
숫자1 : 3
숫자2 : 5
작은 수 = 3
```

⧗ def minnum(m, n) 형태로 함수를 선언하고, m과 n을 비교하여 작은 수를 반환한다.

8. x^y의 거듭제곱을 구하는 pow_xy(x, y) 함수를 선언하고, $3 * 2^4 + 5$ 수식의 결과를 pow_xy() 함수를 이용하여 계산해보자.

```
3 * 2**4 + 5 = 53
```

⧗ def pow_xy(x, y) 형태로 함수를 선언하고, 2의 4승은 pow_xy(2, 4) 형태로 호출한다.

9. 가로와 세로 길이를 매개변수로 전달받아 사각형의 넓이를 구하여 반환하는 rectangle_area() 함수를 선언해보자. 가로와 세로 길이를 입력받아 함수를 호출하고 결과를 반환받아 출력해보자.

```
가로 : 3
세로 : 5
가로 3 세로 5 인 사각형의 넓이 = 15
```

⧗ def rectangle_area(col, row) 형태로 함수를 선언하고, 사각형의 넓이는 가로*세로로 계산한다.

10. 원의 반지름을 매개변수로 전달받아 원의 넓이를 구하여 반환하는 circle_area() 함수를 선언해보자. 반지름을 입력받아 함수를 호출하고 결과를 반환받아 출력해보자.

```
반지름 : 5
반지름 5 인 원의 넓이 = 78.5398
```

⧗ def circle_area(radius) 형태로 함수를 선언하고, 원의 넓이는 반지름*반지름*3.141592로 계산한다.

11. 'Basic Coding 9번 문제'에, 가로와 세로 길이를 매개변수로 전달받아 터틀 스크린에 사각형을 그리는 rectangle_draw() 함수를 추가하여 선언해보자. 사각형을 그리는 방법은 '5장의 Basic Coding 12번 문제'의 사각형 그리기를 참고하고, 가로와 세로 길이를 입력받아 rectangle_draw() 함수를 호출해보자.

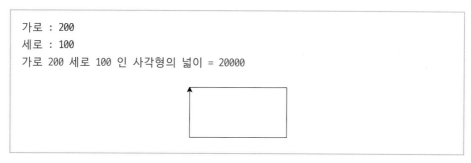

⧗ def rectangle_draw(col, row) 형태로 함수를 선언하고, turtle.forward(col), turtle.right(90), turtle.forward(row), turtle.right(90) 순으로 사각형을 그린다.

12. 'Basic Coding 10번 문제'에, 반지름을 매개변수로 전달받아 터틀 스크린에 원을 그리는 circle_draw() 함수를 추가하여 선언해보자. 반지름을 입력받아 circle_draw() 함수를 호출해보자.

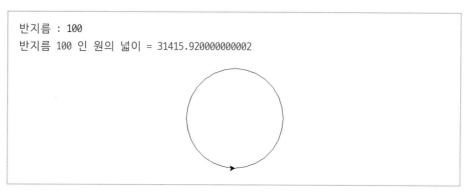

⧗ def circle_draw(radius) 형태로 함수를 선언하고, turtle.circle(radius)로 원을 그린다.

Enhancement Coding

1. 자연수를 매개변수로 전달받아 1부터 전달된 자연수까지의 합계를 구하여 반환하는 one2n_sum1() 함수를 선언해보자. 자연수를 입력받아 함수를 호출하고 결과를 반환받아 출력해보자. 단, 입력된 수가 1보다 작은 수이면 '입력된 수가 1보다 작습니다.'라는 문자열을 출력한다.

```
자연수 : -1
입력된 수가 1보다 작습니다.

자연수 : 10
1 -- 10 = 55
```

⧖ def one2n_sum1(n) 형태로 함수를 선언하며, 1부터 n까지의 합계를 구한 후, return (s)로 합계를 반환한다.

2. 'Enhancement Coding 1번 문제'를 참고하여, 1부터 10까지 범위의 임의의 자연수를 매개변수로 전달받아 1이면 1부터 10까지 합을, 2이면 1부터 20까지의 합을, 3이면 1부터 30까지의 합을, 4부터 100이면 같은 방법으로 1부터 각각의 합을 구하여 반환하는 one2nt_sum() 함수를 선언해보자. 자연수를 입력받아 함수를 호출하고 결과를 반환받아 출력해보자. 단, 1부터 10까지 범위의 수가 아니면 '입력값의 범위를 초과하였습니다.'라는 문자열을 출력한다.

```
자연수 : -1
입력값의 범위를 초과하였습니다.

자연수 : 5
1 -- 50 = 1275
```

⧖ def one2nt_sum(n) 형태로 함수를 선언하며, 1부터 n까지의 합계를 구한 후 결과를 반환한다.

3. 'Enhancement Coding 1번 문제'를 참고하여, 정수를 매개변수로 전달받아 1보다 큰 정수이면 1부터 전달된 정수까지의 합계를, 0보다 작은 정수이면 −1부터 전달된 정수까지의 합계를 구하여 반환하는 one2n_sum2() 함수를 선언해보자. 정수를 입력받아 함수를 호출하고 결과를 반환받아 출력해보자. 단, 입력된 수가 0이면 '입력된 수가 0입니다.'라는 문자열을 출력한다.

```
정수 : 0
입력된 수가 0입니다.

정수 : 10
1 -- 10 = 55

정수 : -10
-1 -- -10 = -55
```

⌛ def one2n_sum2(n) 형태로 함수를 선언하며, n의 값이 0보다 크면 1부터 n까지의 합계를 구하고, n의 값이 0보다 작으면 −1부터 −n까지의 합계를 구한다.

4. 임의의 두 정수를 매개변수로 전달받아 작은 수부터 큰 수까지의 합계를 구하여 반환하는 m2n_sum() 함수를 선언해보자. 정수를 입력받아 함수를 호출하고 결과를 반환받아 출력해보자.

```
정수1 : 3
정수2 : 5
3 -- 5 = 12

정수1 : 5
정수2 : 3
5 -- 3 = 12
```

⌛ def m2n_sum(m, n) 형태로 함수를 선언하며, m부터 n까지의 합계를 구하여 결과를 반환한다.

5. 정수를 전달받아 양수이면 1, 0이면 0, 음수이면 −1을 반환하는 pzn() 함수를 선언해보자. 그리고 while 문을 이용하여 무한 반복하면서 사용자로부터 정수를 입력받아 pzn() 함수를 호출하고, 함수의 결과를 전달받아 결과가 1이면 "양수"를 출력하고, −1이면 "음수"를 출력하고, 0이면 "0"을 출력하고 무한 반복을 종료해보자.

```
정수 : 5
양수
정수 : -3
음수
정수 : 0
0
```

⌛ 정수를 한 개 전달받으므로 def pzn(num) 형태로 함수를 선언하며, 양수, 음수, 0 여부를 판별하여 결과를 반환(return)한다. 무한 반복은 while True: 문으로 작성하고, 함수의 호출과 결과 반환은 r = pzn(n) 형태로 작성한다.

6. 매개변수 action으로 0이 전달되면 섭씨에서 화씨로 변환하고, 매개변수 action으로 1이 전달되면 화씨에서 섭씨로 변환하는 fc(temper, action) 함수를 선언해보자. fc() 함수에서 결과를 반환할 때 튜플(tuple)을 이용하여 변환된 온도와 함께 변환 방식을 "C2F"나 "F2C" 문자열로 함께 반환한다. 섭씨와 화씨온도를 각각 입력받아 함수를 호출하고 결과를 반환받아 다음과 같이 출력해보자.

```
온도 : 30
변환(0:C2F, 1:F2C) : 0
C2F : 30 => 86.0

온도 : 86
변환(0:C2F, 1:F2C) : 1
F2C : 86 => 30.0
```

⌛ 섭씨에서 화씨로 변환하는 계산식은 $F = C \times 1.8 + 32$이고, 화씨에서 섭씨로 변환하는 계산식은 $C = (F - 32) / 1.8$이다. fc() 함수에서 튜플을 이용하여 온도와 변환 방식을 반환하는 것은 return (tmp, tmpact) 문장 형식으로 이루어진다. fc() 함수를 호출하고 결과를 반환받는 방식은 (rt, ra) = fc(t, a) 문장 형식으로 이루어진다.

7. 'Basic Coding 3번 문제'를 참고하여, 이름(예:홍길동)과 환영메시지(예:환영합니다.)를 매개변수로 전달받으면 "환영합니다. 홍길동 님"으로 출력하는 welcome() 함수를 선언해보자. 단, 환영메시지의 디폴트 매개변수 값은 "환영합니다."로 선언한다. 만약 welcome() 함수를 호출할 때 welcome(n, "반갑습니다.")와 같이 환영메시지 인수를 지정할 경우 "환영합니다." 대신에 "반갑습니다."를 출력한다.

```
이름 : 홍길동
환영합니다.  홍길동  님
반갑습니다.  홍길동  님
```

⏳ 파이썬에서 함수의 매개변수는 기본값을 가질 수 있다. 이것을 디폴트 매개변수(default para-meter)라고 하며, 함수를 호출할 때 해당 위치의 인수를 전달하지 않으면 디폴트 매개변수에 선언된 기본값이 사용된다. 또한, 함수를 호출할 때 해당 위치의 인수를 전달할 경우 디폴트 매개변수 대신에 인수로 전달된 값이 매개변수로 전달되어 사용된다. def welcome(name, msg="환영합니다.") 형태로 함수를 선언하고, 디폴트 매개변수는 값이 지정되지 않은 매개변수 다음에만 위치할 수 있다. 디폴트 매개변수를 사용할 경우의 함수 호출은 welcome(n)으로, 디폴트 매개변수 대신에 인수를 지정하면 welcome(n, "반갑습니다.")로 호출한다.

8. 정수 두 개를 입력받아 두 수의 덧셈, 뺄셈, 곱셈, 나눗셈 계산을 하는 calc(num1, num2, act="+") 함수를 선언해보자. 매개변수 act는 디폴트 매개변수이며 "+"로 기본값이 설정되고 해당 위치의 인수를 생략하면 디폴트 매개변수로 선언된 "+"가 사용된다. 만약 매개변수 act에 "-", "*", "/"가 전달되면 해당 문자열이 전달된다. act에 해당하는 연산을 한 후 결과를 반환한다. 아래의 결과 중 7은 calc(n1, n2)로 호출, 10은 calc(n1, n2, "*")로 호출, "잘못된 연산기호입니다."는 calc(n1, n2, "^")로 호출한 결과이다.

```
정수1 : 5
정수2 : 2
7
10
잘못된 연산기호입니다.
```

⏳ def calc(num1, num2, act="+") 형태로 선언하고, 두 정수를 입력받은 후 calc(n1, n2), calc(n1, n2, "*"), calc(n1, n2, "^") 형식으로 각각 호출한다.

9. 'Enhancement Coding 8번 문제'를 참고하여, 키워드 인수를 사용한 calc(num1, num2, act="+") 함수를 호출하도록 수정해보자. calc() 함수의 호출은 calc(n1, n2, "*"), calc(num1=n1, num2=n2, act="*"), calc(num2=n2, num1=n1, act="*") 순으로 호출해보자.

```
정수1 : 5
정수2 : 2
10
10
10
```

⌛ 파이썬에서 함수를 호출할 때 함수에서 선언된 매개변수의 순서에 맞게 인수의 순서를 결정하여 호출하는 것이 기본이다. def calc(num1, num2, act="+") 형식으로 선언되어 있을 때 calc(n1, n2, "*") 형식으로 매개변수의 순서와 인수의 순서를 맞추어 호출해야 한다. 그러나 키워드 인수 (keyword argument)를 사용할 경우 인수의 순서를 바꾸어 호출할 수 있다. 키워드 인수는 함수를 호출할 때 인수의 이름을 매개변수의 이름을 사용하여 명시적으로 지정하여 전달하는 방식이다. calc(num2=n2, num1=n1, act="*")와 같이 인수의 순서를 임의로 변경하여 호출할 수 있다.

10. 함수의 매개변수로 2개 이상의 정수를 가변적으로 전달받아 합계를 구하여 반환하는 vsum() 함수를 선언해보자. vsum() 함수를 vsum(2, 3), vsum(2, 3, 4), vsum(2, 3, 4, 5) 순으로 인수의 수를 변경하면서 호출해보자.

```
2+3= 5
2+3+4= 9
2+3+4+5= 14
```

⌛ 가변 매개변수를 이용하여 선언할 경우 def vsum(*num) 형식으로 선언한다. 함수 내부에서 for 문을 이용하여 전달받은 num의 수만큼 반복하면서 합계를 구한다.

11. 'Basic Coding 11번 문제'를 참고하여, 사각형의 넓이를 사각형 위에 출력해보자.

> tmpstr = "가로" + str(c) + ... 형식으로 출력할 내용을 문자열로 만든 후, turtle.write(tmpstr)
> 로 출력한다.

12. 'Basic Coding 12번 문제'를 참고하여 원의 넓이를 터틀 스크린에 출력해보자.

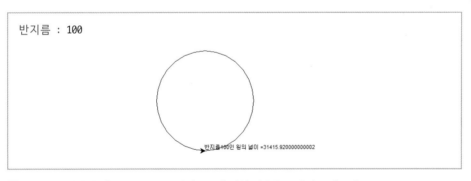

> tmpstr = "반지름" + str(r) + ... 형식으로 출력할 내용을 문자열로 만든 후, turtle.write(tmpstr)
> 로 출력한다.

PART

2

분야별 문제 해결 및
파이썬 활용

PART 2

분야별 문제 해결 및 파이썬 활용

CHAPTER 8 과학(Science)

 학습 목표

- DNA 염기 서열 순서를 바꾸는 방법을 이해하고 상보적으로 바꾸는 함수, 역순으로 바꾸는 함수, 상보적 역순으로 바꾸는 함수를 작성할 수 있다.
- 자유 낙하 운동의 궤적을 그리는 방법을 이해하고 터틀 스크린의 한 지점부터 스크린의 하단 부분으로 자유 낙하시켜 궤적을 표시하는 프로그램을 작성할 수 있다.
- 포물선 운동의 궤적을 그리는 방법을 이해하고 터틀 스크린의 한 지점부터 지정한 각도로 스크린의 하단 부분으로 포물선 궤적을 표시하는 프로그램을 작성할 수 있다.

 관련 학습

- 딕셔너리(dictionary) 자료형
- math 수학 모듈
- 모듈 임포트(import)
- 라디안(radian)
- 터틀의 마우스 이벤트 처리

8.1 DNA 염기서열의 순서 바꾸기

유전자는 생물의 유전형질을 결정하는 단백질을 지정하는 기본적인 단위이며, 지구상의 모든 생명체는 염기서열을 통해 단백질을 지정하는 원리를 따른다.

DNA 염기서열(sequencing)은 4종류의 염기, A(아데닌), T(티민), G(구아닌), C(시토신)으로 이루어지며, 이러한 염기들의 배치 순서에 따라 그 생명의 종과 생물학적 특성, 종간의 연관성이 결정된다.

DNA 염기서열을 분석하는 과정에서 염기서열의 순서를 바꾸는 작업이 필요하며, 이러한 작업에는 염기서열 내의 염기 A는 T로, T는 A로, G는 C로, C는 G로 바꾸는 상보적(complementary) 방식, 염기서열의 순서를 역순으로 바꾸는 역순(reverse) 방식, 상보적 염기서열을 다시 역순으로 바꾸는 상보적 역순(reverse-complementary) 방식이 있다.

방식	변경 전	변경 후
상보적(complementary)	AATTGGCC	TTAACCGG
역순(reverse)	AATTGGCC	CCGGTTAA
상보적 역순(reverse-complementary)	AATTGGCC	GGCCAATT

프로그램 **p08-01** DNA 염기서열의 순서 바꾸기

DNA 염기서열을 입력받아 상보적으로 바꾸는 complement() 함수, 역순으로 바꾸는 reverse() 함수, 상보적 역순으로 바꾸는 reverse_complement() 함수를 작성해보자.

1 문제 분석

임의 자릿수의 DNA 염기서열 문자열을 입력받고 변환 방식을 결정한다. 그리고 해당 변환 방식에 맞는 함수를 호출하여 DNA 염기서열 문자열을 변환하여 결과를 출력한다.

함수	• comp() : DNA 염기서열 문자열에서 A는 T로, T는 A로, G는 C로, C는 G로 변환 • rev() : DNA 염기서열 문자열을 역순으로 변환 • rev_comp() : DNA 염기서열 문자열을 상보적 문자열로 변환한 후 역순으로 변환
입력	• DNA 염기서열 문자열, input() 함수 사용 • 변환 방식 : int() 함수, input() 함수 사용 – input() 함수의 인수로 "1(comp), 2(Rev), 3(Rev_Comp)" 문자열 사용 – 입력받은 숫자가 1~3일 경우에만 변환 작업을 진행하고, 1~3 이외의 숫자가 입력되면 "1(comp), 2(Rev), 3(Rev_Comp)!!"문자열을 출력
출력	• DNA 염기서열 문자열에 대한 상보적, 역순, 상보적 역순 문자열 출력
변수	• src : 입력받은 DNA 염기서열 문자열 저장 • cnvt : 변환 방식(1:comp, 2:Rev, 3:Rev_Comp)

2 알고리즘 설계

문제 분석에서의 함수와 입력, 출력에 대한 알고리즘을 자연어로 표현하면 다음과 같다.

comp()	**매개변수**	seq : 염기서열 문자열	**반환**	상보적 문자열
	1. A:T, T:A, C:G, G:C의 키:값 쌍으로 구성된 comp_dict 딕셔너리(dictionary) 선언 2. 문자열 변수 seq_comp 초기화 3. 변수 char의 값을 seq 문자열의 문자 순서대로 변경하며 반복 　　3.1 변수 seq_comp에 comp_dict[char] 값 대입 4. 변수 seq_comp의 값 반환			
rev()	**매개변수**	seq : 염기서열 문자열	**반환**	역순 문자열
	1. 문자열 변환 함수인 reversed() 함수를 이용하여 매개변수 seq의 문자열 값을 역순으로 반환함, 이 결과를 join() 함수를 이용하여 공백의 빈 문자열과 결합하여 변수 seq_rev에 대입 2. 변수 seq_rev의 값 반환			
rev_comp()	**매개변수**	seq : 염기서열 문자열	**반환**	상보적 역순 문자열
	1. comp() 함수를 이용하여 매개변수 seq의 상보적 문자열 값을 구하고, 임시 변수인 tmp에 대입 2. rev() 함수를 이용하여 변수 tmp의 값을 역순 문자열로 변환하고 결과 반환			
입력 값 검사	1. 만약 cnvt >=1이고 cnvt <= 3이면 　　1.1 만약 cnvt == 1이면 comp() 함수 호출 　　　　그렇지 않으면 만약 cnvt == 2이면 rev() 함수 호출 　　　　그렇지 않으면 rev_comp() 함수 호출 　　1.2 각 함수의 결과 값 출력 그렇지 않으면　　# (만약 cnvt < 1 이거나 cnvt > 3이면) 　　올바른 입력 방법을 안내하는 문자열 출력			

3 코딩

알고리즘 설계를 이용하여 파이썬 프로그램을 코딩하면 다음과 같다.

```
1    def comp(seq):
2        comp_dict = {'A':'T', 'T':'A', 'C':'G', 'G':'C'}
3        seq_comp = ""
4        for char in seq:
5            seq_comp = seq_comp + comp_dict[char]
6        return seq_comp
7
8    def rev(seq):
9        seq_rev = "".join(reversed(seq))
10       return seq_rev
11
12   def rev_comp(seq):
13       tmp = comp(seq)
14       return rev(tmp)
15
16   src = input("DNA sequence : ")
17   cnvt = int(input("1(comp), 2(Rev), 3(Rev_Comp): "))
18   if (cnvt >= 1 and cnvt <= 3):
19       if (cnvt == 1):
20           rst = comp(src)
21       elif (cnvt == 2):
22           rst = rev(src)
23       else:
24           rst = rev_comp(src)
25       print(src, "->", rst)
26   else:
27       print("1(comp), 2(Rev), 3(Rev_Comp)!!")
```

1-6	상보적 문자열 변환을 위한 comp() 함수 선언
2	딕셔너리(dictionary) 자료형을 이용하여 값 선언
	comp_dict는 4개의 키:값 쌍으로 구성됨('A':'T' 원소에서 'A'는 키, 'T'는 값임, 만약 print(comp_dict["A"]) 일 경우 'A' 키에 해당하는 'T' 값 출력)
3	변환된 문자들을 연속적으로 누적하여 대입하고자 변수 seq_comp를 빈 문자열로 초기화
4	변수 char에 매개변수 seq의 문자 값을 대입하면서 seq 문자 순으로 반복
5	딕셔너리 자료형인 comp_dict는 comp_dict[0]과 같이 숫자 인덱스를 사용하여 값을 얻을 수 없고, comp_dict["A"]와 같이 키를 이용하여 접근해야 함. comp_dict에서 키에 해당하는 값을 구한 후 변수 seq_comp 에 연속적으로 누적하여 대입
6	변수 seq_comp의 값을 반환
8-10	역순 문자열 변환을 위한 rev() 함수 선언

9	문자열 변환 함수인 reversed() 함수를 이용하여 매개변수 seq의 문자열을 역순으로 변환하여 반환 (reversed() 함수는 인수로 제공된 문자열의 원본 데이터를 변경하지 않고 역순 문자열을 반환), 반환된 역순 문자열을 join() 함수를 이용하여 빈 문자열에 결합함
10	변수 seq_rev의 값을 반환
12-14	상보적 역순 문자열 변환을 위한 rev_comp() 함수 선언
13	comp() 함수를 이용하여 상보적 문자열로 변환
14	rev() 함수를 이용하여 역순 문자열로 변환하여 값을 반환
16	DNA 염기서열 문자열을 입력받아 변수 src에 대입
17	변환 방식에 해당하는 숫자 1, 2, 3을 입력받아 변수 cnvt에 대입
18-27	변수 cnvt의 값이 1, 2, 3일 경우 해당 변환 함수를 호출하여 변환된 결과를 출력하고, 그렇지 않으면(변수 cnvt의 값이 1보다 작거나 3보다 큰 경우) 올바른 입력 방법을 안내하는 문자열 출력

4 테스트/디버깅

프로그램을 실행하여 데이터 입력의 예상 결과가 나타나는지 결과를 확인해보자. 그리고 동작 상태를 확인하고 오류가 발생하는지 확인하여 디버깅해보자.

입력	결과	확인 및 수정 사항
실행	DNA sequence :	
AATTGGCC		변수 src에 대입
0	1(Comp), 2(Rev), 3(Rev_Comp)!!	입력 안내 글 출력
4	1(Comp), 2(Rev), 3(Rev_Comp)!!	입력 안내 글 출력
1	AATTGGCC -> TTAACCGG	
2	AATTGGCC -> CCGGTTAA	
3	AATTGGCC -> GGCCAATT	
EETTGGCC	오류 발생 seq_comp = seq_comp + comp_dict[char] KeyError: 'E'	A,T,G,C에 해당하지 않는 문자로 인해 딕셔너리의 키 값이 맞지 않음을 알리는 오류 발생 ⇒ A,T,G,C로 구성된 문자열 입력

☀ Thinking!

1. 매개변수 seq에서 A, T, G, C 이외의 문자가 포함된 경우라도 오류를 발생하지 않고 해당 문자 대신에 '?' 문자를 출력하도록 comp() 함수를 변경해보자.
2. rev() 함수에서 join() 함수와 reversed() 함수를 사용하지 않고 while 문을 이용하여 문자열을 역순으로 변환해보자.

5 프로그램 코딩을 위한 관련 학습

1) 딕셔너리(dictionary) 자료형

딕셔너리(dictionary)는 키(key)와 값(value)을 하나의 원소로 하는 순서가 없는 집합이다. 그러므로 딕셔너리는 리스트처럼 순서에 따라 접근할 수 없고 키를 이용한 인덱싱으로만 값에 접근할 수 있다.

딕셔너리 comp_dict를 다음과 같이 선언할 경우 순서가 없는 키:값의 쌍으로 구성된 4개의 원소로 선언된다. 키와 값은 정수나 문자열 등 임의의 자료형을 사용할 수 있다.

```
>>> comp_dict = {'A':'T', 'T':'A', 'C':'G', 'G':'C'}
>>> comp_dict
{'A': 'T', 'T': 'A', 'C': 'G', 'G': 'C'}
>>> len(comp_dict)                 # 딕셔너리의 크기(원소들의 개수)
4
>>> comp_dict.keys()               # 딕셔너리의 모든 키 출력
dict_keys(['A', 'T', 'C', 'G'])
>>> comp_dict.values()             # 딕셔너리의 모든 값 출력
dict_values(['T', 'A', 'G', 'C'])
```

딕셔너리 내의 원솟값에 접근하기 위해서는 선언된 키인 'A', 'T', 'C', 'G' 만을 이용하여 접근할 수 있으며, 다음 문장의 결과는 딕셔너리 comp_dict에서 키 'T'와 쌍으로 구성된 값 'A'를 출력한다.

```
>>> print(comp_dict['T'])
'A'
```

>>> 잠깐! Coding

1. { 1:'일', 2:'이', 3:'삼' }의 원소들을 갖는 딕셔너리 digit를 선언하고, 딕셔너리 digit의 크기, 모든 키와 값을 출력해보자. 그리고 키 1과 3에 해당하는 값을 출력해보자.

2. { '사과':100, '바나나':50, '수박':1000 }의 원소들을 갖는 딕셔너리 fruit을 선언하고, 딕셔너리 fruit의 크기, 모든 키와 값을 출력해보자. 그리고 키 '사과'와 '수박'에 해당하는 값을 출력해보자.

8.2 자유 낙하와 포물선 운동 궤적 그리기

8.2.1 자유 낙하 운동 궤적 그리기

물체를 높은 곳에서 놓게 되면 물체는 점차 지면을 향해 떨어지게 된다. 물체가 정지된 상태에서는 지구가 물체를 끌어당기는 힘인 중력만 작용하며, 물체는 언제든지 운동할 수 있는 잠재적인 힘을 갖게 된다. 이와 같은 힘을 위치에너지라고 한다.

물체가 떨어지기 시작하면 운동을 시작하는데 이때 갖는 에너지를 운동에너지라고 하며, 이러한 운동에너지를 갖는 운동을 자유 낙하 운동이라고 한다. 물체는 바람이나 다른 힘의 영향을 고려하지 않으면 중력으로 인해 1초에 약 9.8m/초씩 속도가 증가한다. 다음 그림은 자유 낙하 운동에서 시간 변화에 따른 거리의 변동을 나타낸다.

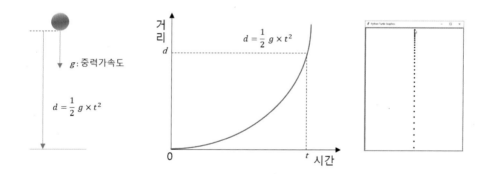

📋 **프로그램** p08-02-1 물체를 자유 낙하시키기

터틀 스크린의 한 지점을 클릭한 위치로부터 스크린의 하단 부분으로 점 형태의 터틀을 자유 낙하시켜 궤적을 표시해보자.

1 문제 분석

터틀 스크린의 한 지점을 클릭한 위치부터 스크린의 하단 부분으로 점 형태의 터틀을 자유 낙하시킨다. 낙하 되는 과정은 중력가속도를 적용한 위치 이동을 하면서 변화된 각각의 지점에 터틀의 흔적을 표시한다.

함수	• draw_pos() : 떨어지는 물체의 이동 궤적 좌표마다 터틀의 흔적을 표시
입력	• 마우스 클릭 : 터틀 스크린의 임의 위치를 클릭, 클릭한 위치부터 스크린의 하단 부분까지 낙하
출력	• 떨어지는 물체의 이동 궤적 좌표마다 터틀의 흔적을 표시
변수	• t : 터틀 • s : 터틀 스크린

2 알고리즘 설계

문제 분석에서의 함수와 입력, 출력에 대한 알고리즘을 자연어로 표현하면 다음과 같다.

	매개변수	x : x 좌표 y : y 좌표	반환	없음

draw_pos()		1. 이전에 표시한 터틀 흔적을 모두 지움
		2. 터틀의 위치를 x, y로 변경
		3. 터틀의 흔적을 남김
		4. 스크린의 하단에 해당하는 y축 위치를 계산하여 hl에 대입
		5. 시간 변수 tm을 0으로 초기화
		6. while 문을 무한 반복
		    6.1 이동 거리를 계산하여 d에 대입
		    6.2 클릭한 y 좌표에서 이동 거리(d)를 뺀 후 결과를 ny에 대입
		    6.3 만약 ny 〉 hl이면
		        6.3.1 터틀의 위치를 x, ny로 이동
		        6.3.2 터틀의 흔적을 남김
		        6.3.3 변수 tm의 값을 1 증가
		    그렇지 않으면
		        6.3.1 무한 반복 중단		

터틀 생성 스크린 생성		1. 터틀 스크린 크기를 500, 600으로 설정 2. 터틀 모양을 circle로 설정 3. 터틀 크기를 0.3, 0.3으로 설정, 테두리는 0으로 설정하여 표시 안함 4. 터틀 펜을 올림 5. 터틀 스크린 생성		
마우스 클릭		1. 터틀 스크린에서 마우스 클릭이 이루어지면 draw_pos() 콜백 함수 호출 2. 터틀 스크린에서의 이벤트 확인		

3 코딩

알고리즘 설계를 이용하여 파이썬 프로그램을 코딩하면 다음과 같다.

```python
1   import turtle as t
2
3   def draw_pos(x, y):
4       t.clear()
5       t.setpos(x,y)
6       t.stamp()
7
8       hl = -(t.window_height() / 2)
9
10      tm = 0
11      while True:
12          d = (9.8 * tm**2) / 2
13          ny = y - int(d)
14          if ny > hl:
15              t.goto(x, ny)
16              t.stamp()
17              tm = tm + 0.3
18          else:
19              break
20
21  t.setup(500, 600)
22  t.shape("circle")
23  t.shapesize(0.3, 0.3, 0)
24  t.penup()
25  s = t.Screen()
26  s.onscreenclick(draw_pos)
27  s.listen()
```

1	터틀 그래픽 모듈인 turtle 모듈 포함
	이름이 긴 모듈이나 계층구조가 복잡한 모듈의 경우 'import 모듈명 as 별명' 형식으로 모듈명에 별명을 붙이면 별명을 사용하여 모듈 호출 가능
	'import turtle as t' 문장의 경우 turtle 모듈을 t로 줄여 별명으로 만든 것이며, 이후 turtle 대신에 t로 줄여 사용 가능
3-19	이동하는 과정에서 터틀의 흔적을 표시하는 draw_pos() 함수 선언
4	이전에 표시한 터틀 흔적을 모두 지움
5	터틀의 위치를 x, y로 변경
6	터틀의 흔적을 남김
8	터틀 스크린 높이 / 2의 값을 음수로 처리하여 스크린 하단의 y축 위치를 hl에 대입
10	시간 변수 tm을 0으로 초기화

11-19	while 문을 무한 반복함
12	이동 거리(d = (g * tm**2)/2)를 계산하고 값을 d에 대입(g: 0.98)
13	클릭한 y 좌표에서 이동 거리(d)를 뺀 후 결과를 ny에 대입
14-17	만약 ny 〉 hl이면 (# ny의 값이 화면 하단에 도달하지 않았다면)
15	터틀의 위치를 x, ny로 이동
16	터틀의 흔적을 남김
17	tm의 값을 1 증가
18-19	그렇지 않으면 (# if ny 〉 hl:의 else, 화면 하단에 도달 또는 넘었다면)
19	while 문의 무한 반복 중단, 즉 while 문의 무한 반복에서 빠져나옴
21	터틀 스크린의 크기를 500, 600으로 설정
22	터틀 모양을 circle로 설정
23	터틀의 가로, 세로 크기를 0.3, 0.3으로 설정, 테두리는 0으로 설정하여 표시 안함
24	터틀 펜을 올림
25	터틀 스크린 생성
26	터틀 스크린에서 마우스 클릭이 이루어지면 draw_pos() 콜백 함수 호출
27	터틀 스크린에서의 이벤트 확인

④ 테스트/디버깅

프로그램을 실행하여 데이터 입력의 예상 결과가 나타나는지 결과를 확인해보자. 그리고 동작 상태를 확인하고 오류가 발생하는지 확인하여 디버깅해보자.

입력	결과	확인 및 수정 사항
마우스 클릭	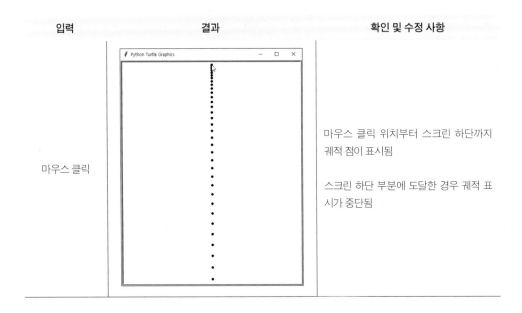	마우스 클릭 위치부터 스크린 하단까지 궤적 점이 표시됨 스크린 하단 부분에 도달한 경우 궤적 표시가 중단됨

입력	결과	확인 및 수정 사항
마우스 클릭	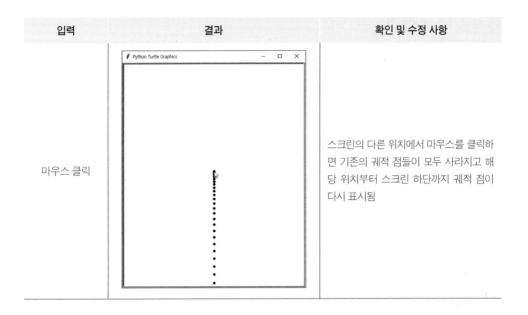	스크린의 다른 위치에서 마우스를 클릭하면 기존의 궤적 점들이 모두 사라지고 해당 위치부터 스크린 하단까지 궤적 점이 다시 표시됨

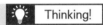 Thinking!

3. 프로그램을 실행하면 스크린 중앙에 점 형태의 터틀이 나타나 있게 된다. 또한, 궤적이 이미 표시된 후 다시 스크린의 한 지점을 클릭하여 다시 낙하를 시킬 때 클릭 위치로 이동하는 동작이 나타난다. 프로그램을 실행한 처음에 터틀이 표시되지 않도록 하고, 실행 도중 다른 위치를 클릭할 때 이동하는 동작이 나타나지 않도록 프로그램을 변경해보자.

4. 낙하 도중 터틀의 흔적을 남길 때 y 좌표인 ny와 이동 거리인 dx를 터틀의 write() 함수를 이용하여 출력해보자.

5. 다음 결과와 같이 스크린 하단에 지면에 해당하는 선을 그린 후, 스크린을 클릭하여 궤적 점들이 나타날 때 이 선을 넘지 않도록 프로그램을 변경해보자.

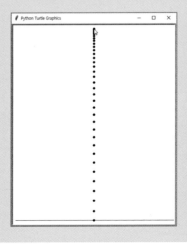

5 프로그램 코딩을 위한 관련 학습

1) 모듈 임포트(import)

파이썬에 내장된 함수 중 모듈에 포함된 함수를 사용하기 위해서는 모듈을 포함(import)해야 한다. 모듈을 포함하는 일반적인 방법은 다음과 같다.

```
import 모듈명
```

모듈을 정상적으로 포함하면 모듈 내의 함수들을 사용할 수 있다. 만약 모듈명이 잘못되었거나 존재하지 않는 모듈을 포함하면 다음과 같이 오류가 발생한다.

```
>>> import turtle
>>> turtle.shape("turtle")
>>> import turtte
Traceback (most recent call last):
  File "<pyshell#2>", line 1, in <module>
    import turtte
ModuleNotFoundError: No module named 'turtte'
```

이름이 긴 모듈 등을 사용할 때 프로그램 코딩 과정에서 입력 등에 불편할 수 있다. 이런 경우 다음과 같이 모듈의 별명을 만들어 사용하면 편하게 모듈명을 입력할 수 있다.

```
import 모듈명 as 별명

>>> import turtle as t
>>> t.setup(500, 600)
>>> t.shape("circle")
```

모듈 내의 함수를 호출하려면 '모듈명.함수()'와 같이 호출해야 한다. 모듈 내의 원하는 함수만 포함하려면 'from 모듈명 import 함수'와 같이 사용하여 모듈명이 포함되지 않은 채로 함수를 단순하게 표기할 수 있다.

```
>>> import math
>>> math.sin(1)
0.8414709848078965
>>> from math import sin
>>> sin(1)
0.8414709848078965
```

2) 터틀 스크린의 마우스 이벤트 처리

이벤트(event)가 발생하였을 때 이벤트를 처리하기 위해 호출되는 함수를 콜백 함수 (callback function)라고 한다. 터틀 스크린에서 마우스 클릭 이벤트가 발생하였을 때 onscreenclick() 함수의 인수로 콜백 함수를 등록할 수 있다.

```
def draw_pos(x, y):          # x, y : 마우스 클릭 위치
    ...


...
s = turtle.Screen()
s.onscreenclick(draw_pos)  # 마우스 클릭이 발생할 때 처리할 콜백 함수 등록
s.listen()                   # 사용자 입력을 위한 포커스 처리 및 이벤트 발생 확인
```

콜백 함수를 사용하지 않고 함수 등을 직접 호출하여 실행할 수 있다. 마우스 클릭이 발생하면 터틀의 goto(x, y) 함수가 직접 실행된다.

```
s.onscreenclick(t.goto)    # 마우스 클릭이 발생하면 터틀의 goto() 함수 호출
s.listen()
```

onscreenclick() 함수의 인수를 통해 마우스를 클릭한 버튼에 따라 다른 콜백 함수를 호출할 수 있다. onscreenclick() 함수의 두 번째 인수는 보통 생략되어 사용되지만, 두 번째 인수의 값에 따라 마우스 버튼을 구분하여 처리할 수 있다. 두 번째 인수의 값에서 1은 마우스 왼쪽 버튼, 2는 가운데 버튼, 3은 오른쪽 버튼을 의미한다.

```
def draw_pos(x, y):              # x, y : 마우스 클릭 위치
    ...
def move_pos(x, y):              # x, y : 마우스 클릭 위치
    ...


...
s = turtle.Screen()
s.onscreenclick(draw_pos, 1)     # 마우스 왼쪽 버튼
s.onscreenclick(draw_pos, 3)     # 마우스 오른쪽 버튼
s.listen()
```

☐ TIP

실행하자마자 터틀 스크린이 꺼질 경우

IDLE가 아닌 PyCharm 등의 파이썬 개발 도구를 사용할 경우 터틀 스크린이 유지되지 않고 바로 꺼지기도 한다. 이때 다음 문장을 프로그램 코드 마지막에 추가하면 된다. mainloop() 함수는 터틀 스크린이 종료될 때까지 마우스, 키보드 입력을 기다린다.

```
t.mainloop()
```

≫ 잠깐! Coding

3. 터틀 스크린에서 마우스 왼쪽 버튼을 클릭하면 해당 위치에 stamp() 함수로 터틀의 흔적을 남기고 x, y 좌표를 출력해보자. 그리고 마우스 오른쪽 버튼을 클릭하면, 클릭한 위치로 이동한 후 앞서 출력된 모든 내용을 지워보자.

8.2.2 포물선 운동 궤적 그리기

물체를 비스듬하게 위로 던지면 일정한 높이까지 물체가 올라간 후 중력의 영향으로 아래로 점차 떨어지게 된다. 이처럼 일정한 힘이 작용하는 공간에서 힘의 방향과 비스듬하게 던져진 물체가 포물선을 그리는 운동을 포물선 운동이라고 한다. 한 지점에서 물체를 던지게 되면 포물선을 그리면서 이동하게 되며, 이것을 그래프로 표현하기 위해서는 포물선 운동 방정식을 이용하여 물체가 지면에 도달할 때까지 물체의 위치를 계산해야 한다.

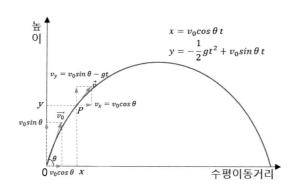
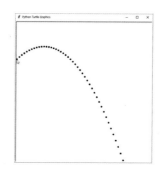

물체의 초기 속도를 v라고 하고 각도를 θ라고 할 때, x축 방향 ux = v * cosθ, y축 방향 uy = v * sinθ로 계산된다. 시간이 지날수록 속도는 변하게 되며, x축 방향으로는 계속 변하지 않고 같은 속도가 유지되어 x축 속도 vx = v * cosθ이고, y축 방향으로는 중력의 영향을 받게 되어 y축 속도 vy = v * sinθ − g * t로 계산된다. 이동 거리는 속도*시간으로 계산되므로, x 이동 거리 dx = v * cosθ * t, y 이동 거리 dy = v * sinθ * t − (1/2) * g * t**2로 계산된다.

📑 **프로그램** (p08-02-2) **물체의 포물선 운동**

터틀 스크린의 한 지점을 클릭한 위치부터 지정한 각도로 물체를 던져 스크린의 하단 부분으로 떨어지는 포물선 운동의 궤적을 점 형태의 터틀을 이용하여 표시해보자.

1 문제 분석

터틀 스크린의 한 지점을 클릭한 위치부터 지정한 각도로 점 형태의 터틀을 던진다. 점 형태의 터틀은 포물선 운동 형태의 위치 이동을 하면서 변화된 각각의 지점에 터틀의 흔적을 표시한다.

함수	• draw_pos() : 포물선 운동을 하는 이동 궤적의 좌표마다 터틀의 흔적을 표시
입력	• 마우스 클릭 : 터틀 스크린의 임의 위치를 클릭, 클릭한 위치부터 포물선 운동을 하며 스크린의 하단 부분까지 낙하
출력	• 포물선 운동을 하는 이동 궤적의 좌표마다 터틀의 흔적을 표시

| 변수 | • tm : 시간 간격
• dx, dy : x 이동거리, y 이동거리
• velo : 속도
• t : 터틀 | • ux, uy : x 속도, y 속도
• g : 중력가속도 (g: 9.8)
• ang : 각도
• s : 터틀 스크린 |

2 알고리즘 설계

문제 분석에서의 함수와 입력, 출력에 대한 알고리즘을 자연어로 표현하면 다음과 같다.

	매개변수	x : x 좌표 y : y 좌표	반환	없음

draw_pos()	1. 속도를 입력받아 velo에 대입(기본값:50, 최솟값:10, 최댓값:100)
	2. 각도를 입력받아 ang에 대입(기본값:45, 최솟값:0, 최댓값:360)
	3. 이전에 표시한 터틀 흔적을 모두 지움
	4. 터틀을 숨김
	5. 터틀의 위치를 x, y로 변경
	6. 터틀을 나타냄
	7. 터틀의 흔적을 남김
	8. 스크린의 하단에 해당하는 y축 위치를 계산하여 hl에 대입
	9. x 속도와 y 속도를 계산하여 각각 ux, uy에 대입
	10. while 문을 무한 반복
	    10.1 중력가속도가 반영된 y 속도를 계산하여 uy에 대입
	    10.2 y 이동 거리를 계산하여 dy에 대입
	    10.3 x 이동 거리를 계산하여 dx에 대입
	    10.4 만약 dy > hl이면
	        10.4.1 터틀의 위치를 dx, dy로 이동
	        10.4.2 터틀의 흔적을 남김
	    그렇지 않으면
	        10.4.1 무한 반복 중단			

터틀 생성 스크린 생성	1. 터틀 스크린 크기를 600, 600으로 설정 2. 터틀 모양을 circle로 설정 3. 터틀 크기를 0.3, 0.3으로 설정, 테두리는 0으로 설정하여 표시 안함 4. 터틀 펜을 올림 5. 터틀 스크린 생성			
마우스 클릭	1. 터틀 스크린에서 마우스 클릭이 이루어지면 draw_pos() 콜백 함수 호출 2. 터틀 스크린에서의 이벤트 확인			

3 코딩

알고리즘 설계를 이용하여 파이썬 프로그램을 코딩하면 다음과 같다.

```python
1   import turtle as t
2   import math
3
4   tm = 0.3
5   ux = 0
6   uy = 0
7   dx = 0
8   dy = 0
9   g = 9.8
10  velo = 0
11  ang = 0
12
13  def draw_pos(x, y):
14      velo = t.numinput("입력", "속도 : ", 50, 10, 100)
15      ang = math.radians(t.numinput("입력", "각도 : ", 45, 0, 360))
16
17      t.clearstamps()
18      t.hideturtle()
19      t.setpos(x,y)
20      t.showturtle()
21      t.stamp()
22
23      hl = -(t.window_height() / 2)
24
25      ux = velo * math.cos(ang)
26      uy = velo * math.sin(ang)
27
28      while True:
29          uy = uy + (-1 * g) * tm
30          dy = t.ycor() + (uy * tm) - (g * tm**2) / 2
31          dx = t.xcor() + (ux * tm)
32          if dy > hl:
33              t.goto(dx, dy)
34              t.stamp()
35          else:
36              break
37
38  t.setup(600, 600)
```

```
39    t.shape("circle")
40    t.shapesize(0.3, 0.3, 0)
41    t.penup()
42    s = t.Screen()
43    s.onscreenclick(draw_pos)
44    s.listen()
```

1	터틀 그래픽 모듈인 turtle 모듈 포함
2	sin(), cos(), radians() 함수를 사용하기 위하여 수학 모듈인 math 모듈 포함
4	시간 간격 변수 tm을 0.3으로 초기화
5, 6	x 속도와 y 속도 변수인 ux, uy를 각각 0으로 초기화
7, 8	x 이동 거리와 y 이동 거리 변수인 dx, dy를 각각 0으로 초기화
9	중력가속도 변수인 g를 9.8로 초기화
10	속도 변수인 velo를 0으로 초기화
11	각도 변수인 ang를 0으로 초기화
13-36	이동하는 과정에서 터틀의 흔적을 표시하는 draw_pos() 함수 선언
14	속도를 입력받아 velo에 대입(기본값:50, 최솟값:10, 최댓값:100)
15	각도를 입력받아 ang에 대입(기본값:45, 최솟값:0, 최댓값:360)
	sin() 함수와 cos() 함수는 인수로 라디안(radian) 값이 사용되므로 radians() 함수로 입력받은 값을 변환하여 대입
17	이전에 표시한 터틀 흔적을 모두 지움
18	터틀을 숨김
19	터틀의 위치를 x, y로 변경
20	터틀을 나타냄
21	터틀의 흔적을 남김
23	스크린의 하단에 해당하는 y축 위치를 계산하여 hl에 대입
25, 26	x 속도와 y 속도를 계산하여 각각 ux, uy에 대입
28-36	while 문을 무한 반복함
29	중력가속도가 반영된 y 속도를 계산하여 uy에 대입
30	y 이동 거리를 계산하여 dy에 대입
31	x 이동 거리를 계산하여 dx에 대입
32	만약 dy 〉 hl이면 (# dy의 값이 화면 하단에 도달하지 않았다면)
33	터틀의 위치를 dx, dy로 이동
34	터틀의 흔적을 남김
35	그렇지 않으면 (# if dy 〉 hl:의 else, 화면 하단에 도달 또는 넘었다면)
36	while 문의 무한 반복 중단, 즉 while 문의 무한 반복에서 빠져 나옴
38	터틀 스크린의 크기를 600, 600으로 설정
39	터틀 모양을 circle로 설정
40	터틀의 가로, 세로 크기를 0.3, 0.3으로 설정, 테두리는 0으로 설정하여 표시 안함
41	터틀 펜을 올림
42	터틀 스크린 생성
43	터틀 스크린에서 마우스 클릭이 이루어지면 draw_pos() 콜백 함수 호출
44	터틀 스크린에서의 이벤트 확인

4 테스트/디버깅

프로그램을 실행하여 데이터 입력의 예상 결과가 나타나는지 결과를 확인해보자. 그리고
동작 상태를 확인하고 오류가 발생하는지 확인하여 디버깅해보자.

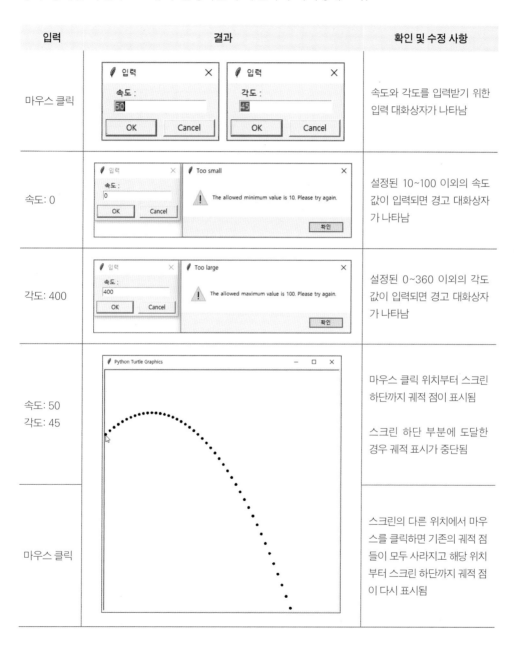

입력	결과	확인 및 수정 사항
마우스 클릭		속도와 각도를 입력받기 위한 입력 대화상자가 나타남
속도: 0		설정된 10~100 이외의 속도 값이 입력되면 경고 대화상자가 나타남
각도: 400		설정된 0~360 이외의 각도 값이 입력되면 경고 대화상자가 나타남
속도: 50 각도: 45		마우스 클릭 위치부터 스크린 하단까지 궤적 점이 표시됨 스크린 하단 부분에 도달한 경우 궤적 표시가 중단됨
마우스 클릭		스크린의 다른 위치에서 마우스를 클릭하면 기존의 궤적 점들이 모두 사라지고 해당 위치부터 스크린 하단까지 궤적 점이 다시 표시됨

6. 다음 결과와 같이 스크린 하단에 지면에 해당하는 선을 그린 후, 스크린을 클릭하여 궤적 점들이 나타날 때 이 선을 넘지 않도록 프로그램을 변경해보자.

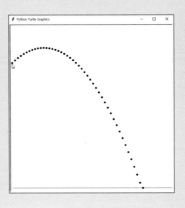

5 프로그램 코딩을 위한 관련 학습

1) math 수학 모듈

파이썬은 숫자 계산과 처리를 위해 abs(), max(), min(), sum(), pow() 함수 등의 내장 함수를 제공하고 있다. 내장 함수에 대한 공식 문서는 https://docs.python.org/3/library/functions.html이다.

함수	기능	반환값
abs(x)	x의 절댓값을 구함	int, float 등
max(arg1, arg2, ...)	두 개 이상의 인수일 경우 그 중 최댓값을 구함	int, float 등
min(arg1, arg2, ...)	두 개 이상의 인수일 경우 그 중 최솟값을 구함	int, float 등
sum(iterable)	iterable에 지정되는 값의 총 합을 구함	int, float 등
pow(x, y)	x의 y승(즉, 거듭제곱)을 구함	int, float 등

내장 함수 이외에 삼각함수나 지수, 로그 등의 함수와 상수 등은 math 모듈을 통해 제공하고 있다. math 모듈에 대한 공식 문서는 https://docs.python.org/3/library/math.html이

다. math 모듈의 함수들을 프로그램에서 사용하기 위해서는 math 모듈을 import로 포함해야 한다.

함수/상수	기능	반환값
log(x)	x의 로그를 구함	float
sqrt(x)	x의 제곱근을 구함	float
radians(x)	각도 x를 라디안 값으로 변환	float
sin(x)	라디안 x의 사인(sin)을 구함	float
cos(x)	라디안 x의 코사인(cosine)을 구함	float
pi, e	pi: 3.141592…, e: 2.718281…	

2) 라디안(radian)

일상적으로 사용하는 각도의 단위는 도(degree)이며, 원 한 바퀴를 360도로 표현하는 방법이다. 반원은 180도, 직각은 90도와 같이 표현한다.

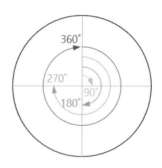

각도를 표현하는 또 다른 방법인 라디안(radian)은 다음 그림과 같이 호의 길이가 반지름과 같게 되는 만큼의 각도를 1 라디안이라고 정의하며, 1 라디안은 약 57.3도에 해당하는 각도이다.

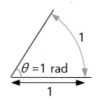

도를 라디안으로 변환하기 위해서는 '도 * 3.14 / 180'의 식으로 계산하며, math 모듈의 radians() 함수를 이용하여 변환할 수 있다. sin() 함수와 cos() 함수의 경우 인수로 라디안의 값이 사용되므로 도를 라디안으로 변환하여 인수로 제공해야 한다.

```
>>> import math
>>> a = 45
>>> r = a * 3.14 / 180.0          # 도 -> 라디안
>>> r
0.785
>>> r = a * math.pi / 180.0       # 도 -> 라디안
>>> r
0.7853981633974483
>>> r = math.radians(a)           # 도 -> 라디안
>>> r
0.7853981633974483
>>> print(math.sin(r), math.cos(r))
0.7071067811865475 0.7071067811865476
```

라디안을 도로 변환하기 위해서는 '라디안 * 180 / 3.14'의 식으로 계산하며, math 모듈의 degrees() 함수를 이용하여 변환할 수 있다.

```
>>> import math
>>> r = 1
>>> a = r * 180.0 / 3.14          # 라디안 -> 도
>>> a
57.324840764331206
>>> a = r * 180.0 / math.pi       # 라디안 -> 도
>>> a
57.29577951308232
>>> a = math.degrees(r)           # 라디안 -> 도
>>> a
57.29577951308232
```

>>> 잠깐! Coding

4. 변수 a에 [-3, 7, 9, 4, 2, 3]을 대입한 후, a[0] 값을 출력하고, 내장 함수를 이용하여 a[0]의 절댓값, a의 최댓값, a의 최솟값, a의 총합을 구해보자. 또한, 2의 3승 값을 구해보자.

5. math 모듈을 이용하여 90도의 라디안을 구해보자. 또한, 2 라디안의 도를 구해보자.

1. 딕셔너리 안에 특정 키가 존재하는지 확인하려면 '키 in 딕셔너리'와 같이 사용한다. 딕셔너리 안에 키가 존재하면 True, 존재하지 않으면 False가 된다. 매개변수 seq에서 A, T, G, C 이외의 문자가 포함되면 오류를 발생하지 않고 해당 문자 대신에 '?' 문자를 출력하기 위하여 변경한 comp() 함수는 다음과 같다.

```python
def avg(a, b):
    s = (a + b) / 2
    return s


in1 = int(input("값1 : "))
in2 = int(input("값2 : "))
r = avg(in1, in2)
print("평균 =", r)


def comp(seq):
    comp_dict = {'A':'T', 'T':'A', 'C':'G', 'G':'C'}
    seq_comp = ""
    for char in seq:
        if char in comp_dict:     # comp_dict 내에 char 키가 존재하는가?
            seq_comp = seq_comp + comp_dict[char]     # 존재할 경우
        else:
            seq_comp = seq_comp + '?'                 # 존재하지 않을 경우
    return seq_comp
```

2. rev() 함수에서 join() 함수와 reversed() 함수를 사용하지 않고 while 문을 이용하여 문자열을 역순으로 반복하며 변환할 수 있다. while 문을 이용한 rev() 함수는 다음과 같다.

```python
def rev(seq):
    seq_rev = ""
    n = int(len(seq)) - 1       # 문자열의 길이를 구하여 -1 함
                                # 예: "ATGC", 길이:4, n:3, "ATGC" 인덱스:0-3
    while n > -1:                # n이 0이 될 때까지 반복, 예:)3, 2, 1, 0 순 반복
        seq_rev = seq_rev + seq[n]   # 예: "", "C", "CG", "CGT", "CGTA"
        n = n - 1
    return seq_rev
```

3. 터틀을 숨기려면 hideturtle() 함수를 사용하고, 다시 나타내기 위해서는 showturtle() 함수를 사용한다. '프로그램 p08-02-1'에서 추가되는 부분은 다음과 같다.

```
...
def draw_pos(x, y):
    t.hideturtle()      # 터틀 숨김
    t.setpos(x,y)
    t.showturtle()      # 터틀 나타냄
    t.stamp()
...
t.setup(500, 600)
t.shape("circle")
t.shapesize(0.3, 0.3, 0)
t.penup()
t.hideturtle()          # 터틀 숨김
...
```

4. 낙하 도중 터틀의 흔적을 남길 때 y 좌표 ny와 이동 거리 dx를 터틀의 write() 함수를 이용하여 출력할 수 있다. '프로그램 p08-02-1'과 'Thinking!' 3 프로그램에서 추가되는 부분은 다음과 같다.

```
...
def draw_pos(x, y):
    t.hideturtle()                           # 터틀 숨김
    t.setpos(x,y)
    t.showturtle()                           # 터틀 나타냄
    t.stamp()
    t.write("  y:%5d"%y)                      # 클릭한 y좌표 출력
...
        if ny > hl:
            t.goto(x, ny)
            t.stamp()
            t.write("  y:%5d, d:%4d"%(ny,d))  # 낙하 중의 y좌표, 이동 거리 출력
            tm = tm + 0.3
        else:
            break
...
```

5. 터틀 스크린 하단에 지면에 해당하는 선을 그리는 draw_land() 함수와 해당 선을 넘지 않도록 '프로그램 p08-02-1'과 'Thinking!' 4 프로그램에서 추가하거나 수정되는 부분은 다음과 같다.

```python
import turtle as t

def draw_land():                    # 스크린 하단에 선을 그림
    sx = -(t.window_width() / 2 - 10)
    sy = -(t.window_height() / 2 - 20)
    dist = t.window_width() - 20
    t.hideturtle()
    t.penup()
    t.setpos(sx, sy)
    t.pendown()
    t.forward(dist)
    t.penup()

def draw_pos(x, y):
    t.clearstamp()                  # 하단의 선을 지우지 않기 위해 터틀만 지움
    t.hideturtle()
...
        else:
            t.goto(x, ny)           # 하단 선 위치로 이동
            t.stamp()               # 터틀 흔적 남김
            break
...
s = t.Screen()
draw_land()                         # 하단 선을 그리기 위해 함수 호출
s.onscreenclick(draw_pos)
s.listen()
```

6. 터틀 스크린 하단에 지면에 해당하는 선을 그리는 draw_land() 함수와 해당 선을 넘지 않도
록 '프로그램 p08-02-2'에서 추가하거나 수정하는 부분은 다음과 같다.

```python
import turtle as t
import math
...
def draw_land():                              # 스크린 하단에 선을 그림
    sx = -(t.window_width() / 2 - 10)
    sy = -(t.window_height() / 2 - 20)
    dist = t.window_width() - 20
    t.hideturtle()
    t.penup()
    t.setpos(sx, sy)
    t.pendown()
    t.forward(dist)
    t.penup()


def draw_pos(x, y):
    ...
    t.stamp()

    hl = -(t.window_height() / 2 - 20)        # 하단 선 위치 위해 -20함
    ...
        else:
            t.goto(dx, hl)                    # 하단 선 위치로 이동
            t.stamp()                         # 터틀 흔적 남김
            break
    ...
s = t.Screen()
draw_land()                                   # 하단 선을 그리기 위해 함수 호출
s.onscreenclick(draw_pos)
s.listen()
```

1. 변수 digit에 { 1:'일', 2:'이', 3:'삼' }을 대입한다. 내장 함수인 len() 함수를 이용하여
digit의 크기를 출력하고, 딕셔너리의 메서드 함수인 keys() 함수와 values() 함수를 이용
하여 모든 키와 값들을 출력한다. 그리고 1과 3의 키를 이용하여 digit에서 키에 해당하는 값
을 출력할 수 있다.

```
>>> digit = { 1:'일', 2:'이', 3:'삼' }
>>> digit
{1: '일', 2: '이', 3: '삼'}
>>> len(digit)
3
>>> digit.keys()
dict_keys([1, 2, 3])
>>> digit.values()
dict_values(['일', '이', '삼'])
>>> print(digit[1])
일
>>> print(digit[3])
삼
```

2. 변수 fruit에 { '사과':100, '바나나':50, '수박':1000 }을 대입한다. 내장 함수인 len() 함
수를 이용하여 fruit의 크기를 출력하고, 딕셔너리의 메서드 함수인 keys() 함수와 values()
함수를 이용하여 모든 키와 값들을 출력한다. 그리고 '사과'와 '수박'의 키를 이용하여 fruit에서
키에 해당하는 값을 출력할 수 있다.

```
>>> fruit = { '사과':100, '바나나':50, '수박':1000 }
>>> fruit
{'사과': 100, '바나나': 50, '수박': 1000}
>>> len(fruit)
3
>>> fruit.keys()
dict_keys(['사과', '바나나', '수박'])
>>> fruit.values()
dict_values([100, 50, 1000])
>>> print(fruit['사과'])
100
>>> print(fruit['수박'])
1000
```

3. 터틀 스크린에서 마우스 왼쪽 버튼을 클릭하면 write_xy() 함수가 동작하도록 콜백 함수를 등록한다. 그리고 마우스 오른쪽 버튼을 클릭하면 screen_clear() 함수가 동작하도록 콜백 함수를 등록한다. 클릭한 위치에 터틀의 흔적을 남기려면 stamp() 함수를 이용하고, x, y 좌표를 출력하려면 write() 함수를 이용한다. 터틀 스크린 내의 모든 내용을 지우려면 clear() 함수를 이용한다.

```python
import turtle as t

def write_xy(x, y):
    t.goto(x, y)
    t.stamp()
    t.write("x:%d, y:%d"%(x,y))

def screen_clear(x, y):
    t.goto(x,y)
    t.clear()

t.setup(600, 600)
s = t.Screen()
t.penup()

s.onscreenclick(write_xy, 1)
s.onscreenclick(screen_clear, 3)
s.listen()
```

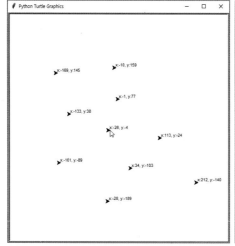
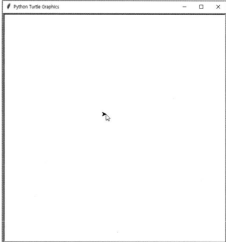

4. 변수 a에 [−3, 7, 9, 4, 2, 3] 리스트를 대입한다. print() 함수를 이용하여 a[0] 값, 내장 함수인 abs() 함수를 이용하여 절댓값을 구하고, max() 함수를 이용하여 최댓값, min() 함수를 이용하여 최솟값, sum() 함수를 이용하여 총합, pow() 함수를 이용하여 2의 3승 값을 구할 수 있다.

```
>>> a = [ -3, 7, 9, 4, 2, 3 ]
>>> print(a[0], abs(a[0]), max(a), min(a), sum(a), pow(2,3))
-3 3 9 -3 22 8
```

5. math 모듈을 import한 후, radians() 함수를 이용하여 도(degree)를 라디안(radian)으로 변환한다. 또한, degrees() 함수를 이용하여 라디안(radian)을 도(degree)로 변환한다.

```
>>> import math
>>> a = 90
>>> r = 2
>>> print(math.radians(a))
1.5707963267948966
>>> print(math.degrees(r))
114.59155902616465
```

Coding? Programming!

Basic Coding

1. 문자열을 입력받아 문자열의 길이를 구하고, 문자열의 첫 번째 문자, 두 번째 문자, 마지막 문자를 출력해보자.

```
문자열 : Python Programming
문자열 길이 : 18
첫 번째 문자 : P
두 번째 문자 : y
마지막 문자 : g
```

⌛ 문자열은 인덱스(index)에 의해 개별 문자를 추출하며, 문자열의 인덱스는 0부터 문자열길이−1 까지 부여된다. 문자열의 길이는 len() 함수로 계산한다. 첫 번째 문자는 str[0], 두 번째 문자는 str[1], 마지막 문자는 str[len(str)−1]에 해당한다. 이때 마지막 문자의 인덱스가 len(str)이 아닌 len(str)−1임에 주의해야 한다.

2. 문자열을 입력받아 for 문을 이용하여 개별 문자로 출력해보자. 그리고 for 문을 이용하여 입력받은 문자열의 역순으로 개별 문자를 출력해보자.

```
문자열 : Python Programming
개별 문자 출력 : Python Programming
역순 개별 문자 출력 : gnimmargorP nohtyP
```

⌛ 문자열은 인덱스(index)에 의해 개별 문자를 추출하며, 문자열의 인덱스는 0부터 문자열길이−1까지 부여된다. 문자열의 길이는 len() 함수로 계산하며, for 문에서 range(len(str))와 range(len(str)−1, −1, −1)을 반복한다.

3. 0~100 사이의 점수를 입력받아 입력한 점수가 0~100인 경우 점수에 대한 A, B, C, D, F 등급을 출력하고, 범위에 해당하지 않으면 "입력 가능한 점수 범위는 0~100입니다."를 출력해보자. 점수에 대한 등급 판정은 if-elif-else 문을 이용하여 점수가 90~100일 때 "A", 80~89일 때 "B", 70~79일 때 "C", 60~69일 때 "D", 0~59일 때 "F"로 출력한다.

```
점수 : -5
입력 가능한 점수 범위는 0~100입니다.
점수 : 85
85 : B
점수 : 50
50 : F
```

입력한 점수 범위가 0~100인지 구분하기 위하여 score >= 0 and score <= 100 조건을 사용하고, if-elif-else 문을 이용하여 점수에 대한 등급을 판정한다.

4. 'Basic Coding 3번 문제'를 참고하여, if-elif-else 문 대신에 딕셔너리를 이용하여 점수에 대한 등급을 출력해보자.

```
점수 : 85
85 : B
점수 : 55
55 : F
```

딕셔너리는 deg = { 10:'A', 9:'A', 8:'B', 7:'C', 6:'D', 5:'F', 4:'F', 3:'F', 2:'F', 1:'F', 0:'F' } 와 같이 선언하며, 점수 score를 10으로 정수 나누기(score // 10)를 하여 결과 값이 딕셔너리의 키와 일치하는 값을 구하여 등급을 출력한다.

5. 딕셔너리를 이용하여 제품:값의 형태로 items = { "라면":650, "우유":1100, "콜라":1200, "캔커피":500, "과자":700 }을 선언해보자. while 문을 이용하여 무한 반복하면서 제품을 입력받아 제품에 대한 값들의 합계를 출력해보자. 아무 입력도 하지 않은 채로 Enter 키를 눌러 빈 문자열이 입력되면 무한 반복을 멈추고 전체 합계를 출력한다.

```
제품명 : 우유
[우유:1100] > 1100
제품명 : 콜라
[콜라:1200] > 2300
제품명 : 라면
[라면:650] > 2950
제품명 : 라면
[라면:650] > 3600
제품명 : 과자
[과자:700] > 4300
제품명 : 딸기
딸기 는 미등록 제품입니다.
제품명 :
총 금액 :  4300
```

무한 반복은 while True: 문으로 작성하고, 딕셔너리의 제품 키에 대한 값은 items[it]로 구한다. 제품을 입력한 후의 결과 출력 형식은 print("[%s:%d] > %d"%(it, items[it], s)) 문으로 작성한다.

6. time 모듈을 import한 후, for 문을 이용하여 1부터 5까지의 숫자를 출력해보자. 각 숫자를 출력한 후 sleep() 함수를 이용하여 프로그램을 1초간 멈추게 해보자.

```
1 2 3 4 5
```

sleep() 함수는 time 모듈 내의 함수이며, 프로그램의 실행을 1초간 멈추려면 time.sleep(1)로 작성한다.

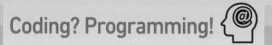
7. math 모듈을 import한 후, 실숫값을 입력받아 ceil() 함수, floor() 함수, trunc() 함수 연산의 결과를 출력해보자.

함수	기능	반환값/결과값
ceil(x)	N >= x를 만족하는 가장 작은 정수 N을 반환(올림 연산) math.ceil(3.14)	int 4
floor(x)	N <= x를 만족하는 가장 큰 정수 N을 반환(내림 연산) math.floor(3.14)	int 3
trunc(x)	x의 정수 부분만을 반환(버림 연산) math.trunc(3.14)	int 3

```
실수 : 3.14
3.14 : 4
3.14 : 3
3.14 : 3
```

⌛ ceil(), floor(), trunc() 함수는 math 모듈을 import 해야 사용할 수 있다.

8. math 모듈 내의 함수를 사용할 때 math. 부분을 사용하지 않도록 math 모듈을 import한 후, 정숫값을 입력받아 sqrt() 함수 연산의 결과를 출력해보자.

```
정수 : 3
3.0 : 1.7320508075688772
```

⌛ sqrt() 함수는 math 모듈을 import 해야 사용할 수 있으며, from math import sqrt로 import하면 math. 부분을 생략할 수 있다.

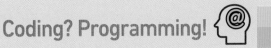

9. 터틀 스크린에서 마우스 왼쪽 버튼, 마우스 오른쪽 버튼을 클릭하면 해당 위치에 'x:50, y:100 – 마우스 왼쪽 버튼 클릭', 'x:50, y:100 – 마우스 오른쪽 버튼 클릭' 형식으로 출력해보자.

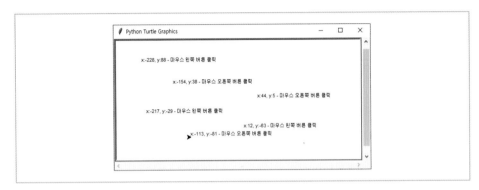

> 마우스 왼쪽 버튼을 클릭하면 write_xyleft() 함수가 동작하도록 콜백 함수를 등록하고, 마우스 오른쪽 버튼을 클릭하면 write_xyright() 함수가 동작하도록 콜백 함수를 등록한다.

10. 터틀 스크린에서 마우스 왼쪽 버튼을 클릭하면 해당 위치에 반지름이 20인 원을 그려보자. 단, 원을 그리는 동작 이외의 움직이는 동작에서는 선을 그리지 않는다. 마우스 오른쪽 버튼을 클릭하면 터틀 스크린 내의 모든 내용을 지워보자.

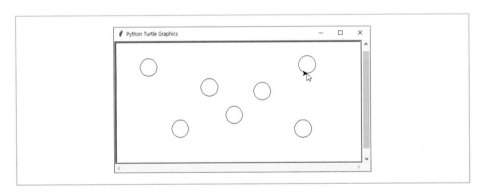

> 마우스 왼쪽 버튼을 클릭하면 write_xy() 함수가 동작하도록 콜백 함수를 등록하고, 마우스 오른쪽 버튼을 클릭하면 screen_clear() 함수가 동작하도록 콜백 함수를 등록한다. 터틀 스크린 내의 모든 내용을 지우려면 clear() 함수를 사용한다. 선을 그릴 때는 pendown() 함수를 사용하고, 선을 그리지 않아야 할 때는 penup() 함수를 사용한다.

Enhancement Coding

1. 딕셔너리를 이용하여 1분기 8개, 2분기 6개, 3분기 10개, 4분기 13개의 판매 실적을 등록한 후, 해당 분기별 판매 실적을 '#' 문자를 이용하여 다음과 같이 출력해보자.

```
1 분기 : ######## ( 8 )
2 분기 : ###### ( 6 )
3 분기 : ########## ( 10 )
4 분기 : ############# ( 13 )
```

⧖ sales = {1:8, 2:6, 3:10, 4:13}로 선언하고, for 문을 이용하여 딕셔너리의 모든 키에 해당하는 값을 print(i, "분기 :", '#' * sales[i])와 같이 출력한다.

2. 딕셔너리를 이용하여 다음의 제품 재고 현황을 등록한 후, 재고수를 입력받아 해당 재고수보다 작은 재고수인 제품을 모두 출력해보자.

제품	공책	연필	지우개	복사지
재고수	325	427	125	510

```
파악 재고수 기준 : 400
공책 : 325
지우개 : 125
```

⧖ items = {'공책':325, '연필':427, '지우개':125, '복사지':510}로 선언하고, for 문을 이용하여 딕셔너리의 모든 키에 해당하는 값의 크기가 입력된 재고수보다 작으면 해당 제품명과 재고수를 출력한다.

Coding? Programming!

3. 딕셔너리를 이용하여 비어 있는 영한사전에 단어를 등록해보자. while 문을 이용하여 무한 반복하면서 영어 단어와 한글 단어를 입력받아 등록하고, 아무 입력도 하지 않은 채로 Enter 키를 눌러 영어 단어와 한글 단어에 빈 문자열이 입력되면 무한 반복을 멈추고 딕셔너리에 등록된 모든 키와 값들을 출력한다.

```
영어 단어 : Python
한글 단어 : 파이썬
영어 단어 : string
한글 단어 : 문자열
영어 단어 : iteration
한글 단어 : 반복
영어 단어 : selection
한글 단어 : 선택
영어 단어 :
한글 단어 :
{'Python': '파이썬', 'string': '문자열', 'iteration': '반복', 'selection': '선택'}
```

engkor_dict = dict() 문장을 통해 비어 있는 딕셔너리를 선언하며, 입력한 영어 단어와 한글 단어의 등록은 engkor_dict[eng] = kor 문장을 통해 이루어진다.

4. 'Enhancement Coding 3번 문제'를 참고하여, 영어 단어를 입력할 경우 딕셔너리 engkor_
   dict에 등록된 한글 단어를 표시하도록 수정해보자. 만약 딕셔너리가 비어 있으면 "사전이 비
   어 있습니다."를 출력하고, 비어 있지 않으면 검색을 하여 단어를 표시한다. 만약 영어 단어가
   등록되어 있지 않으면 "단어가 등록되어 있지 않습니다."를 출력하고, 딕셔너리가 비어 있거나
   비어 있지 않더라도 영어 단어가 없으면 "단어를 추가합니다."를 출력하고 한글 단어를 추가로
   입력받아 딕셔너리에 등록한다. while 문에 의한 무한 반복의 종료는 영어 단어가 빈 문자열로
   입력되었으면 종료하고 딕셔너리에 등록된 모든 키와 값들을 출력한다.

```
영어 단어 : Python
사전이 비어 있습니다.
단어를 추가합니다.
한글 단어 : 파이썬
영어 단어 : string
string 단어가 등록되어 있지 않습니다.
단어를 추가합니다.
한글 단어 : 문자열
영어 단어 : iteration
iteration 단어가 등록되어 있지 않습니다.
단어를 추가합니다.
한글 단어 : 반복
영어 단어 : selection
selection 단어가 등록되어 있지 않습니다.
단어를 추가합니다.
한글 단어 : 선택
영어 단어 : string
string : 문자열
영어 단어 : iteration
iteration : 반복
영어 단어 :
{'Python': '파이썬', 'string': '문자열', 'iteration': '반복', 'selection': '선택'}
```

len(engkor_dict) > 0인 경우 딕셔너리가 비어 있지 않은 것이며, 딕셔너리에 영어 단어가 존재하
는지 여부는 eng in engkor_dict로 판별할 수 있다.

5. 현재 우리나라 화폐는 5만원, 1만원, 5천원, 1천원, 5백원, 1백원, 5십원, 1십원, 5원, 1원의 10종류로 되어 있다. 임의의 금액을 입력받아 10종류의 화폐를 사용하여 화폐의 개수(종류)가 가장 적게 구성되도록 해보자. // 연산자와 % 연산자를 사용하여 계산해보자.

```
금액 : 87846
50000 : 1
10000 : 3
5000 : 1
1000 : 2
500 : 1
100 : 3
50 : 0
10 : 4
5 : 1
1 : 1
총 9 종류 17 개 필요
```

⏳ 화폐 단위는 moneys = {1:50000, 2:10000, 3:5000, 4:1000, 5:500, 6:100, 7:50, 8:10, 9:5, 10:1}로 선언한다.

6. 'Enhancement Coding 5번 문제'를 참고하여, math 모듈의 trunc() 함수를 사용하여 같은 결과가 나오도록 프로그램을 변경해보자.

```
금액 : 87846
50000 : 1
10000 : 3
5000 : 1
1000 : 2
500 : 1
100 : 3
50 : 0
10 : 4
5 : 1
1 : 1
총 9 종류 17 개 필요
```

⏳ trunc() 함수를 trunc(p / moneys[i])와 p – trunc(p / moneys[i]) * moneys[i] 형태로 사용한다.

7. 삼각함수의 정의(x = r * cosθ, y = r * sinθ)와 라디안 각도를 이용하여 원을 그려보자.

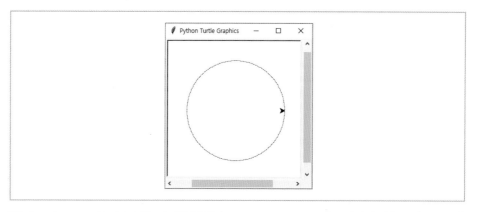

⧗ for a in range(0, 361) 문으로 반복하면서, rad = math.radians(a) 라디안 값을 구하고 x = r * math.cos(rad)와 y = r * math.sin(rad)로 x, y 좌표를 구하여 t.dot(2) 함수로 점을 찍어 원을 그린다.

8. 'Enhancement Coding 7번 문제'를 참고하여, 점을 찍는 위 방식은 원의 선이 점으로 되어 있어 완전히 연결된 선의 원이 그려지지 않는다는 문제점이 있다. 선 그리기를 이용하여 선으로 연결된 원을 그리도록 수정해보자.

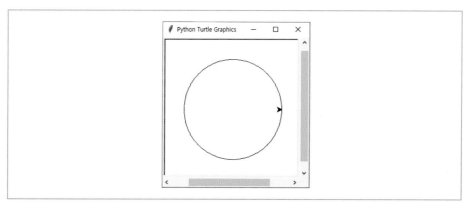

⧗ for a in range(0, 361) 문으로 반복하면서, rad = math.radians(a) 라디안 값을 구하고 x = r * math.cos(rad)와 y = r * math.sin(rad)로 x, y 좌표를 구하여 t.goto(x,y) 함수로 선을 그린다.

9. 'Basic Coding 10번 문제'를 참고하여, 터틀 스크린의 중앙에서 상하좌우 각 100의 범위에 서만 원을 그리고, 범위를 벗어난 지점을 클릭하면 해당 좌표를 x:−110, y:−110 형식으로 출력하도록 수정해보자.

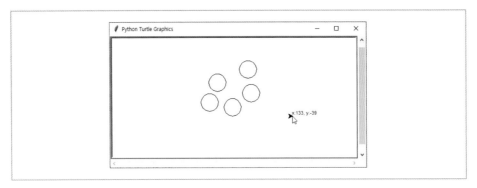

마우스 왼쪽 버튼을 클릭한 위치가 중앙에서 x 범위 −100~100 내이고 y 범위 −100~100 내이면 원을 그린다. 그리고 범위를 벗어나면 t.write("x:%d, y:%d"%(x,y))와 같이 좌표를 출력한다.

CHAPTER 9
기술(Technology)

9.1 화재경보기 작동하기

자동화재탐지설비인 화재경보기는 감지기, 발신기, 경종, 수신기로 구성된다. 감지기는 화재를 감지하는 센서이며, 발신기는 화재를 보고 사람이 직접 눌러 화재경보를 알리는 장치이다. 수신기는 감지기에 지속해서 전원을 공급하고 감지기에서 화재가 감지되면 감지기로부터 신호를 받아 경종을 울려 화재를 알리는 장치이다. 경종은 일종의 타종식 벨이며 화재를 안내하는 소리를 발생시킨다. 다음 그림은 화재경보기의 구성요소와 작동 흐름을 나타낸 것이다.

감지기는 화재가 발생할 때 열이나 연기, 압력, 이온 등을 감지하는 장치이며, 감지하는 형태에 따라 감지기의 종류가 구분된다. 열을 감지하는 감지기 중의 한 종류인 정온식감지기는 주위 온도가 일정한 온도 이상이 되면 작동하며, 작동하는 온도를 공칭작동온도라고 한다. 공칭작동온도의 범위는 섭씨 60도에서 섭씨 150도까지이며, 섭씨 60도에서 80도 미만은 5도 간격으로, 섭씨 80도 이상은 10도 간격으로 설정되어 있다. 그리고 공칭작동온도에 따라 백색, 청색, 적색으로 표시된다.

공칭작동온도	80도 미만	80도 이상~120도 미만	120도 이상
온도 설정 간격	5도	10도	10도
색상	백색	청색	적색

프로그램 (p09-01) **화재경보기 작동하기**

위로(Up) 방향키와 아래로(Down) 방향키를 이용하여 온도를 조절하면서 화재경보기의 작동을 체크해보자. 온도가 80도 미만이면 "정상", 120도 미만이면 "주의", 120도 이상이면 "화재" 글자를 표시하고, 해당 상태에 맞는 색상으로 각각 백색, 청색, 적색 원을 칠한다.

▋ 문제 분석

위로 방향키와 아래로 방향키를 이용하여 80도 미만은 5도씩, 80도 이상은 10도씩의 간격으로 온도를 조절한다. 온도의 변화에 맞추어 온도가 80도 미만이면 "정상" 글자와 백색 원을 터틀 스크린에 표시하고, 120도 미만이면 "주의" 글자와 청색 원, 120도 이상이면 "화재" 글자와 적색 원을 표시한다.

함수	• check_fire() : 온도에 따른 상태를 나타내는 문자열과 색상 원 표시 • keyUp() : 온도를 5도 또는 10도 증가하고, check_fire() 함수 호출 • keyDown() : 온도를 5도 또는 10도 감소하고, check_fire() 함수 호출
입력	• 위로(Up)와 아래로(Down) 방향키에 의한 keyUp(), keyDown() 콜백 함수 호출
출력	• 정상, 주의, 화재의 상태와 온도 출력 • 상태에 해당하는 색상(백색, 청색, 적색)이 칠해진 원

변수	• color_status : 상태에 해당하는 색상(white, blue, red) • alert_status : 화재경보기 상태(정상, 주의, 화재) • tempc : 입력받은 현재 온도, 기본값(50) • t : 터틀 • s : 터틀 스크린

2 알고리즘 설계

문제 분석에서의 함수와 입력, 출력에 대한 알고리즘을 자연어로 표현하면 다음과 같다.

	매개변수	없음	**반환**	없음
check_fire()		1. 만약 tempc의 값이 80보다 작으면 　1.1 status에 0 대입　(# 화재경보기 상태(0:정상)) 그렇지 않으면 만약 tempc의 값이 120보다 작으면 　1.1 status에 1 대입　(# 화재경보기 상태(1:주의)) 그렇지 않으면　　　　　(# tempc의 값이 120이상이면) 　1.1 status에 2 대입　(# 화재경보기 상태(2:화재)) 2. 이전에 표시한 터틀 흔적을 모두 지움 3. 터틀의 위치를 초기 위치로 변경 4. 펜을 내림 5. status의 값에 따라 color_status 리스트의 원 색상 지정 6. 원 그리기 준비 7. 원 크기를 20으로 지정 8. 원 그리기 9. 펜을 올림 10. 상태, 온도 출력을 위해 x: −22, y: 50 위치로 이동 11. status의 값에 따라 alert_status 리스트의 문자열과 tempc 온도 출력		
	매개변수	없음	**반환**	없음
keyUp()		1. 만약 tempc의 값이 80보다 작으면 　1.1 tempc의 값을 5 증가시킴 그렇지 않으면　(# tempc의 값이 80이상이면) 　1.1 tempc의 값을 10 증가시킴 2. check_fire() 함수 호출		
	매개변수	없음	**반환**	없음
keyDown()		1. 만약 tempc의 값이 80보다 작으면 　1.1 tempc의 값을 5 감소시킴 그렇지 않으면　(# tempc의 값이 80이상이면) 　1.1 tempc의 값을 10 감소시킴 2. check_fire() 함수 호출		

터틀 생성 스크린 생성	1. 터틀 스크린 크기를 300, 300으로 설정
	2. 터틀 스크린 생성
	3. 터틀 숨김
	4. 터틀의 속도를 0으로 설정(0: 아주 빠름, 1: 아주 느림, 3: 느림, 6: 보통, 10: 빠름)
	5. check_fire() 함수 호출
키보드 입력	1. 위로(Up) 방향키가 눌러지면 keyUp() 콜백 함수 호출
	2. 아래로(Down) 방향키가 눌러지면 keyDown() 콜백 함수 호출
	3. q 키가 눌러지면 터틀 스크린 종료
	4. 터틀 스크린에서의 이벤트 확인

3 코딩

알고리즘 설계를 이용하여 파이썬 프로그램을 코딩하면 다음과 같다.

```python
1   import turtle as t
2
3   color_status = [ "white", "blue", "red" ]
4   alert_status = [ "정상", "주의", "화재" ]
5   tempc = 50
6
7   def check_fire():
8       if tempc < 80:
9           status = 0
10      elif tempc < 120:
11          status = 1
12      else:
13          status = 2
14
15      t.clear()
16      t.home()
17      t.pendown()
18      t.fillcolor(color_status[status])
19      t.begin_fill()
20      t.circle(20)
21      t.end_fill()
22      t.penup()
23      t.goto(-22, 50)
24      t.write("%s : %d"%(alert_status[status],tempc))
25
```

```
26   def keyUp():
27       global tempc
28       if tempc < 80:
29           tempc = tempc + 5
30       else:
31           tempc = tempc + 10
32       check_fire()
33
34   def keyDown():
35       global tempc
36       if tempc < 80:
37           tempc = tempc - 5
38       else:
39           tempc = tempc - 10
40       check_fire()
41
42   t.setup(300, 300)
43   s = t.Screen()
44   t.hideturtle()
45   t.speed(0)
46   check_fire()
47   s.onkey(keyUp, "Up")
48   s.onkey(keyDown, "Down")
49   s.onkey(s.bye, "q")
50   s.listen()
```

1	터틀 그래픽 모듈인 turtle 모듈 포함
3	color_status 리스트를 상태에 해당하는 색상(white, blue, red)으로 초기화
4	alert_status 리스트를 화재경보기 상태에 해당하는 문자열로(정상, 주의, 화재) 초기화
5	입력받은 현재 온도의 기본 값으로 50을 tempc에 대입
7-24	온도에 따른 상태를 나타내는 문자열/색상 원을 표시하는 check_fire() 함수 선언
8-13	만약 tempc의 값이 80보다 작으면
9	status에 0 대입 (# 화재경보기 상태(0:정상))
10	그렇지 않으면 만약 tempc의 값이 120보다 작으면
11	status에 1 대입 (# 화재경보기 상태(1:주의))
12	그렇지 않으면 (# tempc의 값이 120이상이면)
13	status에 2 대입 (# 화재경보기 상태(2:화재))
15	이전에 표시한 터틀 흔적을 모두 지움
16	터틀의 위치를 초기 위치로 변경
17	펜을 내림
18	status의 값에 따라 color_status 리스트의 원 색상 지정
19	원 그리기 준비
20	원 크기를 20으로 지정

21	원 그리기
22	펜을 올림
23	상태, 온도 출력을 위해 x: -22, y: 50 위치로 이동
24	status의 값에 따라 alert_status 리스트의 문자열과 tempc 온도 출력
26-32	tempc의 값에 따라 온도를 5도 또는 10도 증가하는 keyUp() 함수 선언
27	변수 tempc를 전역변수로 선언
28-31	만약 tempc의 값이 80보다 작으면
29	tempc의 값을 5 증가시킴
30	그렇지 않으면 (# tempc의 값이 80이상이면)
31	tempc의 값을 10 증가시킴
32	check_fire() 함수 호출
34-40	tempc의 값에 따라 온도를 5도 또는 10도 감소하는 keyDown() 함수 선언
35	변수 tempc를 전역변수로 선언
36-39	만약 tempc의 값이 80보다 작으면
37	tempc의 값을 5 감소시킴
38	그렇지 않으면 (# tempc의 값이 80이상이면)
39	tempc의 값을 10 감소시킴
40	check_fire() 함수 호출
42	터틀 스크린 크기를 300, 300으로 설정
43	터틀 스크린 생성
44	터틀을 숨김
45	터틀의 속도를 0으로 설정 (0:아주 빠름, 1:아주 느림, 3:느림, 6:보통, 10:빠름)
46	check_fire() 함수 호출
47	터틀 스크린에서 위로(Up) 방향키가 눌러지면 keyUp() 콜백 함수 호출
48	터틀 스크린에서 아래로(Down) 방향키가 눌러지면 keyDown() 콜백 함수 호출
49	터틀 스크린에서 q 키가 눌러지면 터틀 스크린 종료
50	터틀 스크린에서의 이벤트 확인

▉ 테스트/디버깅

프로그램을 실행하여 데이터 입력의 예상 결과가 나타나는지 결과를 확인해보자. 그리고 동작 상태를 확인하고 오류가 발생하는지 확인하여 디버깅해보자.

입력	결과	확인 및 수정 사항
실행	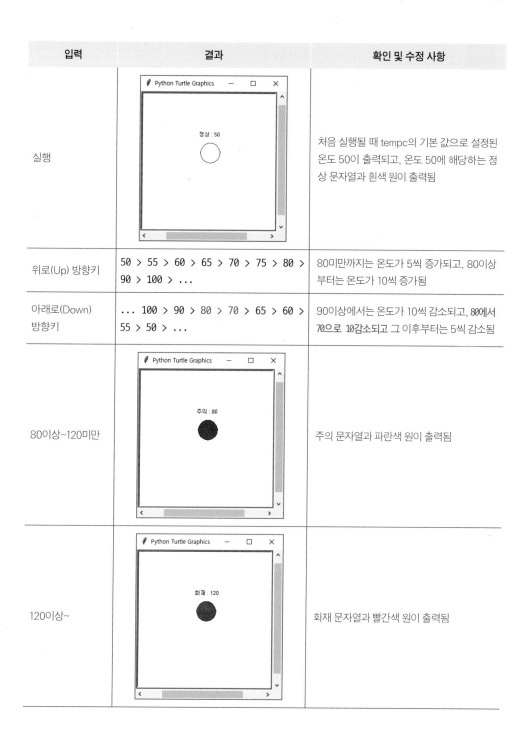	처음 실행될 때 tempc의 기본 값으로 설정된 온도 50이 출력되고, 온도 50에 해당하는 정상 문자열과 흰색 원이 출력됨
위로(Up) 방향키	50 > 55 > 60 > 65 > 70 > 75 > 80 > 90 > 100 > ...	80미만까지는 온도가 5씩 증가되고, 80이상부터는 온도가 10씩 증가됨
아래로(Down) 방향키	... 100 > 90 > 80 > 70 > 65 > 60 > 55 > 50 > ...	90이상에서는 온도가 10씩 감소되고, 80에서 70으로 10감소되고 그 이후부터는 5씩 감소됨
80이상~120미만		주의 문자열과 파란색 원이 출력됨
120이상~		화재 문자열과 빨간색 원이 출력됨

Thinking!

1. 온도 값이 80인 경우 아래로(Down) 방향키를 눌렀을 때 온도는 5 감소되어 75가 되어야 하지만 70으로 10 감소되었다. 80에서 아래로(Down) 방향키를 눌렀을 때 온도가 5 감소되도록 프로그램을 수정해보자.

5 프로그램 코딩을 위한 관련 학습

1) 터틀 스크린의 키보드 이벤트 처리

터틀 스크린에서 콜백 함수를 등록하여 마우스 클릭 이벤트에 대한 동작을 처리하였듯이 키보드를 누르는 이벤트가 발생할 때도 onkey() 함수나 onkeypress() 함수, onkeyrelease() 함수를 통해 콜백 함수를 등록하여 키보드를 누르는 동작을 처리할 수 있다.

일반적으로 키보드의 '키를 누른다'라는 표현의 의미는 '키를 누르는(press)' 동작, '누르고 있는' 동작, '누르고 있던 키를 놓는(release)' 동작이 모두 합쳐질 때 사용되는 의미이다. 보통 표현하는 'a 키를 눌렀다'라는 것은 'a 키를 눌렀다 띄는' 것을 의미하며, 누르는(press) 동작과 놓는(release) 동작이 결합한 것이다.

터틀 스크린에서는 키를 누른 경우와 누르고 있는 경우의 키보드 이벤트를 처리하는 onkeypress() 함수, 누르고 있던 키를 놓는 키보드 이벤트를 처리하는 onkeyrelease() 함수, 키를 눌렀다 놓는 전체 상태의 키보드 이벤트를 처리하는 onkey() 함수로 나누어 처리할 수 있다. 해당 함수의 인수로 제공되는 f 인수는 키(key)가 눌러졌을 때 처리할 콜백 함수이고, key 인수는 키보드의 키 이름(key name)이다.

함수	기능	인수
onkey(f, key)	키를 누르고 띄는 이벤트 처리	f: 콜백 함수 key: 키 이름(예:"a")
onkeypress(f, key)	키를 누르고 있는 이벤트 처리	
onkeyrelease(f, key)	누르고 있던 키를 놓는 이벤트 처리	

키 이름(key name)은 키보드의 각 키에 이름을 부여한 것이며, 대표적인 키 이름들은 다음과 같다. 다양한 키 이름들은 '부록 A.4 파이썬 키보드 키 이름'을 참고하거나, http://www.tcl.tk/man/tcl8.4/TkCmd/keysyms.htm, http://infohost.nmt.edu/tcc/help/pubs/tkinter/web/key-names.html를 참고하기 바란다.

키	키 이름	키	키 이름	키	키 이름
	space	,	comma	오른쪽 방향키	Right
1 ~ 0	1 ~ 0	.	period	Enter	Return
a ~ z	a ~ z	;	semicolon	Tab	Tab
$	dollar	:	colon	왼쪽 Ctrl	Control_L
+	plus	위로 방향키	Up	오른쪽 Ctrl	Control_R
−	minus	아래로 방향키	Down	왼쪽 Shift	Shift_L
/	slash	왼쪽 방향키	Left	오른쪽 Shift	Shift_R

위의 세 함수를 이용하여 "a" 키에 대한 각각의 키보드 이벤트를 처리하는 예제는 다음과 같다. 실행 결과의 "aas_s_s_s^"에서 onkey() 함수에 의해서 "aa"가 출력되었고, onkeypress() 함수에 의해서 "s_s_s_"가 출력되었고, onkeyrelease() 함수에 의해서 "s^"가 출력되었다.

```python
import turtle as t

def print_key(char):
    print(char, end="")
def key_a():
    print_key("a")
def key_sp():
    print_key("s_")
def key_sr():
    print_key("s^")
```

```
s = t.Screen()
s.onkey(key_a, "a")
s.onkeypress(key_sp, "s")
s.onkeyrelease(key_sr, "s")
s.onkey(s.bye, "q")
s.listen()
```

실행결과

```
>>> aas_s_s_s^
```

콜백 함수를 사용하지 않고 함수 등을 직접 호출하여 실행할 수 있다. "q" 키를 누르면 터틀 스크린이 닫히고 프로그램이 종료된다.

```
s.onkey(s.bye, "q")
```

2) 변수의 범위와 지역변수, 전역변수

변수는 처음 만들어지고 없어질 때까지의 유효한 범위를 기준으로 구분할 때 지역변수와 전역변수로 구분할 수 있다. 지역변수(local variable)는 함수 내에서만 유효한 변수이며, 함수 내부에서 선언되어 함수 내부에서만 사용된다. 함수의 매개변수로 선언된 변수는 함수 내에서만 유효한 지역변수이다. 전역변수(global variable)는 프로그램 전반에 걸쳐 유효한 변수이며, 함수 외부의 프로그램 전체에서 선언할 수 있다. 전역변수는 함수 내부와 외부 모두에서 사용될 수 있다.

```
gv = 3                   # 전역변수 gv 선언
def func1():
    lv1 = 1              # 지역변수 lv1 선언
    lv1 = lv1 + gv       # 지역변수 lv1의 값, 전역변수 gv의 값
    print(lv1)

def func2(pv):           # 매개변수 pv 선언
    lv2 = pv             # 지역변수 lv2 선언, 매개변수 pv의 값
    print(lv2)           # 지역변수 lv2의 값

func1()
func2(2)
print(gv)                # 전역변수 gv의 값
```

다음 프로그램에서 gv는 전역변수로 선언되었다. gv 변수는 func1() 함수 내에서 사용되었지만 해당 함수 내에서 gv에 값을 대입하는 문장이 없으므로 전역변수로 참조된다.

```
gv = 3                    # 전역변수 gv 선언

def func1():
    lv1 = 1               # 지역변수 lv1 선언
    lv1 = lv1 + gv        # 지역변수 lv1의 값, 전역변수 gv의 값
                          # gv에 대입되는 문장이 없이 사용됨

    print(lv1)

def func2(pv):            # 매개변수 pv 선언
    lv2 = pv              # 지역변수 lv2 선언, 매개변수 pv의 값
    print(lv2)            # 지역변수 lv2의 값

func1()
func2(2)
print(gv)                 # 전역변수 gv의 값
```

실행결과

```
4
2
3
```

전역변수와 지역변수가 같은 이름으로 함수 내부에서 존재할 때 지역변수가 우선 사용된다.

```
gv = 3                    # 전역변수 gv 선언

def func1():
    lv1 = 1               # 지역변수 lv1 선언
    gv = 1                # 지역변수 gv 선언
    lv1 = lv1 + gv        # 지역변수 lv1의 값, 지역변수 gv의 값
    print(lv1)

def func2(pv):            # 매개변수 pv 선언
    lv2 = pv              # 지역변수 lv2 선언, 매개변수 pv의 값
    print(lv2)            # 지역변수 lv2의 값
```

```
func1()
func2(2)
print(gv)                    # 전역변수 gv의 값
```

실행결과

```
2
2
3
```

특히 다음 프로그램의 경우처럼 전역변수와 지역변수가 같은 이름으로 함수 내부에서 존재할 때 func1() 함수 내의 변수 gv는 지역변수이며, 변수 gv에 값을 대입하기 이전에 변수 gv의 값을 사용하였으므로 "UnboundLocalError: local variable 'gv' referenced before assignment" 오류가 발생한다. 위의 첫 번째 프로그램에서 func1() 함수 내에서 변수 gv에 값이 대입되는 문장이 없으므로 변수 gv가 전역변수로 참조되었음에 주의하자. 그리고 다음 프로그램에서는 func1() 함수 내의 변수 gv에 값이 대입되는 문장이 lv1 = lv1 + gv 문장에서 변수의 값이 먼저 사용되었음에 주의하자.

```
gv = 3                       # 전역변수 gv 선언

def func1():
    lv1 = 1                  # 지역변수 lv1 선언
    lv1 = lv1 + gv           # 지역변수 lv1의 값, 지역변수 gv의 값
                             # => gv에서 오류 발생
    gv = 1                   # 지역변수 gv의 값을 1로 변경
    print(lv1)

def func2(pv):               # 매개변수 pv 선언
    lv2 = pv                 # 지역변수 lv2 선언, 매개변수 pv의 값
    print(lv2)               # 지역변수 lv2의 값

func1()
func2(2)
print(gv)                    # 전역변수 gv의 값
```

```
UnboundLocalError: local variable 'gv' referenced before assignment
```

위의 프로그램들에서 알 수 있듯이 전역변수는 함수 내에서 사용할 때 주의를 해야 한다. 이러한 혼란이나 오류 발생의 가능성을 줄이기 위하여, 그리고 전역변수의 값을 변경하는 경우에는 함수 내부에서 해당 전역변수를 global 예약어로 먼저 선언해야 한다.

```python
gv = 3                  # 전역변수 gv 선언

def func1():
    global gv           # 전역변수 gv 선언
    lv1 = 1             # 지역변수 lv1 선언
    lv1 = lv1 + gv      # 지역변수 lv1의 값, 전역변수 gv의 값
    gv = 1             # 전역변수 gv의 값을 1로 변경
    print(lv1, gv)      # 지역변수 lv1의 값, 전역변수 gv의 값

def func2(pv):          # 매개변수 pv 선언
    lv2 = pv            # 지역변수 lv2 선언, 매개변수 pv의 값
    print(lv2)          # 지역변수 lv2의 값

func1()
func2(2)
print(gv)               # 전역변수 gv의 값
```

```
4 1
2
1
```

>>> 잠깐! Coding

1. 터틀 스크린에서 숫자 1, 2, 3 키가 눌러졌을 때 print() 함수를 이용하여 해당 숫자를 IDLE 화면에 출력해보자.

2. 다음 프로그램의 결과를 예측해보자.

```python
a = 1

def func(d):
    global a
    b = a + 2
    c = b + d
    print("func : ", a, b, c, d)
    a = c
    print("func : ", a, b, c, d)
    return c

print("main : ", a)
e = func(3)
print("main : ", a, e)
```

9.2 7세그먼트 LED를 이용한 숫자 표시하기

9.2.1 7세그먼트 형식의 숫자 이미지 표시하기

7세그먼트(7 Segment)는 7개의 LED 획으로 숫자나 문자를 나타내는 표시장치이며, 전자시계, 게이지, 전자회로의 내부 수치를 보여줄 때 주로 사용된다. 각각의 획은 LED로 구성되며, 이들 LED의 일부를 켜고 끄는 것으로 숫자나 문자를 표시할 수 있다.

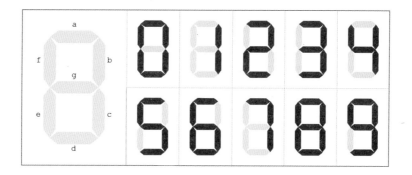

📖 **프로그램** (p09-02) **7세그먼트 형식의 숫자 이미지 표시하기**

숫자 키를 누를 때 해당 숫자의 7세그먼트 형식의 숫자 이미지를 출력해보자.

1 문제 분석

숫자 키를 누르면 s7seg_img 리스트 내에서 누른 숫자에 해당하는 7세그먼트 형식의 숫자 이미지를 터틀 스크린에 출력한다.

함수	• disp_num() : s7seg_img 리스트 내에서 누른 숫자에 해당하는 7세그먼트 형식의 숫자 이미지를 터틀 모양으로 변경하고 해당 터틀의 흔적을 남김 • key_0() ~ key_9() : disp_num(0) ~ disp_num(9) 함수 호출 • key_10() : disp_num(10) 함수 호출
입력	• 0 ~ 9 : key_0() ~ key_9() 콜백 함수 호출 • r : key_10() 콜백 함수 호출
출력	• 입력한 숫자 키에 해당하는 s7seg_img 리스트 내의 숫자 이미지
변수	• s7seg_img : 7세그먼트 형식의 숫자 이미지 리스트  • t : 터틀 • s : 터틀 스크린

2 알고리즘 설계

문제 분석에서의 함수와 입력, 출력에 대한 알고리즘을 자연어로 표현하면 다음과 같다.

	매개변수	k : 0~9(0~9 숫자 키), 10(r 키)	반환	없음
disp_num()	1. s7seg_img 리스트에서 k 위치의 숫자 이미지를 터틀 모양으로 변경 2. 터틀의 흔적을 남김			
	매개변수	없음	반환	없음
key_0() ~ key_10()	1. 0~9 숫자 키에 해당하는 disp_num(0)~disp_num(9) 함수 호출, r 키에 해당하는 disp_num(10) 함수 호출			
터틀 생성 스크린 생성 터틀 모양 등록	1. 터틀 스크린 크기를 400, 400으로 설정 2. 터틀 스크린 생성 3. 터틀 숨김 4. 터틀의 속도를 0으로 설정(0: 아주 빠름, 1: 아주 느림, 3: 느림, 6: 보통, 10: 빠름) 5. 0부터 10까지 반복하면서 s7seg_img 리스트의 숫자 이미지를 터틀 모양으로 등록			
키보드 입력	1. 0~9 키가 눌러지면 key_0()~key_9() 콜백 함수 호출 2. r 키가 눌러지면 key_10() 콜백 함수 호출 3. 터틀 스크린에서의 이벤트 확인			

3 코딩

알고리즘 설계를 이용하여 파이썬 프로그램을 코딩하면 다음과 같다.

```python
1   import turtle as t
2
3   s7seg_img = [ "7s0.gif", "7s1.gif", "7s2.gif", "7s3.gif", "7s4.gif", "7s5.gif",
    "7s6.gif", "7s7.gif", "7s8.gif", "7s9.gif", "7s10.gif" ]
4
5   def disp_num(k):
6       t.shape(s7seg_img[k])
7       t.stamp()
8
9   def key_0():
10      disp_num(0)
11  def key_1():
12      disp_num(1)
13  def key_2():
```

```
14        disp_num(2)
15   def key_3():
16        disp_num(3)
17   def key_4():
18        disp_num(4)
19   def key_5():
20        disp_num(5)
21   def key_6():
22        disp_num(6)
23   def key_7():
24        disp_num(7)
25   def key_8():
26        disp_num(8)
27   def key_9():
28        disp_num(9)
29   def key_10():
30        disp_num(10)
31
32   t.setup(400, 400)
33   s = t.Screen()
34   t.hideturtle()
35   t.speed(0)
36
37   for i in range(11):
38        s.addshape(s7seg_img[i])
39
40   disp_num(10)
41
42   s.onkey(key_0, "0")
43   s.onkey(key_1, "1")
44   s.onkey(key_2, "2")
45   s.onkey(key_3, "3")
46   s.onkey(key_4, "4")
47   s.onkey(key_5, "5")
48   s.onkey(key_6, "6")
49   s.onkey(key_7, "7")
50   s.onkey(key_8, "8")
51   s.onkey(key_9, "9")
52   s.onkey(key_10, "r")
53   s.listen()
```

1	터틀 그래픽 모듈인 turtle 모듈 포함
3	숫자 0~9에 해당하는 7세그먼트 형식의 이미지 파일명 "7s0.gif"~"7s9.gif"와 LED가 꺼진 상태의 이미지 파일명인 "s710.gif"를 s7seq_img 리스트에 등록
5-7	disp_num() 함수 선언
6	s7seg_img 리스트 내에서 매개변수 k에 해당하는 7세그먼트 형식의 숫자 이미지를 터틀 모양으로 변경
7	터틀의 흔적을 남김
9-28	key_0()~key_(9) 함수 선언 및 각각 disp_num(0)~disp_num(9)함수 호출
29-30	key_10() 함수 선언 및 disp_num(10) 함수 호출
32	터틀 스크린 크기를 400, 400으로 설정
33	터틀 스크린 생성
34	터틀을 숨김
35	터틀의 속도를 0으로 설정 (0:아주 빠름, 1:아주 느림, 3:느림, 6:보통, 10:빠름)
37-38	0부터 10까지 반복하면서 s7seg_img 리스트의 숫자 이미지를 터틀 모양으로 등록
40	LED가 꺼진 상태의 7세그먼트 형식의 이미지를 출력하기 위하여 disp_num(10) 함수 호출
42-51	터틀 스크린에서 0~9 키를 누르면 각각 key_0()~key_9() 콜백 함수 호출
52	터틀 스크린에서 r 키를 누르면 key_10() 콜백 함수 호출
53	터틀 스크린에서의 이벤트 확인

4 테스트/디버깅

프로그램을 실행하여 데이터 입력의 예상 결과가 나타나는지 결과를 확인해보자. 그리고 동작 상태를 확인하고 오류가 발생하는지 확인하여 디버깅해보자.

입력	결과	확인 및 수정 사항
실행		처음 실행될 때 LED가 모두 꺼진 상태의 이미지가 출력됨
0~9 숫자 키		0~9 숫자 키를 누르면 해당 숫자 형식의 7세그먼트 이미지가 출력됨

입력	결과	확인 및 수정 사항
r 키		r 키를 누르면 LED가 모두 꺼진 상태의 이미지가 출력됨

💡 **Thinking!**

2. s7seg_img 리스트를 사용하지 않고 7세그먼트 형식의 숫자 이미지 파일명을 for 반복문을 이용하여 등록하고, disp_num() 함수에서 문자열 형식을 이용하여 파일명을 만들어 보자.

3. 숫자 키를 누를 때 해당 숫자의 7세그먼트 형식의 숫자 이미지가 출력되고, 누르고 있던 숫자 키를 놓으면 7세그먼트 LED가 모두 꺼진 이미지를 출력하여 마치 숫자가 꺼진 것처럼 표현해보자.

5 프로그램 코딩을 위한 관련 학습

1) 터틀의 모양 등록 및 변경

터틀은 기본적인 모양을 제공하고 있으며, 필요할 때 사용자가 gif 파일 형식의 이미지를 터틀의 모양으로 등록할 수 있다. 터틀의 모양 등록은 addshpae() 함수 또는 register_shape() 함수를 통해 새로운 터틀의 모양 등록이 가능하며, shape() 함수에 의해 터틀의 모양을 변경한다.

```
import turtle as t
t.setup(400, 400)          # default shape 변경
t.delay(1000)
t.shape("turtle")          # "turtle" shape  변경
t.delay(1000)
t.addshape("7s0.gif")      # "7s0.gif" shape 등록
t.shape("7s0.gif")         # "7s0.gif" shape 변경
```

실행결과

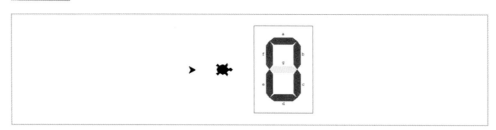

2) 터틀의 모양으로 등록이 가능한 이미지의 종류

터틀 그래픽에서는 현재까지 gif 파일 형식의 이미지만 터틀의 모양으로 등록할 수 있다.
jpg나 png 등의 파일 형식의 이미지는 등록할 수 없고 등록할 경우 오류가 발생한다.

```
...
t.addshape("7s0.jpg")
t.shape("7s0.jpg")
```

실행결과

```
...
    t.addshape("7s0.jpg")
...
turtle.TurtleGraphicsError: Bad arguments
for register_shape.
Use  help(register_shape)
```

>>> 잠깐! Coding

3. 터틀에서 제공되는 기본 모양인 "arrow", "turtle", "circle", "square", "triangle", "classic"을 순서
   대로 변경하고, 본문의 "7s0.gif", "7s1.gif"를 순서대로 등록하고 변경해보자.

9.2.2 7세그먼트 개별 LED를 이용한 숫자 표시하기

7세그먼트의 a~g 단자를 통해 개별 LED를 켜고 끌 수 있다. 7세그먼트는 각 단자를 통해 개별 LED를 제어하는 방식에 따라 공통 캐소드 타입과 공통 애노드 타입으로 나눌 수 있다. 공통 캐소드 타입(common-cathode type)의 경우 전류를 보낸 단자를 통해 연결된 각 LED가 켜지게 된다. 공통 애노드 타입(common-anode type)의 경우는 전류를 보내지 않은 단자와 연결된 각 LED가 켜지게 된다. 각 숫자를 표시하기 위한 LED들의 조합은 다음과 같다.

	a	b	c	d	e	f	g
0	1	1	1	1	1	1	
1		1	1				
2	1	1		1	1		1
3	1	1	1	1			1
4		1	1			1	1
5	1		1	1		1	1
6	1		1	1	1	1	1
7	1	1	1				
8	1	1	1	1	1	1	1
9	1	1	1	1		1	1

공통 캐소드 타입

	a	b	c	d	e	f	g
0							1
1	1			1	1	1	1
2			1			1	
3					1	1	
4	1			1	1		
5		1			1		
6		1					
7				1	1	1	1
8							
9					1		

공통 애노드 타입

이번 소절의 프로그램에서는 공통 캐소드 타입을 이용하여 각 단자를 통해 개별 LED를 제어하여 숫자를 표시한다.

프로그램 (p09-03) **7세그먼트 단자를 이용한 LED 숫자 표시하기**

숫자 키를 누르면 7세그먼트 단자를 이용한 개별 LED를 조합하여 7세그먼트 형식의 숫자를 출력하고, 숫자 키를 놓으면 개별 LED가 모두 꺼진 것처럼 표현해보자.

1 문제 분석

숫자 키를 누르면 7세그먼트 단자를 이용한 s7seg_led 리스트 내의 개별 LED를 조합하여 누른 숫자에 해당하는 7세그먼트 형식의 숫자를 터틀 스크린에 출력한다. 그리고 숫자 키를 놓으면 s7seg_base의 이미지를 출력하여 개별 LED가 모두 꺼진 것처럼 표현한다.

함수	• disp_num() : s7seg_img 리스트 내에서 누른 숫자에 해당하는 7세그먼트 형식의 숫자 이미지를 터틀 모양으로 변경하고 해당 터틀의 흔적을 남김 • key_0() ~ key_9() : disp_num(0) ~ disp_num(9) 함수 호출 • key_10() : disp_num(10) 함수 호출
입력	• 0 ~ 9 : key_0() ~ key_9() 콜백 함수 호출 • r : key_10() 콜백 함수 호출
출력	• 입력한 숫자 키에 해당하는 s7seg_img 리스트 내의 숫자 이미지

변수	• s7seg_base : 개별 LED가 모두 꺼진 상태의 7세그먼트 형식의 이미지
	• s7seg_led : 7세그먼트의 a, b, c, d, e, f, g 개별 LED 이미지 리스트
	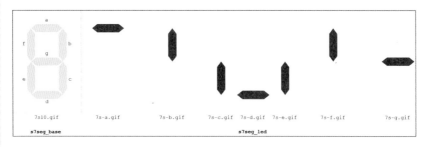
	• s7seg_num : 공통 캐소드 타입에 의한 숫자 0~9에 해당하는 개별 LED 단자 설정
	
	`                # a b c d e f g`
	`s7seg_num = [ [1,1,1,1,1,1,0],   # 0`
	`              [0,1,1,0,0,0,0],   # 1`
	`              [1,1,0,1,1,0,1],   # 2`
	`              [1,1,1,1,0,0,1],   # 3`
	`              [0,1,1,0,0,1,1],   # 4`
	`              [1,0,1,1,0,1,1],   # 5`
	`              [1,0,1,1,1,1,1],   # 6`
	`              [1,1,1,0,0,0,0],   # 7`
	`              [1,1,1,1,1,1,1],   # 8`
	`              [1,1,1,1,0,1,1] ] # 9`
	• t : 터틀
	• s : 터틀 스크린

Figure labels in image: 7s10.gif · 7s-a.gif · 7s-b.gif · 7s-c.gif · 7s-d.gif · 7s-e.gif · 7s-f.gif · 7s-g.gif · s7seg_base · s7seg_led

2 알고리즘 설계

문제 분석에서의 함수와 입력, 출력에 대한 알고리즘을 자연어로 표현하면 다음과 같다.

	매개변수	k : 0~9(0~9 숫자 키), 10(키 놓음)	반환	없음
disp_num()	1. s7seg_base 형태(모든 단자의 개별 LED가 꺼진 형태)로 터틀 모양 변경 2. 터틀의 흔적을 남김 3. 만약 k가 10보다 작으면 　3.1 a부터 g에 해당하는 0부터 6까지 반복 　　3.1.1 만약 s7seg_num[k][i]의 값이 1이면 　　　3.1.1.1 s7seg_led[i]의 모양으로 터틀 모양 변경 　　　3.1.1.2 터틀의 흔적을 남김			
key_0() ~ key_10()	매개변수	없음	반환	없음
	1. 0~9 숫자 키에 해당하는 disp_num(0)~disp_num(9) 함수 호출, 　키를 놓으면 disp_num(10) 함수 호출			
터틀 생성 스크린 생성 터틀 모양 등록	1. 터틀 스크린 크기를 400, 400으로 설정 2. 터틀 스크린 생성 3. 터틀 숨김 4. 터틀의 속도를 0으로 설정 (0: 아주 빠름, 1: 아주 느림, 3: 느림, 6: 보통, 10: 빠름) 5. s7seg_base 형태 이미지를 터틀 모양으로 등록 6. 0부터 6까지 반복하면서 s7seg_led 리스트의 개별 단자 이미지를 터틀 모양으로 등록 7. disp_num(10) 함수 호출			
키보드 입력	1. 0~9 키가 눌러지면 key_0()~key_9() 콜백 함수 호출 2. 누르고 있던 키를 놓으면 key_10() 콜백 함수 호출 3. 터틀 스크린에서의 이벤트 확인			

3 코딩

알고리즘 설계를 이용하여 파이썬 프로그램을 코딩하면 다음과 같다.

```
1   import turtle as t
2
3   s7seg_base = "7s10.gif"
4   s7seg_led = [ "7s-a.gif", "7s-b.gif", "7s-c.gif", "7s-d.gif", "7s-e.gif",
    "7s-f.gif", "7s-g.gif" ]
```

```
5                      # a b c  d e f g
6    s7seg_num = [ [1,1,1,1,1,1,0],  # 0
7                  [0,1,1,0,0,0,0],  # 1
8                  [1,1,0,1,1,0,1],  # 2
9                  [1,1,1,1,0,0,1],  # 3
10                 [0,1,1,0,0,1,1],  # 4
11                 [1,0,1,1,0,1,1],  # 5
12                 [1,0,1,1,1,1,1],  # 6
13                 [1,1,1,0,0,0,0],  # 7
14                 [1,1,1,1,1,1,1],  # 8
15                 [1,1,1,1,0,1,1] ] # 9
16
17   def disp_num(k):
18       t.shape(s7seg_base)
19       t.stamp()
20       if k < 10:
21           for i in range(7):
22               if s7seg_num[k][i] == 1:
23                   t.shape(s7seg_led[i])
24                   t.stamp()
25
26   def key_0():
27       disp_num(0)
28   def key_1():
29       disp_num(1)
30   def key_2():
31       disp_num(2)
32   def key_3():
33       disp_num(3)
34   def key_4():
35       disp_num(4)
36   def key_5():
37       disp_num(5)
38   def key_6():
39       disp_num(6)
40   def key_7():
41       disp_num(7)
42   def key_8():
43       disp_num(8)
44   def key_9():
45       disp_num(9)
46   def key_10():
47       t.clearstamps()
```

```
48        disp_num(10)
49
50    t.setup(400, 400)
51    s = t.Screen()
52    t.hideturtle()
53    t.speed(0)
54
55    s.addshape(s7seg_base)
56    for i in range(7):
57        s.addshape(s7seg_led[i])
58
59    disp_num(10)
60
61    s.onkeypress(key_0, "0")
62    s.onkeypress(key_1, "1")
63    s.onkeypress(key_2, "2")
64    s.onkeypress(key_3, "3")
65    s.onkeypress(key_4, "4")
66    s.onkeypress(key_5, "5")
67    s.onkeypress(key_6, "6")
68    s.onkeypress(key_7, "7")
69    s.onkeypress(key_8, "8")
70    s.onkeypress(key_9, "9")
71    s.onkeyrelease(key_10, "0")
72    s.onkeyrelease(key_10, "1")
73    s.onkeyrelease(key_10, "2")
74    s.onkeyrelease(key_10, "3")
75    s.onkeyrelease(key_10, "4")
76    s.onkeyrelease(key_10, "5")
77    s.onkeyrelease(key_10, "6")
78    s.onkeyrelease(key_10, "7")
79    s.onkeyrelease(key_10, "8")
80    s.onkeyrelease(key_10, "9")
81    s.listen()
```

1	터틀 그래픽 모듈인 turtle 모듈 포함
3	개별 LED 단자가 모두 꺼진 상태의 7세그먼트 형식의 이미지 "7s10.gif" 파일 대입
4	7세그먼트의 a~g LED 이미지 파일 "7s-a.gif"~"7s-g.gif~ 파일명을 s7seg_led 리스트로 선언
6-15	공통 캐소드 타입에 의한 숫자 0~9에 해당하는 개별 LED 단자 설정 값을 s7seg_num 리스트로 선언
17-24	disp_num() 함수 선언
18	s7seg_base의 모양으로 터틀 모양 변경
19	터틀의 흔적을 남김
20	만약 k가 10보다 작으면 (# 숫자 0~9에 해당하면)
21	for 문을 이용하여 0부터 6까지 반복 (# 단자 a~g에 해당하는 반복)

22	만약 s7seg_num[k][i]가 1이면 (# 숫자를 형성하는 단자의 값이 1이면)
23	s7seg_led[i]의 모양으로 터틀 모양 변경
24	터틀의 흔적을 남김
26-45	key_0()~key_(9) 함수 선언 및 각각 disp_num(0)~disp_num(9)함수 호출
46-48	key_10() 함수 선언
47	터틀의 흔적을 지움
48	disp_num(10) 함수 호출
50	터틀 스크린 크기를 400, 400으로 설정
51	터틀 스크린 생성
52	터틀을 숨김
53	터틀의 속도를 0으로 설정(0:아주 빠름, 1:아주 느림, 3:느림, 6:보통, 10:빠름)
55	s7seg_base의 이미지를 터틀 모양으로 등록
56-57	for 문을 이용하여 0부터 6까지 반복 (# 단자 a~g에 해당하는 반복)
57	s7seg_led[i]의 개별 LED 단자 이미지를 터틀 모양으로 등록
59	LED가 꺼진 상태의 7세그먼트 형식의 이미지를 출력하기 위하여 disp_num(10) 함수 호출
61-70	터틀 스크린에서 0~9 키를 누르면 각각 key_0()~key_9() 콜백 함수 호출
71-80	터틀 스크린에서 누르고 있던 0~9 키를 놓으면 모두 key_10() 콜백 함수 호출
81	터틀 스크린에서의 이벤트 확인

▧ 테스트/디버깅

프로그램을 실행하여 데이터 입력의 예상 결과가 나타나는지 결과를 확인해보자. 그리고 동작 상태를 확인하고 오류가 발생하는지 확인하여 디버깅해보자.

입력	결과	확인 및 수정 사항
실행		처음 실행될 때 LED가 모두 꺼진 상태의 이미지가 출력됨
0~9 숫자 키 누름		0~9 숫자 키를 누르면 7세그먼트의 단자를 조합하여 해당 숫자가 출력됨

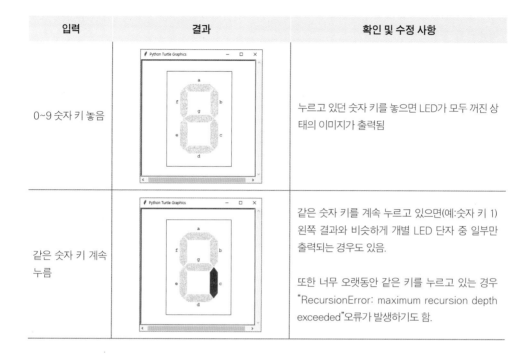

입력	결과	확인 및 수정 사항
0~9 숫자 키 놓음		누르고 있던 숫자 키를 놓으면 LED가 모두 꺼진 상태의 이미지가 출력됨
같은 숫자 키 계속 누름		같은 숫자 키를 계속 누르고 있으면(예:숫자 키 1) 왼쪽 결과와 비슷하게 개별 LED 단자 중 일부만 출력되는 경우도 있음. 또한 너무 오랫동안 같은 키를 누르고 있는 경우 "RecursionError: maximum recursion depth exceeded"오류가 발생하기도 함.

> **Thinking!**
>
> 4. 키를 반복적으로 계속 누르고 있거나 너무 오래 누르고 있으면 숫자를 구성하는 개별 LED의 일부만 출력되거나 "RecursionError: maximum recursion depth exceeded" 오류가 발생할 수 있다. 같은 키가 계속 눌려져 있을 때는 아무런 동작도 하지 않고 키를 바꿔 눌렀을 때만 화면에 숫자 이미지를 표시하도록 프로그램을 수정해보자.

5 프로그램 코딩을 위한 관련 학습

1) 리스트로 1차원 배열과 2차원 행렬 표현하기

리스트를 이용한 1차원 배열 표현은 기존에 리스트를 사용하던 방식처럼 대괄호([ ]) 안에 나타낼 원소들을 콤마(,)로 구분하여 표현한다. 리스트를 이용한 2차원 행렬 표현은 1차원 배열처럼 표현된 리스트를 전체 대괄호로 감싸듯 선언한다.

리스트의 원소를 참조하는 첨자 사용은 1차원 배열 표현의 경우 '리스트[첨자]' 형식으로 참조하고, 2차원 행렬 표현의 경우 '리스트[행첨자][열첨자]' 형식으로 참조한다.

```
a = [ 1, 2 ]
b = range(3)
c = [ a, b, [4], [5, 6] ]
print(a, a[0], a[1])
print(b, b[0], b[1], b[2])
print(c)
print(c[0], c[1], c[2], c[3])
print(c[0][0], c[1][2], c[2][0], c[3][0])
```

실행결과

```
[1, 2] 1 2
range(0, 3) 0 1 2
[[1, 2], range(0, 3), [4], [5, 6]]
[1, 2] range(0, 3) [4] [5, 6]
1 2 4 5
```

>>> 잠깐! Coding

4. 리스트 a = [0, 1, 2, 3, 4, 5]를 선언하고 for 문을 이용하여 리스트 a의 모든 값을 출력해보자.

5. 리스트 b = [[0, 1], [2, 3], [4, 5], [6, 7]]을 선언하고 for 문을 이용하여 리스트 b의 모든 값을 출력해보자.

1. 온도 값이 80인 경우 아래로(Down) 방향키를 눌렀을 때 온도가 5 감소한 75가 되어야 하지만 70으로 10 감소하였다. 80에서 아래로(Down) 방향키를 눌렀을 때 온도가 5 감소하기 위해서는 keyDown() 함수에서 기존이 if tempc < 80: 부분을 if tempc <= 80:으로 변경하여 80인 경우도 5가 감소하도록 변경하면 된다.

```
...
def keyDown():
    global tempc
    if tempc <=80:     # 80->75 위해 < 연산자 대신에 <= 연산자 사용
        tempc = tempc - 5
    else:
        tempc = tempc - 10
    check_fire()
...
```

2. s7seg_img 리스트를 사용하지 않고 7세그먼트 형식의 숫자 이미지 파일명을 "7s%d.gif" 문자열 형식을 이용하여 for 반복문을 이용하여 등록하고, disp_num() 함수에서 사용할 수 있다. 기존 프로그램에서 변경되는 부분은 다음과 같다.

```
import turtle as t

#s7seg_img = [ "7s0.gif", "7s1.gif", "7s2.gif", "7s3.gif", "7s4.gif", "7s5.gif",
"7s6.gif", "7s7.gif", "7s8.gif", "7s9.gif", "7s10.gif" ]

def disp_num(k):
    #t.shape(s7seg_img[k])
    t.shape("7s%d.gif"%k)          # "7s%d.gif" 문자열 형식으로 파일명 지정
    t.stamp()
...
for i in range(11):
    #s.addshape(s7seg_img[i])
    s.addshape("7s%d.gif"%i)       # "7s%d.gif" 문자열 형식으로 파일명 지정

disp_num(10)
...
```

3. 기존의 onkey() 함수를 숫자 키를 누르고 있는 이벤트 처리를 위해 모두 onkeypress() 함수로 변경하고, 누르고 있던 숫자 키를 놓는 이벤트 처리를 위해 새롭게 onkeyrelease() 함수를 작성한다. 기존 프로그램에서 변경되는 부분은 다음과 같다.

```
...
# 키를 누른 상태일 경우를 위해 onkeypress() 함수로 변경
s.onkeypress(key_0, "0")
s.onkeypress(key_1, "1")
s.onkeypress(key_2, "2")
s.onkeypress(key_3, "3")
s.onkeypress(key_4, "4")
s.onkeypress(key_5, "5")
s.onkeypress(key_6, "6")
s.onkeypress(key_7, "7")
s.onkeypress(key_8, "8")
s.onkeypress(key_9, "9")

#s.onkey(key_n, "r")         # 키를 놓으면 숫자가 꺼지므로 불필요함

# 키를 놓을 경우를 위해 onkeyrelease() 함수를 새로 작성
s.onkeyrelease(key_10, "0") # 0~9 키를 누른 후 놓을 경우 key_10() 함수 호출
s.onkeyrelease(key_10, "1")
s.onkeyrelease(key_10, "2")
s.onkeyrelease(key_10, "3")
s.onkeyrelease(key_10, "4")
s.onkeyrelease(key_10, "5")
s.onkeyrelease(key_10, "6")
s.onkeyrelease(key_10, "7")
s.onkeyrelease(key_10, "8")
s.onkeyrelease(key_10, "9")
s.listen()
```

4. 같은 키가 계속 눌러져 있으면 키가 눌러졌음을 나타내는 이벤트가 계속 발생하여 onkeypress()에 의해 해당 키의 콜백 함수가 계속 호출된다. 콜백 함수가 호출되더라도 disp_num() 함수 내에서 같은 키가 계속 눌러졌으면 아무런 동작도 하지 않고 함수를 종료하고, 다른 키가 눌러졌을 때만 개별 LED를 출력하도록 프로그램을 변경하면 된다. 기존 프로그램에서 변경되는 부분은 다음과 같다.

```python
import turtle as t

old_key = 0                   # 이전에 눌렀던 키 값 보관
...
def disp_num(k):
    global old_key            # 전역변수 선언
    t.shape(s7seg_base)
    t.stamp()
    if k != old_key:          # 현재 키 k가 old_key와 같지 않으면
        if k < 10:
            for i in range(7):
                if s7seg_num[k][i] == 1:
                    t.shape(s7seg_led[i])
                    t.stamp()
        old_key = k           # 현재 키를 이전 키로 보관
...
```

1. 터틀 스크린에서 숫자 1, 2, 3 키를 눌렀을 때 처리할 콜백 함수로 key_1(), key_2(), key_3() 함수를 선언하고, 각 함수에서 print_digit() 함수를 호출하여 숫자 값을 출력한다.

```python
import turtle as t

def print_digit(n):
    print(n, end="")
def key_1():
    print_digit(1)
def key_2():
    print_digit(2)
def key_3():
    print_digit(3)

s = t.Screen()
s.onkey(key_1, "1")
s.onkey(key_2, "2")
s.onkey(key_3, "3")
s.listen()
```

실행결과

```
>>> 112233123
```

2. func() 함수 내에서 전역변수 a가 global로 선언되었음에 주의하자. 그리고 전역변수 a의 값이 변경되기 이전의 값과 변경된 후의 값이 다름에 주의하자.

```python
a = 1

def func(d):
    global a
    b = a + 2
    c = b + d
    print("func : ", a, b, c, d)
    a = c
    print("func : ", a, b, c, d)
    return c

print("main : ", a)
e = func(3)
print("main : ", a, e)
```

실행결과

```
main :  1
func :  1 3 6 3
func :  6 3 6 3
main :  6 6
```

3. 9.2.1 소절의 (5) 본문에서 실습한 예제를 이용하여 shape() 함수를 통해 "arrow", "turtle", "circle", "square", "triangle", "classic"을 순서대로 변경한다. 그리고 addshape() 함수와 shape() 함수를 통해 "7s0.gif", "7s1.gif"를 순서대로 등록하고 변경한다.

```python
import turtle as t
t.setup(400, 400)
t.delay(1000)
t.shape("arrow")
t.delay(1000)
t.shape("turtle")
t.delay(1000)
t.shape("circle")
t.delay(1000)
t.shape("square")
t.delay(1000)
t.shape("triangle")
t.delay(1000)
t.shape("classic")
t.delay(1000)
t.addshape("7s0.gif")
t.shape("7s0.gif")
t.delay(1000)
t.addshape("7s1.gif")
t.shape("7s1.gif")
```

실행결과

4. 리스트 a = [0, 1, 2, 3, 4, 5]를 선언하고, for 문의 i 반복 범위를 range(6)으로 하여 리스트 a[i]의 값들을 출력한다.

```
a = [ 0, 1, 2, 3, 4, 5 ]
for i in range(6):
    print(a[i], end=" ")
print("")
```

실행결과

```
0 1 2 3 4 5
```

5. 리스트 b = [[0, 1], [2, 3], [4, 5], [6, 7]]을 선언하고, for 문의 i 반복 범위를 range(4)로, 중첩된 for 문의 j 반복 범위를 range(2)로 하여 리스트 b[i][j]의 값들을 출력한다.

```
b = [ [0, 1], [2, 3], [4, 5], [6, 7] ]
for i in range(4):
    for j in range(2):
        print(b[i][j], end=" ")
    print("")
```

실행결과

```
0 1
2 3
4 5
6 7
```

1. 다음 프로그램의 결과를 예측하여 작성해보자.

```
a = b = c = 1

def func():
    a = b = c = 2
    print("func:", a, b, c)

print("main:", a, b, c)
func()
print("main:", a, b, c)
```

함수 내부에서 변수를 global로 선언하지 않고 전역변수와 같은 이름의 지역변수가 사용되면 지역변수를 우선하여 참조한다. 지역변수는 함수의 실행이 종료되면 삭제되므로 함수 외부에서는 존재하지 않는다.

2. 다음 프로그램의 결과를 예측하여 작성해보자.

```
a = b = c = 1

def func():
    global a, b, c
    a = b = c = 2
    print("func:", a, b, c)

print("main:", a, b, c)
func()
print("main:", a, b, c)
```

함수 내부에서 변수를 global로 선언하면 전역변수를 참조하게 되고, 함수 내부에서 전역변수의 값을 변동할 경우 함수를 종료하더라도 변경된 값은 그대로 유지된다.

3. 다음 프로그램의 결과를 예측하여 작성해보자.

```
a = b = c = 1

def func1():
    a = b = c = 2
def func2():
    global a, b
    a = b = 3
    c = 3

print(a, b, c)
func1()
print(a, b, c)
func2()
print(a, b, c)
```

⧗ 함수 내부에서 변수를 global로 선언하지 않으면 지역변수이므로 함수 실행이 종료되면 해당 지역
변수는 삭제되어 함수 외부에서는 존재하지 않고 전역변수만 남게 된다. global로 선언을 한 변수
는 전역변수로 선언되어 함수 내에서 함수 외부의 전역변수 값을 변경할 수 있다.

4. 두 정수를 전달받아 나누기하여 전역변수를 통해 몫과 나머지를 반환하는 div_qr() 함수를 선
언해보자. 두 정수를 입력받아 div_qr() 함수를 호출해보자.

```
정수1 : 7
정수2 : 3
몫: 2 나머지: 1
```

⧗ 몫과 나머지에 해당하는 전역변수를 미리 선언해둔 후, 함수 내부에서 global 예약어로 전역변수로
선언하고 값을 대입한다.

5. 'Basic Coding 4번 문제'와 같이 전역변수를 통하여 결과를 반환받을 경우의 문제점은 무엇인지 생각해보자. 그리고 '7장 Coding? Programming!'의 'Enhancement Coding 6번 문제'를 참고하여, 전역변수를 사용하지 않고 튜플 방식으로 몫과 나머지를 반환하도록 div_qr() 함수를 수정하여 호출해보자.

```
정수1 : 7
정수2 : 3
몫: 2 나머지: 1
```

⧗ 함수 내부에서 튜플 방식을 이용하여 반환할 경우 return (몫, 나머지) 형식으로 반환하고, 함수를 호출하여 함수의 결과를 반환받을 때 (몫, 나머지) = div_qr() 형식으로 작성한다.

6. 리스트를 이용한 1차원 배열 형태로 21, 7, 43, 65, 2, 8, 72, 52, 9의 값을 선언하고 해당 리스트 내의 모든 값을 출력해보자.

```
21 7 43 65 2 8 72 52 9
```

⧗ 리스트를 이용한 1차원 배열 선언은 data = [21, ..., 9] 형태로 선언한다. for 문을 이용한 반복에서 리스트의 크기는 len(data)을 통하여 계산하며, 리스트 내의 원소는 data[i] 형태로 참조한다.

7. 'Basic Coding 6번 문제'를 참고하여, 리스트를 이용한 1차원 배열 형태로 21, 7, 43, 65, 2, 8, 72, 52, 9의 값을 선언하고 해당 리스트 내의 모든 값을 역순으로 출력해보자.

```
9 52 72 8 2 65 43 7 21
```

⧗ 리스트를 이용한 1차원 배열 선언은 data = [21, ..., 9] 형태로 선언한다. for 문을 이용한 반복에서 범위를 range(len(data)-1, -1, -1)로 정하여 반복한다.

8. 리스트를 이용한 2차원 배열 형태로 1행에 21, 7, 43, 65를 2행에 2, 8, 72, 52의 값을 선언하고 해당 리스트 내의 값을 행과 열의 형태에 맞게 출력해보자.

```
21 7 43 65
2 8 72 52
```

⌛ 리스트를 이용한 2차원 배열 선언은 data = [[21, ...], [2, ...]] 형태로 선언한다. for 문을 이용한 반복에서 리스트의 행의 크기는 len(data), 열의 크기는 len(data[0])을 통해 계산하며, 리스트 내의 원소는 data[i][j] 형태로 참조한다.

9. default_shape 리스트의 원소로 "arrow", "turtle", "circle", "square", "triangle", "classic"을 선언하고, user_shape 리스트의 원소로 "7s0.gif", "7s1.gif", "7s2.gif"를 선언해보자. 그리고 for 문을 이용하여 default_shape 리스트의 원솟값을 이용하여 터틀의 모양을 순서대로 변경하고, user_shape 리스트의 원솟값을 이용하여 터틀의 모양을 순서대로 등록하고 변경해보자.

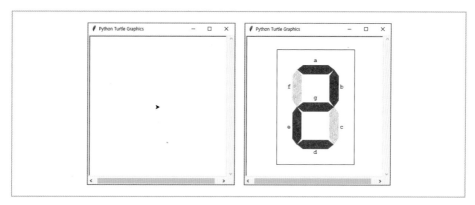

⌛ 터틀의 addshape() 함수를 통해 터틀의 모양을 등록하고, 등록된 터틀의 모양은 shape() 함수를 통해 변경한다.

10. 터틀 스크린에서 p 키를 누르면 "Python", h 키를 누르면 "Hello"를 중앙 지점(x:0, y:0)에 출력하고, c 키를 누르면 스크린 내의 모든 흔적을 지워보자. 단, 터틀은 터틀 스크린에서 숨긴다.

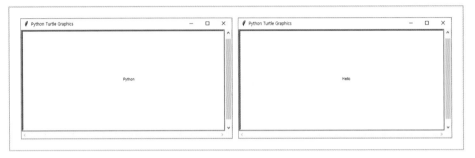

⌛ p 키, h 키, c 키를 눌렀을 때 처리할 콜백 함수를 key_p(), key_h(), key_c() 함수로 선언한다. 중앙 지점(x:0, y:0) 위치로의 이동은 터틀의 home() 함수 또는 goto() 함수를 사용한다.

Enhancement Coding

1. 리스트를 이용한 1차원 배열 형태로 21, 7, 43, 65, 2, 8, 72, 52, 9의 값을 선언하고, 정수를 입력받아 리스트 내의 값을 검색해보자. 값을 찾으면 "위치 : n"으로 출력하고, 찾지 못하면 "찾지 못함"이라고 출력해보자.

```
찾을 값 : 72
위치 : 6
찾을 값 : 77
찾지 못함
```

⌛ 값을 찾았는지 찾지 못하였는지를 판별할 때, 값을 찾으면 리스트의 0~크기-1 범위에 찾은 위치가 있게 되며, 반복이 종료된 후 위치가 리스트의 크기 값에 해당하므로 이 경우는 찾지 못한 경우이다.

2. 'Enhancement Coding 1번 문제'를 참고하여, 리스트를 이용한 1차원 배열 형태로 21, 7, 43, 65, 2, 8, 72, 52, 9의 값을 선언하고, 정수를 입력받아 해당 정수의 배수에 해당하는 값을 검색해보자. 값을 찾으면 "위치 : n, 값 : m" 형식으로 출력하고, 찾지 못하면 "찾지 못함"이라고 출력해보자.

```
찾을 배수 : 10
찾지 못함
찾을 배수 : 3
위치 : 0 값 : 21
위치 : 6 값 : 72
위치 : 8 값 : 9
```

> 입력한 값으로 리스트 내의 값을 % 연산한 결과가 0이면 입력한 값의 배수에 해당하는 숫자이다.

3. 리스트를 이용한 2차원 배열 형태로 1행에 21, 7, 43, 65를 2행에 2, 8, 72, 52의 값을 선언하고, 정수를 입력받아 리스트 내의 값을 검색해보자. 값을 찾으면 "위치 : r행 c열"로 출력하고, 찾지 못하면 "찾지 못함"이라고 출력해보자.

```
찾을 값 : 72
위치 : 2행 3열
찾을 값 : 43
위치 : 1행 3열
찾을 값 : 77
찾지 못함
```

> 값을 찾았는지 찾지 못하였는지를 판별할 때, 값을 찾으면 리스트의 '0~크기-1' 행 범위와 '0~data[0] 크기-1' 열 범위에 찾은 위치가 있게 되며, 반복이 종료된 후 해당 행 범위와 열 범위 내에 위치하지 않으면 찾지 못한 것이다.

4. 리스트를 이용한 1차원 배열 형태로 3, 2, 7, 4, 1의 값을 리스트 a에 선언하고, 8, 3, 1, 2, 5, 6의 값을 리스트 b에 선언해보자. 그리고 두 리스트 a와 b의 공통원소를 찾아 출력해보자.

```
공통원소 : 3 2 1
```

> 바깥쪽 for 문은 range(len(a))로 반복하고, 안쪽 for 문은 range(len(b))로 반복하면서 a[i]의 값과 b[j]의 값이 같으면 공통원소이므로 값을 출력한다.

5. 리스트를 이용한 1차원 배열 형태로 0, 1의 값을 리스트 a에 선언하고, 0, 1의 값을 리스트 b에 선언해보자. 그리고 두 리스트 a와 b 각 원소에 대한 AND OR 연산 결과를 출력해보자.

```
a b    and or
0 0    0    0
0 1    0    1
1 0    0    1
1 1    1    1
```

⧖ 바깥쪽 for 문은 range(len(a))로 반복하고, 안쪽 for 문은 range(len(b))로 반복하면서 a[i]의 값과 b[j]의 값에 대해 and 연산, or 연산을 한다.

6. 'Basic Coding 8번 문제'를 참고하여, 리스트를 이용한 2차원 배열 형태로 1행에 21, 7, 43, 65를 2행에 2, 8, 72, 52의 값을 선언하고 해당 리스트 내의 값을 전치행렬 형태로 출력해보자.

```
행렬
21 7 43 65
2 8 72 52

전치행렬
21 2
7 8
43 72
65 52
```

⧖ 리스트를 이용한 2차원 배열 선언은 data = [[21, ...], [2, ...]] 형태로 선언한다. 전치행렬 형태로 출력하기 위하여, 바깥쪽 for 문을 range(len(data[0]))으로 반복하고, 안쪽 for 문을 range(len(data))로 반복한다.

7. 리스트를 이용한 1차원 배열 형태로 10, 20, 30, 40, 0의 값을 리스트 a에 선언하고, 각 값을 마지막 0의 위치에 모두 더해 출력해보자.

```
10 + 20 + 30 + 40 = 100
```

⌛ 리스트를 이용한 1차원 배열 선언은 data = [10, 20, 30, 40, 0] 형태로 선언한다. for 문을 range(len(data)-1)로 반복하면서 data[len(data)-1]의 값에 data[i]의 값들을 더한다.

8. 리스트를 이용한 2차원 배열 형태로 다음 표의 값들을 선언하고, 행의 합과 열의 합을 각각의 빈칸에 구하여 출력해보자.

10	20	30	40	
50	60	70	80	
90	100	110	120	
130	140	150	160	
170	180	190	200	

```
10 20 30 40 100
50 60 70 80 260
90 100 110 120 420
130 140 150 160 580
170 180 190 200 740
450 500 550 600 2100
```

⌛ 리스트를 이용한 2차원 배열 선언은 data = [[10, ..., 0], [50, ..., 0], ..., [0, ..., 0]] 형태로 선언한다. 바깥쪽 for 문을 range(len(data)-1)로 반복하고, 안쪽 for 문을 range(len(data[0]-1))로 반복하면서 각 행의 마지막 열에 해당 행의 각 열의 값들을 더한다. 마지막 행의 값들을 더하기 위하여 for 문을 range(len(data[0]-1)로 반복하면서 마지막 행의 마지막 열에 각 열의 값들을 더한다.

9. '프로그램 p09-03'의 공통 캐소드 타입에 의한 숫자 0~9에 해당하는 개별 LED 단자 설정 리스트 s7seg_num의 내용을 공통 애노드 타입으로 변환하여 리스트 s7seg_num_anode 에 저장해보자. 그리고 리스트 s7seg_num와 s7seg_num_anode의 값을 행렬의 형태에 맞게 출력해보자.

```
s7seg_num        s7seg_num_anode
1 1 1 1 1 1 0    0 0 0 0 0 0 1
0 1 1 0 0 0 0    1 0 0 1 1 1 1
1 1 0 1 1 0 1    0 0 1 0 0 1 0
1 1 1 1 0 0 1    0 0 0 0 1 1 0
0 1 1 0 0 1 1    1 0 0 1 1 0 0
1 0 1 1 0 1 1    0 1 0 0 1 0 0
1 0 1 1 1 1 1    0 1 0 0 0 0 0
1 1 1 0 0 0 0    0 0 0 1 1 1 1
1 1 1 1 1 1 1    0 0 0 0 0 0 0
1 1 1 1 0 1 1    0 0 0 0 1 0 0
```

⌛ s7seg_num_anode = s7seg_num와 같이 단순한 대입을 통해 리스트를 만들 경우 s7seg_num_ anode의 원소 내용을 변경하면 s7seg_num의 원소 내용도 함께 변경된다. 이 문제를 방지하기 위하여 import copy 후, s7seg_num_anode = copy.deepcopy(s7seg_num)를 실행하면 s7seg_num_anode의 원소 내용이 변경되더라도 s7seg_num은 영향을 받지 않는다.

10. 터틀 스크린에서 거북이를 네 방향의 방향키로 움직이면 해당 방향으로 거북이를 회전시키고 forward 방향으로 10만큼 움직이면서 선을 그려보자. 또한, r 키를 누르면 스크린 내의 모든 흔적을 지우고 스크린에서 터틀의 처음 위치인 중앙 지점(x:0, y:0)으로 이동한다.

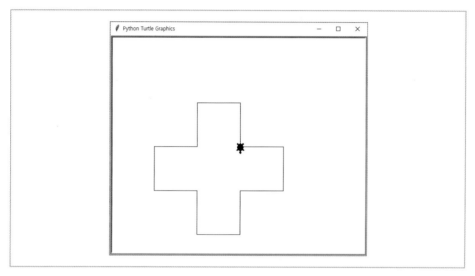

터틀의 setheading() 함수를 통해 거북이를 네 방향으로 회전시킬 수 있으며, setheading() 함수의 인수로 0, 90, 180, 270이 주어지면 동(0), 서(90), 남(180), 북(270) 각 방향으로 회전한다. 중앙 지점(x:0, y:0) 위치로의 이동은 터틀의 home() 함수 또는 goto() 함수를 사용한다.

CHAPTER 10 공학(Engineering)

10.1 로봇 청소기의 이동과 귀환하기

진공청소기는 팬을 강하게 회전시켜 호스 속의 공기를 밖으로 뽑아내어 청소기의 내부를 진공 상태로 만드는 것이다. 기계 안의 압력이 줄어들면 흡입력이 생기는데, 대기의 무게 때문에 생기는 바깥쪽의 공기 압력은 기계 안의 공기 압력보다 높으므로 먼지가 공기와 함께 대기압이 낮은 호스 쪽으로 빨려 들어가게 된다.

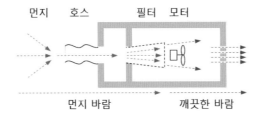

로봇 청소기는 진공청소기와 자율 주행하는 로봇이 결합한 청소기이다. 로봇 청소기는 초음파 센서 등을 이용하여 장애물을 피하게 되어 있으며, 청소를 시작하면 정해진 청소 이동 경로에 따라 전체 공간을 빠짐없이 돌면서 청소한다. 그리고 청소가 모두 끝나면 자동으로 충전기로 돌아가 충전을 스스로 한다.

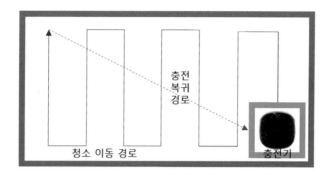

로봇 청소기의 청소 이동 경로를 결정하는 청소 이동 방식은 제조 회사마다 조금씩 다른 방식으로 되어 있지만, 보통 자동 방식과 수동 방식으로 나누게 된다. 자동 방식은 구석 방식, 자유 방식, 집중 방식 등 미리 정해진 청소 이동 방식에 따라 자동으로 경로를 정하여 이동하면서 청소를 하며, 수동 방식은 사용자가 임의의 지점을 지정하면 해당 지점을 청소한다.

프로그램 (p10-01) **로봇 청소기의 이동과 귀환하기**

마우스를 클릭한 곳을 순서대로 저장하고, 스페이스 키를 누르면 저장된 클릭 순서대로 경로를 이동해 보자. BackSpace 키를 누르면 해당 경로의 역순으로 귀환하고, s 키를 누르면 처음 위치에서 마지막 위치로 최단 거리를 이동하고, r 키를 누르면 마지막 위치에서 처음 위치로 최단 거리로 귀환한다. e 키를 누르면 저장된 경로를 모두 지운다.

1 문제 분석

터틀 스크린의 지점들을 연속적으로 클릭하면 해당 지점들을 순서대로 저장한다. 키보드의 스페이스 키, BackSpace 키, s 키, r 키, e 키를 누르면 해당 키에 대한 이동이나 귀환 동작 등을 실행한다.

함수	• move_robot() : 매개변수 값에 따라 저장된 모든 지점에 대해 다음 동작을 수행함 　0 : 순서대로 이동, 1 : 역순서대로 복귀, 2 : 최단 거리 이동, 3 : 최단 거리 복귀 • clicked() : 클릭한 지점들을 저장함 • list_clear() : 저장된 모든 지점을 지움 • key_SP() : 저장된 지점들의 순서대로 이동하기 위해 move_robot(0) 함수 호출 • key_BS() : 저장된 지점들의 역순으로 복귀하기 위해 move_robot(1) 함수 호출

	• key_s() : 최단 거리로 마지막 지점으로 이동하기 위해 move_robot(2) 함수 호출 • key_r() : 최단 거리로 처음 지점으로 복귀하기 위해 move_robot(3) 함수 호출 • key_e() : 저장된 모든 지점을 지우기 위해 list_clear() 함수 호출	
입력	• SP(스페이스) 키 : key_SP() 콜백 함수 호출 • BS(백스페이스) 키 : key_BS() 콜백 함수 호출 • s 키 : key_s() 콜백 함수 호출 • r 키 : key_r() 콜백 함수 호출 • e 키 : key_e() 콜백 함수 호출	
출력	• 청소기 이미지(robotic_vacuum.gif) • 청소기의 이동과 복귀 동작	
변수	• robot_fn : 청소기 이미지(robotic_vacuum.gif) • rx, ry : 클릭한 x, y 좌표 저장 • move_cnt : 클릭한 횟수 • t : 터틀 • s : 터틀 스크린	

2 알고리즘 설계

문제 분석에서의 함수와 입력, 출력에 대한 알고리즘을 자연어로 표현하면 다음과 같다.

	매개변수	action : 0(이동), 1(복귀), 2(최단이동), 3(최단복귀)	반환	없음

move_robot()	1. 이전에 표시한 터틀 흔적을 모두 지움
	2. 만약 action==0이면
	  2.1 0부터 move_cnt − 1까지 반복하면서 rx[i], ry[i]로 이동
	그렇지 않으면 만약 action == 1이면
	  2.1 move_cnt − 1부터 0까지 반복하면서 rx[i], ry[i]로 이동
	그렇지 않으면 만약 action == 2면
	  2.1 rx[move_cnt − 1], ry[move_cnt − 1]로 이동
	그렇지 않으면 만약 action == 3이면
	  2.1 rx[0], ry[0]로 이동
	3. 터틀 펜을 올림			

clicked()	매개변수	x : x 좌표 y : y 좌표	반환	없음
	1. move_cnt의 값을 1 증가 2. rx에 x 좌표를 추가 3. ry에 y 좌표를 추가			

list_clear()	매개변수	없음	반환	없음
	1. rx에서 1부터 move_cnt까지의 값을 모두 삭제 2. ry에서 1부터 move_cnt까지의 값을 모두 삭제 3. move_cnt의 값을 1로 설정			
key_SP()	매개변수	없음	반환	없음
	1. move_robot(0) 함수 호출			
key_BS()	매개변수	없음	반환	없음
	1. move_robot(1) 함수 호출			
key_s()	매개변수	없음	반환	없음
	1. move_robot(2) 함수 호출			
key_r()	매개변수	없음	반환	없음
	1. move_robot(3) 함수 호출			
key_e()	매개변수	없음	반환	없음
	1. list_clear() 함수 호출			
터틀 생성 모양 변경 스크린 생성	1. 터틀 스크린 크기를 600, 600으로 설정 2. 터틀 스크린 생성 3. 터틀 숨김 4. robot_fn 형태 이미지를 터틀 모양으로 등록 5. robot_fn 형태 이미지로 터틀 모양 변경 6. 터틀의 속도를 6으로 설정(0: 아주 빠름, 1: 아주 느림, 3: 느림, 6: 보통, 10: 빠름) 7. 터틀 펜 올림 8. 터틀의 초기 위치를 등록하기 위해 clicked(-265, 265) 함수 호출 9. 터틀의 초기 위치(-265, 265)로 이동 10. 터틀을 나타냄			
마우스 클릭	1. 터틀 스크린에서 스페이스 키가 눌러지면 key_SP() 콜백 함수 호출 2. 터틀 스크린에서 백스페이스 키가 눌러지면 key_BS() 콜백 함수 호출 3. 터틀 스크린에서 s 키가 눌러지면 key_s() 콜백 함수 호출 4. 터틀 스크린에서 r 키가 눌러지면 key_r() 콜백 함수 호출 5. 터틀 스크린에서 e 키가 눌러지면 key_e() 콜백 함수 호출 6. 터틀 스크린에서 마우스 클릭이 이루어지면 clicked() 콜백 함수 호출 7. 터틀 스크린에서의 이벤트 확인			

3 코딩

알고리즘 설계를 이용하여 파이썬 프로그램을 코딩하면 다음과 같다.

```python
1   import turtle as t
2
3   robot_fn = "robotic_vacuum.gif"
4   rx = []
5   ry = []
6   move_cnt = 0
7
8   def move_robot(action):
9       t.clear()
10      if action == 0:
11          for i in range(move_cnt):
12              t.goto(rx[i], ry[i])
13      elif action == 1:
14          for i in range(move_cnt-1, -1, -1):
15              t.goto(rx[i], ry[i])
16      elif action == 2:
17          t.goto(rx[move_cnt-1], ry[move_cnt-1])
18      elif action == 3:
19          t.goto(rx[0], ry[0])
20      t.penup()
21
22  def clicked(x, y):
23      global move_cnt
24      move_cnt += 1
25      rx.append(x)
26      ry.append(y)
27
28  def list_clear():
29      global move_cnt
30      del rx[1:move_cnt]
31      del ry[1:move_cnt]
32      move_cnt = 1
33
34  def key_SP():
35      move_robot(0)
36  def key_BS():
37      move_robot(1)
38  def key_s():
```

```
39        move_robot(2)
40    def key_r():
41        move_robot(3)
42    def key_e():
43        list_clear()
44
45    t.setup(600, 600)
46    s = t.Screen()
47    t.hideturtle()
48
49    s.addshape(robot_fn)
50    t.shape(robot_fn)
51    t.speed(6)
52    t.penup()
53    clicked(-265, 265)
54    t.goto(-265,265)
55    t.showturtle()
56
57    s.onkey(key_SP, "space")
58    s.onkey(key_BS, "BackSpace")
59    s.onkey(key_s, "s")
60    s.onkey(key_r, "r")
61    s.onkey(key_e, "e")
62    s.onscreenclick(clicked)
63    s.listen()
```

1	터틀 그래픽 모듈인 turtle 모듈을 포함
3	로봇 청소기 이미지인 "robotic_vacuum.gif"를 robot_fn 변수의 값으로 설정
4, 5	터틀 스크린에서 마우스 클릭이 이루어진 x, y 좌표를 저장하기 위한 리스트 선언
6	터틀 스크린에서 마우스 클릭이 이루어진 횟수 초기화
8-20	매개변수 action의 값에 따라 저장된 지점에 대해 순서대로 이동, 역순서대로 복귀, 최단 거리 이동, 최단 거리 복귀 동작을 수행하는 move_robot() 함수 선언
9	이전에 표시한 터틀 흔적을 모두 지움
10-12	만약 action == 0이면, 0부터 move_cnt − 1까지 반복하면서 rx[i], ry[i]로 이동
13-15	그렇지 않으면 만약 action == 1이면, move_cnt − 1부터 0까지 반복하면서 rx[i], ry[i]로 이동
16-17	그렇지 않으면 만약 action == 2면, rx[move_cnt − 1], ry[move_cnt − 1]로 이동
18-19	그렇지 않으면 만약 action == 3이면, rx[0], ry[0]로 이동
20	펜을 올림
22-26	터틀 스크린에서 마우스 클릭이 이루어진 좌표를 저장하는 move_robot() 함수 선언
23	move_cnt 변수를 전역변수로 선언
24	move_cnt 변수의 값을 1 증가함
25	rx 리스트에 x 좌표 값을 추가
26	ry 리스트에 y 좌표 값을 추가

28-32	저장된 모든 좌표 지점을 지우는 list_clear( ) 함수 선언
29	move_cnt 변수를 전역변수로 선언
30	rx 리스트에서 1부터 move_cnt 범위까지의 값을 모두 삭제
31	ry 리스트에서 1부터 move_cnt 범위까지의 값을 모두 삭제
32	move_cnt 변수의 값을 1로 설정
34-35	key_SP( ) 함수 선언 및 move_robot(0) 함수 호출
36-37	key_BS( ) 함수 선언 및 move_robot(1) 함수 호출
38-39	key_s( ) 함수 선언 및 move_robot(2) 함수 호출
40-41	key_r( ) 함수 선언 및 move_robot(3) 함수 호출
42-43	key_e( ) 함수 선언 및 list_clear( ) 함수 호출
45	터틀 스크린 크기를 600, 600으로 설정
46	터틀 스크린 생성
47	터틀을 숨김
49	robot_fn 형태 이미지를 터틀 모양으로 등록
50	robot_fn 형태 이미지로 터틀 모양 변경
51	터틀의 속도를 6으로 설정(0:아주 빠름, 1:아주 느림, 3:느림, 6:보통, 10:빠름)
52	터틀 펜 올림
53	터틀의 초기 위치를 등록하기 위해 clicked(-265, 265) 함수 호출
54	터틀의 초기 위치(-265, 265)로 이동
55	터틀을 나타냄
57	터틀 스크린에서 스페이스 키가 눌러지면 key_SP( ) 콜백 함수 호출
58	터틀 스크린에서 백스페이스 키가 눌러지면 key_BS( ) 콜백 함수 호출
59	터틀 스크린에서 s 키가 눌러지면 key_s( ) 콜백 함수 호출
60	터틀 스크린에서 r 키가 눌러지면 key_r( ) 콜백 함수 호출
61	터틀 스크린에서 e 키가 눌러지면 key_e( ) 콜백 함수 호출
62	터틀 스크린에서 마우스 클릭이 이루어지면 clicked( ) 콜백 함수 호출
63	터틀 스크린에서의 이벤트 확인

4 테스트/디버깅

프로그램을 실행하여 데이터 입력의 예상 결과가 나타나는지 결과를 확인해보자. 그리고 동작 상태를 확인하고 오류가 발생하는지 확인하여 디버깅해보자.

입력	결과	확인 및 수정 사항
초기 실행 및 마우스 클릭	처음 실행될 때 청소기 이미지 터틀이 (−265, 265)에 나타남 클릭1 위치와 클릭2 위치에 순서대로 마우스를 클릭함	
스페이스 키, 백스페이스 키	초기 위치, 클릭1 위치, 클릭2 위치 순서대로 터틀이 움직임 클릭2 위치, 클릭1, 초기 위치 순서로 복귀함	

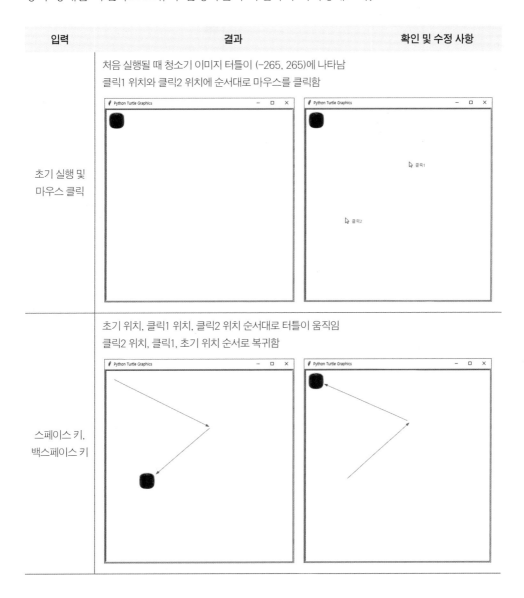

입력	결과	확인 및 수정 사항
s 키, r 키	초기 위치에서 클릭2 위치로 최단 거리 이동함 클릭2 위치에서 초기 위치로 최단 거리 복귀함 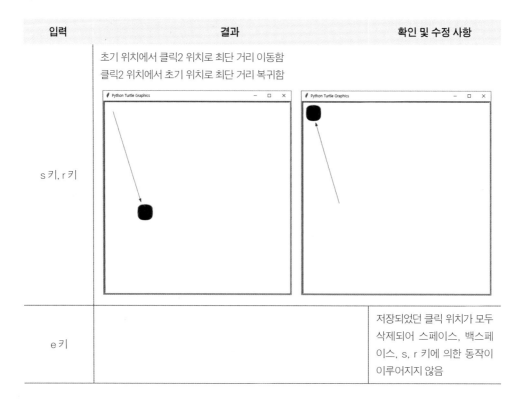	
e 키		저장되었던 클릭 위치가 모두 삭제되어 스페이스, 백스페이스, s, r 키에 의한 동작이 이루어지지 않음

💡 Thinking!

1. 터틀의 현재 위치부터 지정된 위치까지 이동하는 경로를 선으로 표시해보자.

5 프로그램 코딩을 위한 관련 학습

1) 리스트의 원소 추가

리스트 객체의 append() 함수를 통해 리스트의 마지막 위치에 새로운 원소를 추가할 수 있다. 또한 insert() 함수를 통해 리스트의 특정 위치에 새로운 원소를 삽입할 수 있다. len() 함수는 리스트 객체의 원소 개수를 반환한다.

```python
fruit = []
fruit.append("사과")
fruit.append("배")
fruit.append("감")
print(fruit)
for i in range(len(fruit)):
    print(i, fruit[i])

fruit.insert(2, "딸기")
print(fruit)
for i in range(len(fruit)):
    print(i, fruit[i])
```

실행결과

```
['사과', '배', '감']
0 사과
1 배
2 감
['사과', '배', '딸기', '감']
0 사과
1 배
2 딸기
3 감
```

2) 리스트의 원소 삭제

리스트 객체에서 특정 위치의 원소를 제거하기 위해서는 del 예약어를 사용하며, 특정 구간에 있는 모든 원소를 삭제하면 위치 첨자를 이용하여 범위를 지정해 준다. 아래 코드에서 del fruit[0:2] 문장의 경우 0부터 2까지의 원소가 아닌 0부터 2 미만, 즉 0부터 1까지의 원소를 삭제함에 주의해야 한다. 그리고 특정 원소의 값을 삭제하려면 remove() 함수를 사용한다.

```python
fruit = ["사과", "배", "딸기", "감"]
print(fruit, len(fruit))
del fruit[2]
print(fruit, len(fruit))
del fruit[0:2]
print(fruit, len(fruit))
fruit.remove("감")
print(fruit, len(fruit))
```

실행결과

```
['사과', '배', '딸기', '감'] 4
['사과', '배', '감'] 3
['감'] 1
[] 0
```

>>> 잠깐! Coding

1. city 리스트 객체에 "부산", "대구", "대전"을 차례대로 추가한 후, for 반복문을 이용하여 리스트 원소의 각 위치 첨자와 값을 차례대로 출력해보자. 또한, 리스트의 0번 위치에 "서울"을 추가하고 3번 위치에 "인천"을 추가해보자. print() 함수를 이용하여 최종 변경된 리스트를 출력해보자.

2. 위의 리스트에서 3번 위치의 원소를 "울산"으로 변경하고, 1번부터 2번까지의 원소를 삭제해보자. print() 함수를 이용하여 최종 변경된 리스트를 출력해보자.

10.2 ISBN 코드를 통한 도서 번호 검증하기

ISBN(International Standard Book Number) 코드는 각 출판사가 펴낸 각각의 도서에 국제적으로 표준화하여 붙이는 고유의 도서 번호이다. 일반적으로 같은 책을 다시 출판하는 경우를 제외하고는 한 책의 모든 판본 종류에 하나씩 ISBN 코드가 부여된다. ISBN 코드는 10~13자리로 구성되며, 13자리 ISBN 코드의 경우 다음과 같은 형식으로 구성되어 있다.

ISBN 코드의 마지막 자리는 체크 기호(check digit)이며, 앞의 12자리가 정확하게 기재되었는지 오류를 검증하는 기호이다. ISBN 코드의 체크 기호를 계산하는 방법은 다음과 같다.

- ISBN 코드 12자리 숫자에 가중치 1과 3을 번갈아 곱하여 값을 더한다.
- 가중치의 합을 10으로 나누어 나머지를 구한다.
- 10에서 나머지를 뺀 값이 체크 기호가 되며, 나머지가 0인 경우 체크 기호는 0이 된다.

접두부			국별번호		발행자번호					서명 식별 번호	체크 기호
9	7	9	1	1	9	5	7	3	0	4	3	8
×	×	×	×	×	×	×	×	×	×	×	×	
1	3	1	3	1	3	1	3	1	3	1	3	
‖	‖	‖	‖	‖	‖	‖	‖	‖	‖	‖	‖	
9	21	9	3	1	27	5	21	3	0	4	9	
합 = 112												
112 ÷ 10의 나머지 : 2												
10 − 2 = 체크기호												8

프로그램 (p10-02) ISBN 코드 검증하기

13자리의 ISBN 코드를 입력받아 체크 기호를 계산하여 올바른 도서 번호인지 검증해보자.

1 문제 분석

ISBN 코드를 입력받아 가중치의 합을 구하고 체크 기호 값을 계산하여 코드를 검증한다. ISBN 코드를 입력받을 때 입력의 유효성을 검사하고, isbn_check() 함수에서 결과를 반환하면 해당 반환 값을 이용하여 ISBN 코드를 검증한다.

함수	• isbn_check() : ISBN 코드의 가중치를 계산하고 체크 기호 값을 계산
입력	• 13자리 문자열 형식의 ISBN 코드
출력	• 검증 또는 검증되지 않았음을 출력
변수	• isbn : 입력받은 ISBN 코드 • rst : isbn_check() 함수의 반환값(ISBN 검증 결과: 1(검증), 0(검증되지 않음)

2 알고리즘 설계

문제 분석에서의 함수와 입력, 출력에 대한 알고리즘을 자연어로 표현하면 다음과 같다.

	매개변수	isbn : ISBN 문자열	반환	rst : 1(검증), 0(검증되지 않음)

isbn_check()	1. 가중치 값 계산의 중간값을 저장하기 위한 변수 s의 값을 0으로 설정
	2. for 문을 이용하여 ISBN 코드의 0부터 11자리까지 반복
	  2.1 만약 (i+1) % 2 == 1이면 (# (첨자 위치+1)이 홀수이면)
	    2.1.1 홀수 자리의 가중치 1을 곱함
	  그렇지 않으면
	    2.1.1 짝수 자리의 가중치 3을 곱함
	3. ISBN 1~12자리의 가중치 반영 합계 출력
	4. 가중치 합을 10으로 나누어 나머지 값 구함
	5. 10에서 나머지 값을 뺀 후, 10으로 나누어 나머지 값 구하여 체크 기호값 계산
	6. ISBN 1~12자리의 체크 기호 값 출력
	7. 만약 체크 기호 값이 isbn[12]와 같으면
	  7.1 rst의 값을 1로 설정			

	그렇지 않으면 　　7.1 rst의 값을 0으로 설정 8. rst 값을 함수의 결과로 반환
ISBN 코드 입력	isbn = input("ISBN 13자리(– 제외) : ")
입력 값 판별 반환 값 판별	1. 만약 isbn의 길이가 13과 같으면 　　1.1 isbn_check(isbn) 함수 호출 및 함수 반환 값을 rst에 대입 　　1.2 만약 rst == 1이면 　　　　1.2.1 isbn 코드가 검증되었음을 출력 　　그렇지 않으면　(# rst == 1) 　　　　1.2.1 isbn 코드가 검증되지 않았음을 출력 그렇지 않으면　(# len(isbn) == 13) 　　1.1 – 제외 및 13자리 입력 안내문을 출력

3 코딩

알고리즘 설계를 이용하여 파이썬 프로그램을 코딩하면 다음과 같다.

```
1    def isbn_check(isbn):
2        s = 0
3
4        for i in range(len(isbn)-1):
5            if (i+1) % 2 == 1:
6                s = s + int(isbn[i]) * 1
7            else:
8                s = s + int(isbn[i]) * 3
9        print("ISBN 1~12자리의 가중치 반영 합계 : %d"%s)
10
11       t = s % 10
12       chk = (10 - t) % 10
13       print("ISBN 1~12자리의 체크 기호 값 : %d"%chk)
14
15       if chk == int(isbn[12]):
16           rst = 1
17       else:
18           rst = 0
19       return rst
20
21   isbn = input("ISBN 13자리(- 제외) : ")
22
```

```
23      if len(isbn) == 13:
24          rst = isbn_check(isbn)
25          if rst == 1:
26              print("ISBN 코드 : %s는 검증되었습니다."%isbn)
27          else:
28              print("ISBN 코드 : %s는 검증되지 않았습니다."%isbn)
29      else:
30          print("ISBN 코드 입력은 -를 제외하고 13자리를 입력해주세요.")
```

1~19	매개변수 isbn에 값을 전달받아 가중치 및 체크 기호 값을 계산하는 isbn_check()
2	함수 선언
4	가중치 값 계산의 중간값을 저장하기 위한 변수 s의 값을 0으로 설정
5	for 문을 이용하여 ISBN 코드의 0부터 11자리까지 반복
6	만약 (i+1) % 2 == 1이면 (# (첨자 위치+1)이 홀수이면)
7	isbn[i]에 홀수 자리의 가중치 1을 곱하여 변수 s에 값을 더함
8	그렇지 않으면
9	isbn[i]에 짝수 자리의 가중치 3을 곱하여 변수 s에 값을 더함
11	ISBN 1~12자리의 가중치 반영 합계 출력
12	변수 s의 가중치 합을 10으로 나누어 나머지 값을 구함
13	10에서 나머지 값을 뺀 값에서 10으로 나누어 나머지 값을 구해 체크 기호 값 계산
15	ISBN 1~12자리의 체크 기호 값 출력
16	만약 체크 기호 값이 isbn[12]와 같으면
17	rst의 값을 1로 설정 (# 검증됨)
18	그렇지 않으면
19	rst의 값을 0으로 설정 (# 검증되지 않음)
21	rst 값을 함수의 결과로 반환
23	- 문자를 제외한 13자리의 ISBN 코드 문자열을 입력받아 변수 isbn에 대입
24	만약 isbn의 길이가 13과 같으면
25	isbn_check(isbn) 함수 호출 및 함수 반환 값을 rst에 대입
26	만약 함수 반환 값이 1이면
27	isbn 코드가 검증되었음을 출력
28	그렇지 않으면 (# rst == 1)
29	isbn 코드가 검증되지 않았음을 출력
30	그렇지 않으면 (# len(isbn) == 13)
	- 문자를 제외한 13자리의 ISBN 코드를 입력하는 안내문을 출력

4 테스트/디버깅

프로그램을 실행하여 데이터 입력의 예상 결과가 나타나는지 결과를 확인해보자. 그리고 동작 상태를 확인하고 오류가 발생하는지 확인하여 디버깅해보자.

입력	결과	확인 및 수정 사항
1234	ISBN 13자리(- 제외) : 1234 ISBN 코드 입력은 -를 제외하고 13자리를 입력해주세요.	13자리 이외의 문자열이 입력될 경우 13자리 입력을 요구하는 문자열 출력
123456789-123	ISBN 13자리(- 제외) : 123456789-123 ... p10-02.py", line 8, in isbn_check s = s + int(isbn[i]) * 3 ValueError: invalid literal for int() with base 10: '-'	- 문자가 포함될 경우 int() 함수에서 숫자로 변환하는 과정에서 오류 발생
9791195730438	ISBN 13자리(- 제외) : 9791195730438 ISBN 1~12자리의 가중치 반영 합계 : 112 ISBN 1~12자리의 체크 기호 값 : 8 ISBN 코드 : 9791195730438는 검증되었습니다.	올바른 ISBN 코드를 입력한 경우 가중치 값과 체크 기호 값이 계산되고, ISBN 코드를 검증함

Thinking!

2. ISBN 코드를 숫자로 입력받지 않고 문자열로 입력받은 이유는 무엇일까 생각해보자.
3. ISBN 코드를 입력받을 때 – 문자를 판별할 수 있도록 프로그램을 수정해보자.

5 프로그램 코딩을 위한 관련 학습

1) 문자열 선언

문자열(string)은 문자나 기호가 순서대로 나열된 자료이며, 글자를 뜻하는 텍스트(text) 또는 스트링(string)으로 부르고 있다. 스트링은 '끈'이라는 의미이며 글자들이 끈으로 연결된 모양이기에 스트링이라는 표현을 사용하고 있다.

문자열의 선언은 작은따옴표(' ')나 큰따옴표(" ")를 이용하며, 두 따옴표를 서로 조합하여 이용할 수 있다. 큰따옴표를 연속으로 3개 사용(""" """)하여 문자열을 감싸면 문자열 중간에 줄 바꿈이 있더라도 해당 줄 바꿈을 포함한 모든 문자열을 하나의 문자열로 선언한다.

```python
str1 = 'Text'
str2 = "String"
str3 = """Text
String
"""
str4 = "Text's string"
str5 = 'Text "in" string'
print(str1)
print(str2)
print(str3)
print(str4)
print(str5)
```

실행결과

```
Text
String
Text
String

Text's string
Text "in" string
```

2) 서식 문자

서식 문자를 이용하여 문자열의 형식을 새롭게 지정할 수 있으며, 이러한 서식 문자를 포함한 문자열을 서식 문자열이라고 한다.

서식 문자	설명	서식 문자열
%d	정수에 대응	a = 10 "Value = %d"%a
%f	실수에 대응	b = 3.546 "Value = %f"%b
%c	문자나 기호 한 개에 대응	ch = 'a' "Value = %c"%ch
%s	문자열에 대응	st = "abc" "Value = %s"%st
-	지정한 자릿수의 왼쪽 맞춤	a = 10 "Value = %-4d"%a
d.n	전체 자릿수(d)와 소수점 이하 자릿수(n)	b = 3.546 "Value = %4.1f"%b

서식 문자를 지정할 때 −를 지정할 경우 전체 자릿수에서 왼쪽 맞춤으로 값을 지정하며, −를 생략할 경우 전체 자릿수에서 오른쪽 맞춤으로 값을 지정한다.

서식 문자를 지정할 때 전체 자릿수와 소수점 이하 자릿수를 지정할 수 있다. 소수점 이하 자릿수를 지정하면 해당 자릿수에 해당하는 숫자 이하에서 반올림이 이루어진 숫자를 지정한다. 예를 들면, b = 3.546에서 %4.1f의 경우 3.5를 지정하며, %4.2의 경우 3.55를 지정한다.

```
a = 10
b = 3.546
ch = 'a'
st = "abc"
print("Value = %d"%a)
print("Value = %-4d,%4d"%(a,a))
print("Value = %f"%b)
print("Value = %4.1f,%4.2f"%(b,b))
print("Value = %c"%ch)
print("Value = %s"%st)
```

실행결과

```
Value = 10
Value = 10   ,   10
Value = 3.546000
Value =   3.5,3.55
Value = a
Value = abc
```

3) 문자열의 특정 위치 문자 얻기

문자열에서 특정 위치의 문자를 얻는 방법은 위치 첨자를 이용하는 것이다. 문자열의 위치 첨자는 0부터 시작하며, 문자열 길이−1까지 위치 첨자가 부여된다.

```python
st = "Text String"
print(st[0], st[1], st[len(st)-1])
for i in range(len(st)):
    print(st[i], end=" ")
print("")
print(st[len(st)])   # IndexError 발생
```

실행결과

```
T e g
T e x t   S t r i n g
...
IndexError: string index out of range
```

4) 문자열 관련 예약어와 함수

문자열에서 특정 문자가 있는지 확인하는 in 예약어와 문자열과 관련된 다양한 기능을 수행하는 함수들이 제공되고 있다. 대표적인 문자열 관련 함수들은 다음과 같다.

문자열 함수	기능	사용 예
in	문자열에서 특정 문자가 있는지 확인	st = "Text String" if 'x' in st:
len()	문자열의 길이 구함	n = len(st)
int(), float()	문자열을 정수, 실수로 변환	st1 = "123" st2 = "3.546" n1 = int(st1) n2 = float(st2)
replace()	문자열에서 특정 문자를 다른 문자로 변경	st3 = st.replace('S','s')
upper(), lower()	문자열을 대문자, 소문자로 변환	st4 = st.upper() st5 = st.lower()
isdigit()	문자열이 숫자만으로 구성되었는지 검사	if st.isdigit():
isalpha()	문자열이 문자만으로 구성되었는지 검사	if st.isalpha():
isalnum()	문자열이 숫자/문자만으로 구성되었는지 검사	if st.isalnum():

```python
st = "Text String"
if 'x' in st:
    print("Included")
else:
    print("Not included")
print("length: ", len(st))
st1 = "123"
st2 = "3.546"
print(st1, st2)
st3 = st.replace('S', 's')
print(st3)
st4 = "TextString"
print(st.upper())
print(st.lower())
print(st.isdigit(), st4.isdigit(), st1.isdigit())
print(st.isalpha(), st4.isalpha(), st1.isalpha())
print(st.isalnum(), st4.isalnum(), st1.isalnum())
```

실행결과

```
Included
length:  11
123 3.546
Text string
TEXT STRING
text string
False False True
False True False
False True True
```

>>> 잠깐! Coding

3. 세 글자의 이름을 입력받아 첫 번째 글자와 세 번째 글자를 추출하고 이 둘을 합쳐서 출력해보자.

4. 문자열을 입력받은 후, 만약 문자만으로 구성된 경우 모든 문자를 대문자로 변경하여 출력하고, 숫자만으로 구성된 경우 문자열을 숫자로 변경한 후 + 1을 하여 출력해보자.

1. '프로그램 p10-01'을 이용하여 터틀의 현재 위치부터 지정된 위치까지 이동하는 경로를 선으로 표시하려면 터틀 펜을 내리는 문장이 필요하며, 해당 문장이 추가된 부분은 다음과 같다.

```
...
def move_robot(action):
    t.clear()
    t.pendown()    # 펜을 내림
    if action == 0:
        for i in range(move_cnt):
            t.goto(rx[i], ry[i])
...
```

2. ISBN 코드에서 각 자리에 가중치를 반영할 때 숫자로 코드를 입력하면 해당 코드 자리의 숫자를 구하는 것이 상당히 어렵게 된다. 예를 들면, 숫자 a = 1234의 경우 두 번째 자리의 2를 구하려면 a % 1000 // 100와 같은 조금은 복잡한 연산을 해야 한다. 그러나 문자열 b = "1234"의 경우 b[1]과 같이 해당 문자열의 위치 첨자를 사용하여 쉽게 값을 구할 수 있다.

```
a = 1234
a0 = a // 1000
a1 = a % 1000 // 100
a2 = a %100 // 10
a3 = a % 10
print(a0, a1, a2, a3)

b = "1234"
print(b[0], b[1], b[2], b[3])
```

실행결과

```
1 2 3 4
1 2 3 4
```

3. in 예약어는 문자열에서 특정 문자가 포함되었는지 판별한다. 포함되었으면 True를 반환하고 포함되지 않으면 False를 반환한다. '프로그램 p10-02'에서 in 예약어를 사용하여 '−' 문자가 포함되었는지 판별하는 부분이 추가된 부분은 다음과 같다.

```
...
isbn = input("ISBN 13자리(- 제외) : ")
if len(isbn) == 13 and not '-' in isbn:
...            # isbn에 '-' 가 포함되지 않으면
b = "1234"
print(b[0], b[1], b[2], b[3])
```

실행결과

```
ISBN 13자리(- 제외) : 123456789-123
ISBN 코드 입력은 -를 제외하고 13자리를 입력해주세요.
```

1. append() 함수를 이용하여 city 리스트 객체에 차례대로 "부산", "대구", "대전"을 추가하고, insert() 함수를 이용하여 0번 위치에 "서울", 3번 위치에 "인천"을 삽입한다.

```python
city = []
city.append("부산")
city.append("대구")
city.append("대전")
for i in range(len(city)):
    print(i, city[i])
city.insert(0, "서울")
city.insert(3, "인천")
print(city)
```

실행결과

```
0 부산
1 대구
2 대전
['서울', '부산', '대구', '인천', '대전']
```

잠깐! Coding

2. city[3] 위치 첨자를 이용하여 "인천"을 "울산"으로 변경하고, del 예약어를 통해 1번부터 2번 까지의 원소를 삭제하기 위하여 del city[1:3]을 이용한다.

```python
city = []
city.append("부산")
city.append("대구")
city.append("대전")
for i in range(len(city)):
    print(i, city[i])
city.insert(0, "서울")
city.insert(3, "인천")
print(city)

city[3] = "울산"
del city[1:3]
print(city)
```

실행결과

```
0 부산
1 대구
2 대전
['서울', '부산', '대구', '인천', '대전']
['서울', '울산', '대전']
```

3. 문자열의 첫 번째와 세 번째 글자는 위치 첨자 [0], [2]에 의해서 추출할 수 있다. 또한, 문자열 연산자 +를 이용하여 두 문자를 결합할 수 있다.

```
st = input("Input : ")
st2 = st[0] + st[2]
print(st2)
```

실행결과

```
Input : 홍길동
홍동
```

4. 문자만으로 구성되었는지 검사하기 위해서는 isalpha() 함수를 이용하고, 숫자만으로 구성되었는지 검사하기 위해서는 isdigit() 함수를 이용한다. 대문자 변경은 upper() 함수, 숫자로의 변경은 정수 형태 문자열의 경우 int() 함수를 이용한다.

```
st = input("Input : ")
if st.isalpha():
    st2 = st.upper()
    print(st, ">", st2)
elif st.isdigit():
    n = int(st) + 1
    print(st, "+ 1 >", n)
```

실행결과

```
Input : text
text > TEXT

Input : 123
123 + 1 > 124
```

Coding? Programming!

Basic Coding

1. print() 함수에서 서식 문자열을 다음과 같이 사용하였을 때 출력 결과를 예측하여 작성해보자.

```
i = 20
print("#123456789#")
print("#%d#"%i)
print("#%-d#"%i)
print("#%9d#"%i)
print("#%-9d#"%i)
```

> 서식 문자열 %9d는 9자리의 자릿수가 지정된 상태에서 정숫값이 출력되며, %-9d는 지정한 자릿
> 수의 왼쪽 맞춤을 하여 정숫값이 출력된다.

2. print() 함수에서 서식 문자열을 다음과 같이 사용하였을 때 출력 결과를 예측하여 작성해보자.

```
f = 3.141592
print("#123456789#")
print("#%f#"%f)
print("#%-f#"%f)
print("#%9.3f#"%f)
print("#%9.1f#"%f)
print("#%-9.3f#"%f)
print("#%-9.1f#"%f)
```

> 서식 문자열 %9.3f에서 전체 자릿수는 9자리를 지정하고 소수점 이하 자릿수는 3자리 지정한다.
> 소수점 이하 자릿수 다음의 숫자가 5이상이면 반올림이 이루어진다.

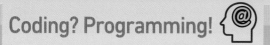

3. print() 함수에서 서식 문자열을 다음과 같이 사용하였을 때 출력 결과를 예측하여 작성해보자.

```
c = 'a'
s = "str"
print("#123456789#")
print("#%c#"%c)
print("#%s#"%s)
print("#%9s#"%s)
print("#%-9s#"%s)
print("#%9c#"%s[0])
print("#%-9c#"%s[1])
```

⌛ 서식 문자열 %c는 하나의 문자나 기호를 출력하고, %s는 문자열을 출력한다. s="str"에서 s[0]은
s 문자이고 s[1]은 t 문자이다.

4. 문자열 변수 jn의 값이 주민등록번호 형식 "980910-1234567"일 때, 년을 뜻하는 0과 1
자리 문자열, 월을 뜻하는 2와 3자리 문자열, 일을 뜻하는 4와 5자리 문자열을 출력해보자.
그리고 남/여를 구분하는 7자리의 문자를 출력하고, 문자열의 전체 위치에서 뒤로부터 마지
막 문자, 뒤로부터 마지막에서 세 번째 문자, 뒤로부터 마지막에서 다섯 번째 문자를 각각 출
력해보자.

```
98 09 10
1
7 5 3
```

⌛ jn[0:2] 형식은 0부터 2까지의 위치가 아닌 0부터 1까지를 의미한다. 즉, jn[n:m] 형식은 n<=위
치<m을 의미한다. jn[-1] 형식은 jn 문자열에서 뒤로부터 첫 번째 문자를, jn[-3]은 마지막에서 세
번째 문자를 의미한다.

5. 문자열 변수 str의 값이 "python"일 때 다음과 같이 출력해보자.

```
p
py
pyt
pyth
pytho
python
```

    ⧗ for 문을 이용하여 range(len(str)) 범위로 반복하면서 str[0:i+1] 형식으로 출력한다.

6. 'Basic Coding 5번 문제'를 참고하여, 문자열 변수 str의 값이 "python"일 때 다음과 같이 출력해보자.

```
     p
    py
   pyt
  pyth
 pytho
python
```

    ⧗ for 문을 이용하여 range(len(str)) 범위로 반복하면서 print("%6s"%str[0:i+1])로 출력한다.

7. 'Basic Coding 5번 문제'를 참고하여, 문자열 변수 str의 값이 "python"일 때 다음과 같이 출력해보자.

```
n
on
hon
thon
ython
python
```

⏳ for 문을 이용하여 range(len(str)-1, -1, -1) 범위로 반복하면서 print(str[i:(len(str))])로 출력한다.

8. 임의의 문자열 두 개를 입력받아 문자열 길이가 긴 문자열만 출력해보자.

```
문자열1 : python
문자열2 : java
긴 문자열 = python
```

⏳ 문자열 길이는 len(str1) 형식으로 구한다.

9. 임의의 문자열을 입력받아 숫자만으로 구성되었는지, 문자만으로 구성되었는지, 숫자/문자가 섞여 구성되었는지 판별해보자.

```
문자열 : 123
숫자로 구성된 문자열
문자열 : python
문자로 구성된 문자열
문자열 : python123
숫자/문자로 구성된 문자열
```

⏳ 숫자만으로 구성되었는지, 문자만으로 구성되었는지, 숫자/문자가 섞여 구성되었는지는 각각 isdigit(), isalpha(), isalnum() 함수로 검사한다.

10. while 문을 이용한 무한 반복을 하면서 리스트 data에 입력한 문자열을 추가해보자. 빈 문자
열이 입력되면 무한 반복을 종료하고, for 문을 이용하여 리스트의 전체 원소들을 출력해보자.

```
문자열 : Python
문자열 : C
문자열 : Java
문자열 : C++
문자열 : Swift
문자열 : R
문자열 :
Python C Java C++ Swift R
```

> append() 함수로 리스트의 마지막 위치에 새로운 원소를 추가하고, len() 함수로 리스트 내의 원
> 소 개수를 구한다.

Enhancement Coding

1. 문자열을 입력받은 후, while 문을 이용하여 무한 반복하면서 한 문자를 입력받아 해당 문자가
앞서 입력한 문자열 내에 있으면 "문자 y가 문자열 Python에 존재함" 형식으로 출력하고, 문
자열 내에 없으면 "문자 k가 문자열 Python에 존재하지 않음" 형식으로 출력해보자. 빈 문자
열을 입력하면 무한 반복을 종료한다.

```
문자열 : Python
문자 : y
문자 y가 문자열 Python에 존재함
문자 : k
문자 k가 문자열 Python에 존재하지 않음
문자 :
```

> 문자열 내에 문자가 존재함을 파악하기 위해서는 in 예약어를 사용한다.

2. 정수 형태의 문자열을 전달받아, 문자열이 숫자만으로 구성되었을 경우 문자열을 숫자로 변경하여 반환하는 str2int() 함수를 선언해보자. 문자열이 숫자만으로 구성되지 않았을 경우 None 값을 반환해보자. 문자열을 입력받은 후 str2int() 함수를 호출하여 실행해보자.

```
문자열 : 125
125
문자열 : 12k
None
```

> s.isdigit() 함수를 통해 문자열 s가 숫자만으로 구성되었는지 여부를 판단하며, 파이썬에서 None 값은 '없음'과 '거짓'의 의미이고 타 언어의 null과 같은 개념으로 사용된다.

3. 리스트 list = [1, 2, 3]을 선언한 후, "append 2" 형태와 "insert 1 3" 형태의 문자열을 입력받아, 입력된 값을 분리하여 리스트 cmd에 저장한다. cmd[0]의 값이 "append"이면 cmd[1]의 값을 리스트 list에 저장하고, cmd[0]의 값이 "insert"이면 cmd[1]의 위치에 cmd[2]의 값을 리스트 list에 삽입한다. 그리고 리스트 list의 값을 출력한다.

```
[1, 2, 3]
리스트 명령 : append 10
[1, 2, 3, 10]

[1, 2, 3]
리스트 명령 : insert 1 20
[1, 20, 2, 3]
```

> cmd = indata.split() 함수로 입력된 값들을 분리하여 리스트 cmd에 저장하고, cmd[0]의 값에 따라 list.append(int(cmd[1])) 또는 list.insert(int(cmd[1]), int(cmd[2]))를 실행한다.

4. 'Enhancement Coding 3번 문제'를 참고하여, 리스트 list = []을 선언한 후, 다음 일련의 리스트 명령을 처리하도록 수정해보자. 첫 번째 숫자는 일련의 리스트 명령의 개수이며, "printout"은 리스트를 출력하고, "remove"는 리스트 내의 해당 값을 삭제하고, "sort"는 리스트의 값들을 오름차순으로 정렬한다.

```
리스트 명령 수 : 9
append 3
insert 0 4
printout
insert 1 5
append 6
remove 6
printout
sort
printout
[4, 3]
[4, 5, 3]
[3, 4, 5]
```

⏳ list = []로 선언하고, 반복할 숫자를 입력받아 해당 숫자만큼 for 문으로 반복한다. 숫자 뒤에 리스트 명령을 연속으로 입력하고, cmd = indata.split() 함수로 입력된 명령들을 분리하여 리스트 cmd에 저장한다. cmd[0]의 값에 따라 list.append(int(cmd[1])), list.insert(int(cmd[1]), int(cmd[2])), list.remove(int(cmd[1])), list.sort(), print(list)를 각각 실행한다.

5. 주민등록번호 형식의 앞 6자리 문자열을 입력받아 년을 뜻하는 0과 1자리 문자열을 추출한 후, 현재 연도와의 계산을 통해 나이를 출력해보자.

```
주민등록번호 년월일 : 980910
나이 : 20
```

⏳ 나이는 '현재 연도-(주민번호앞2자리+1900)+1'로 계산한다. 현재 연도는 import time후, now = time.localtime() 함수를 실행하면 now.tm_year의 값에서 구할 수 있다. 참고로 now.tm_mon은 현재 월, now.tm_mday는 현재 일, now.tm_hour, now.tm_min, now.tm_sec는 현재 시/분/초의 값을 의미한다.

6. 주민등록번호 형식의 앞 6자리 문자열을 입력받아 월의 범위가 01~12인지 검사하고, 일의 범위가 01~31인지 검사해보자. 앞 6자리 문자열에 문제가 발생하지 않았다면 남녀 성별을 구분하는 7번째 1자리 숫자를 추가로 입력받아 다음과 같이 출력해보자.

```
주민등록번호 년월일 : 001334
주민등록번호의 월 형식이 잘못되었습니다.

주민등록번호 년월일 : 001234
주민등록번호의 일 형식이 잘못되었습니다.

주민등록번호 년월일 : 001231
성별 표시 : 1
001231-1
```

⌛ 주민등록번호의 월 값은 jnymd[2:4]이고, 일 값은 jnymd[4:6]이다.

7. 'Enhancement Coding 6번 문제'를 참고하여, 남녀 성별을 구분하는 7번째 1자리 숫자를 추가로 입력받아 9/0이면 1800년대 태어난 남성/여성, 1/2이면 1900년대 태어난 남성/여성, 3/4면 2000년대 태어난 남성/여성, 5/6이면 1900년대 태어난 외국인 남성/여성, 7/8이면 2000년대 태어난 남성/여성으로 판별하여 출력해보자.

```
주민등록번호 년월일 : 001231
성별 표시 : 1
1900년대 태어난 남성입니다.

주민등록번호 년월일 : 001231
성별 표시 : 3
2000년대 태어난 남성입니다.
```

⌛ 성별 표시 연대를 저장하기 위하여 딕셔너리 mfd = { 9:1800, 0:1800, 1:1900, 2:1900, 3:2000, 4:2000, 5:1900, 6:1900, 7:2000, 8:2000 }를 선언한다. 성별 표시 숫자를 입력받아 mfd[mf]에 의해 태어난 연대를 구하고, 성별은 mf % 2로 나누어 나머지가 1이면 남성, 0이면 여성으로 값을 구한다.

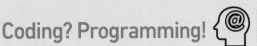

Coding? Programming!

8. 리스트 data = ["Python", "C", "Java", "C++", "Swift", "R"]인 경우 "Swift"를 찾아 위치를 구하고 해당 위치의 원소("Swift")를 "Objective-C"로 변경해보자. 그리고 "Java"를 찾아 위치를 구하여 "C#"을 삽입해보자. 리스트 내에서 첫 번째로 나타나는 "R"을 삭제하고, 리스트의 전체 원소들을 출력해보자.

```
['Python', 'C', 'Java', 'C++', 'Swift', 'R']
Python C C# Java C++ Objective-C
```

⏳ index(x) 함수를 통해 리스트 내에서 x 원소의 위치를 구할 수 있으며, insert(i, x) 함수는 지정된 위치 i에 x를 삽입하고, remove(x) 함수는 x를 찾아 삭제한다. 리스트 원소의 출력은 print(data) 문을 통해 전체 원소를 출력하고, for 문을 이용하여 개별 원소들을 출력한다.

9. '프로그램 p10-01'을 참고하여, 터틀 스크린에서 마우스를 클릭한 위치(좌표)를 모두 저장한 후, 키보드 d 키가 눌러지면 터틀 스크린의 중앙 지점부터 저장된 순서대로 좌표에 따라 선을 그려보자.

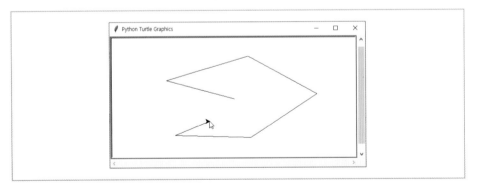

⏳ 마우스 클릭을 처리하기 위하여 clicked() 콜백 함수를 등록하고, 키보드 d 키가 눌러지면 처리하기 위하여 key_d() 콜백 함수를 등록한다. 마우스 클릭이 이루어지면 clicked() 함수에서 x, y 좌표를 리스트에 추가하고, d 키가 눌러지면 key_d() 함수에서 리스트 크기만큼 반복하면서 t.goto() 함수로 좌표 이동하면서 선을 그린다.

10. ISSN 코드는 8자리 숫자로 구성되어 있으며 마지막 자리는 7자리 숫자를 검사하는 체크 기호
이다. 8자리의 ISSN 코드를 입력받아 체크 기호를 구하고 검증해보자. ISSN 체크 기호는 7
자리 숫자에 8부터 2까지의 숫자들을 순서대로 곱하여 가중치를 구하고 모두의 합계를 구한다.
합계 값을 11로 나누어 나머지를 다시 11에서 뺀 숫자가 체크 기호이다. 이때 체크 기호가 10
이면 X로, 11이면 0으로 표시한다.

ISSN							체크기호
0	0	2	7	9	3	5	8
×	×	×	×	×	×	×	
8	7	6	5	4	3	2	
‖	‖	‖	‖	‖	‖	‖	
0	0	12	35	36	9	10	
합 = 102							
102 ÷ 11의 나머지 : 3							
11 - 3 = 체크기호							8

```
ISSN 8자리(- 제외) : 00279358
ISSN 1~7자리의 가중치 반영 합계 : 102
ISSN 1~7자리의 체크 기호 값 : 8
ISSN 코드 : 00279358은(는) 검증되었습니다.
```

가중치의 변동 값을 갖게되는 변수 weight의 값을 8로 초기화한 후, for문을 range(len(issn)-1)
범위만큼 반복하면서 issn[i]의 값과 weight 값을 곱하여 합계를 구한다. for문이 반복되는 동안
weight 값은 1씩 감소되어 2까지 줄어든다.

CHAPTER

11 예술(Arts)

 학습 목표

- 터틀 그래픽에서 마우스와 키보드를 이용하여 간략한 도형이나 그림을 그리는 프로그램을 작성할 수 있다.
- 음계와 주파수에 대하여 이해하고, 음계와 주파수를 이용하여 피아노 음 연주하는 프로그램을 작성할 수 있다.

 관련 학습

- 거듭제곱 연산자
- winsound 모듈

11.1 마우스와 키보드를 이용한 그림 그리기

터틀 그래픽에서 마우스와 키보드를 이용하여 간략한 도형이나 그림을 그릴 수 있다. 이때 마우스 클릭이나 드래그 이벤트에서 발생하는 터틀 스크린의 좌표가 활용되며, 키보드 이벤트를 통해 도형이나 그림을 그리는 기능을 변경할 수 있다. 터틀의 펜을 내린 상태에서

```
...
def move(x, y):        마우스 오른쪽 버튼
    t.penup()          클릭 위치의 현재 좌표 x, y
    t.goto(x, y)
...
def draw(x, y):        마우스 왼쪽 버튼
    t.pendown()        클릭 위치의 현재 좌표 x, y
    t.goto(x, y)
...
def drag(x, y):        마우스 드래그 중인
    if draw_action == 1:   현재 좌표 x, y
        draw(x, y)
...
```

터틀 스크린

마우스 드래그 이벤트 → t.ondrag(drag)   drag 콜백 함수 호출

마우스 왼쪽 버튼 클릭 이벤트 → s.onscreenclick(draw, 1)   draw 콜백 함수 호출

마우스 오른쪽 버튼 클릭 이벤트 → s.onscreenclick(move, 3)   move 콜백 함수 호출

...

터틀의 좌표를 변경하면 선이나 도형이 그려지고, 펜을 올린 상태에서는 도형이 그려지지 않고 좌표만 변경된다.

직선이나 도형이 아닌 자유로운 형태의 선을 그리는 것은 t.ondrag() 함수를 이용한 마우스 드래그 동작 중에 가능하며, 이때 주의할 점은 터틀 모양에 마우스 포인터를 위치시키고 마우스를 클릭하여 드래그해야 자유로운 형태의 선이 그려진다는 점이다.

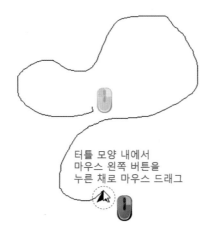

터틀 모양 내에서
마우스 왼쪽 버튼을
누른 채로 마우스 드래그

📑 **프로그램**   p11-01   **마우스와 키보드를 이용한 그림 그리기**

마우스를 이용하여 선, 삼각형, 사각형, 원형, 자유로운 곡선을 그려 보자. 선의 두께, 그리는 형태, 펜 올리기와 펜 내리기 등의 동작은 키보드를 이용하여 변경한다.

1 문제 분석

마우스의 드래그 동작을 이용하여 선, 삼각형, 원형, 자유로운 곡선을 그린다. 마우스 왼쪽 버튼 클릭은 그리기 동작 설정, 마우스 오른쪽 버튼 클릭은 좌표의 이동 동작을 설정한다. 키보드를 이용하여 선의 두께 조정, 그리는 형태 변경, 펜 올리기와 펜 내리기 등의 동작을 설정한다.

함수	• new_clear() : 기존에 그려진 그림들을 지우고 새로운 그림을 그리도록 설정 • draw(x, y) : x, y 좌표까지 선, 삼각형, 사각형, 원형 그리기를 실행 • drag(x, y) : 마우스 드래그 동작 중에 draw() 함수 호출 • move(x, y) : 마우스 오른쪽 버튼 클릭의 경우 호출되며, 좌표 x, y로 이동 • key_l() : 그리기 상태를 선으로 설정 • key_t() : 그리기 상태를 삼각형으로 설정 • key_r() : 그리기 상태를 사각형으로 설정 • key_c() : 그리기 상태를 원형으로 설정 • key_n() : 터틀 스크린의 그림들을 모두 지움 • key_u() : 펜 올리기 설정 • key_d() : 펜 내리기 설정 • key_1() : 선의 두께를 1로 설정 • key_3() : 선의 두께를 3으로 설정 • key_5() : 선의 두께를 5로 설정
입력	• l(L) 키 : key_l() 콜백 함수 호출 • t 키 : key_t() 콜백 함수 호출 • r 키 : key_r() 콜백 함수 호출 • c 키 : key_c() 콜백 함수 호출 • n 키 : key_n() 콜백 함수 호출 • u 키 : key_u() 콜백 함수 호출 • d 키 : key_d() 콜백 함수 호출 • 1 키 : key_1() 콜백 함수 호출 • 3 키 : key_3() 콜백 함수 호출 • 5 키 : key_5() 콜백 함수 호출
출력	• 선, 삼각형, 사각형, 원형 도형 • 모두 지우기
변수	• draw_action : 그리기 상태(1:선, 2:삼각형, 3:사각형, 4:원형) • oldx, oldy : 현재 좌표의 이전 x, y 좌표 • t : 터틀 • s : 터틀 스크린

2 알고리즘 설계

문제 분석에서의 함수와 입력, 출력에 대한 알고리즘을 자연어로 표현하면 다음과 같다.

	매개변수	없음	반환	없음
new_clear()	colspan	1. 변수 draw_action, oldx, oldy를 전역변수로 선언 2. 이전에 표시한 터틀 흔적을 모두 지움 3. 터틀의 펜 두께를 1로 설정 4. 펜을 내림 5. 변수 draw_action의 값을 1로 설정 6. 변수 oldx, oldy의 값을 각각 0으로 설정		

	매개변수	x : x 좌표, y : y 좌표	반환	없음
draw()		1. 변수 oldx, oldy를 전역변수로 선언 2. 만약 draw_action의 값이 1이면 　2.1 좌표 x, y로 이동 　2.2 변수 oldx, oldy의 값을 각각 x, y로 설정 그렇지 않고 만약 draw_action의 값이 2이면 　2.1 좌표 x, oldy로 이동 　2.2 좌표 (x+oldx)//2, y로 이동 　2.2 좌표 oldx, oldy로 이동 그렇지 않고 만약 draw_action의 값이 3이면 　2.1 좌표 x, oldy로 이동 　2.2 좌표 x, y로 이동 　2.3 좌표 oldx, y로 이동 　2.4 좌표 oldx, oldy로 이동 그렇지 않고 만약 draw_action의 값이 4이면 　2.1 클릭한 방향으로 원을 그림		

	매개변수	x : x 좌표, y : y 좌표	반환	없음
drag()		1. 만약 draw_action의 값이 1이면 draw(x, y) 함수 호출		

	매개변수	x : x 좌표, y : y 좌표	반환	없음
move()		1. 변수 oldx, oldy를 전역변수로 선언 2. 터틀의 펜 내림 상태를 구하여 변수 penstatus에 대입 3. 펜을 올림 4. 좌표 x, y로 이동 5. 만약 penstatus의 값이 True이면 펜을 내림 6. x, y의 값을 각각 oldx, oldy에 대입		

	매개변수	없음	반환	없음
key_l()		1. 변수 draw_action의 값을 1로 설정(선)		

	매개변수	없음	반환	없음
key_t()		1. 변수 draw_action의 값을 2로 설정(삼각형)		

key_r()	**매개변수**	없음	**반환**	없음
	1. 변수 draw_action의 값을 3으로 설정(사각형)			
key_c()	**매개변수**	없음	**반환**	없음
	1. 변수 draw_action의 값을 4로 설정(원형)			
key_n()	**매개변수**	없음	**반환**	없음
	1. 터틀 스크린을 초기화하기 위하여 new_clear() 함수 호출			
key_u()	**매개변수**	없음	**반환**	없음
	1. 펜 올리기			
key_d()	**매개변수**	없음	**반환**	없음
	1. 펜 내리기			
key_1()	**매개변수**	없음	**반환**	없음
	1. 터틀의 펜 두께를 1로 설정			
key_3()	**매개변수**	없음	**반환**	없음
	1. 터틀의 펜 두께를 3으로 설정			
key_5()	**매개변수**	없음	**반환**	없음
	1. 터틀의 펜 두께를 5로 설정			
터틀 생성, 스크린 생성, 초기화	1. 터틀 스크린 크기를 600, 600으로 설정 2. 터틀 스크린 생성 3. 터틀의 크기를 2로 설정 4. 터틀의 속도를 0으로 설정(0:아주 빠름, 1: 아주 느림, 3: 느림, 6: 보통, 10: 빠름) 5. 터틀을 왼쪽으로 90 이동 6. 터틀 스크린을 초기화하기 위하여 new_clear() 함수 호출			
마우스/키보드 클릭	1. 터틀 스크린에서 마우스 드래그 동작이 이루어지면 draw() 함수 호출 2. l(L) 키가 눌러지면 key_l() 콜백 함수 호출 3. t 키가 눌러지면 key_t() 콜백 함수 호출 4. r 키가 눌러지면 key_r() 콜백 함수 호출 5. c 키가 눌러지면 key_c() 콜백 함수 호출 6. n 키가 눌러지면 key_n() 콜백 함수 호출 7. u 키가 눌러지면 key_u() 콜백 함수 호출 8. d 키가 눌러지면 key_d() 콜백 함수 호출 9. 1 키가 눌러지면 key_1() 콜백 함수 호출 10. 3 키가 눌러지면 key_3() 콜백 함수 호출 11. 5 키가 눌러지면 key_5() 콜백 함수 호출 12. 마우스 왼쪽 클릭이 이루어지면 draw() 콜백 함수 호출 13. 마우스 오른쪽 클릭이 이루어지면 move() 콜백 함수 호출 14. 터틀 스크린에서의 이벤트 확인			

3 코딩

알고리즘 설계를 이용하여 파이썬 프로그램을 코딩하면 다음과 같다.

```python
1   import turtle as t
2
3   draw_action = 1
4   oldx = 0
5   oldy = 0
6
7   def new_clear():
8       global draw_action
9       global oldx
10      global oldy
11      t.clear()
12      t.pensize(1)
13      t.pendown()
14      draw_action = 1
15      oldx = 0
16      oldy = 0
17
18  def draw(x, y):
19      global oldx
20      global oldy
21
22      if draw_action == 1:      # 선 그리기
23          t.goto(x, y)
24          oldx = x
25          oldy = y
26      elif draw_action == 2:    # 삼각형 그리기
27          t.goto(x, oldy)
28          t.goto((x+oldx)//2, y)
29          t.goto(oldx, oldy)
30      elif draw_action == 3:    # 사각형 그리기
31          t.goto(x, oldy)
32          t.goto(x, y)
33          t.goto(oldx, y)
34          t.goto(oldx, oldy)
35      elif draw_action == 4:    # 원형 그리기
36          t.circle(-((x-oldx)//2))    # 클릭한 방향으로 원을 그림
37
38  def drag(x, y):
```

```
39        if draw_action == 1:
40            draw(x, y)
41
42 def move(x, y):
43     global oldx
44     global oldy
45     penstatus = t.isdown()    # 현재 펜 업/다운 상태 저장
46     t.penup()
47     t.goto(x, y)
48     if penstatus == True:
49         t.pendown()
50     oldx = x
51     oldy = y
52
53 def key_l():
54     global draw_action
55     draw_action = 1
56 def key_t():
57     global draw_action
58     draw_action = 2
59 def key_r():
60     global draw_action
61     draw_action = 3
62 def key_c():
63     global draw_action
64     draw_action = 4
65 def key_n():
66     new_clear()
67 def key_u():
68     t.penup()
69 def key_d():
70     t.pendown()
71 def key_1():
72     t.pensize(1)
73 def key_3():
74     t.pensize(3)
75 def key_5():
76     t.pensize(5)
77
78 t.setup(600, 600)
79 s = t.Screen()
80 t.shapesize(2)
```

```
81    t.speed(0)
82    t.left(90)
83    new_clear()
84
85    t.ondrag(drag)
86    s.onkey(key_l, "l")          # L 키 => 선그리기
87    s.onkey(key_t, "t")          # t 키 => 삼각형 그리기
88    s.onkey(key_r, "r")          # r 키 => 사각형 그리기
89    s.onkey(key_c, "c")          # c 키 => 원형 그리기
90    s.onkey(key_n, "n")          # n 키 => 모두 지우기
91    s.onkey(key_u, "u")          # u 키 => 펜 올리기
92    s.onkey(key_d, "d")          # d 키 => 펜 내리기
93    s.onkey(key_1, "1")          # 1 키 => 선 두께 : 1
94    s.onkey(key_3, "3")          # 3 키 => 선 두께 : 3
95    s.onkey(key_5, "5")          # 5 키 => 선 두께 : 5
96    s.onscreenclick(draw, 1)     # 마우스 왼쪽 버튼 => 그리기
97    s.onscreenclick(move, 3)     # 마우스 오른쪽 버튼 => 좌표 이동하기
98    s.listen()
```

1	터틀 그래픽 모듈인 turtle 모듈을 포함
3	그리기 상태를 나타내는 변수 draw_action의 값을 1로 초기화(1:선, 2:삼각형, 3:사각형, 4:원형)
4-5	현재 좌표의 이전 x, y 좌표의 값을 각각 0, 0으로 초기화
7-16	기존에 그려진 그림들을 지우고 초기화하는 new_clear() 함수 선언
8-10	변수 draw_action, oldx, oldy를 전역변수로 선언
11	이전에 표시한 터틀 흔적을 모두 지움
12	터틀의 펜 두께를 1로 설정
13	펜을 내림
14	변수 draw_action의 값을 1로 설정
15-16	변수 oldx, oldy의 값을 각각 0으로 설정
18-36	x, y 좌표까지 선, 삼각형, 사각형, 원형 그리기를 실행하는 draw() 함수 선언
19-20	변수 oldx, oldy를 전역변수로 선언
22-25	만약 draw_action의 값이 1이면 (# 선 그리기 상태이면)
23	좌표 x, y로 이동
24-25	변수 oldx, oldy의 값을 각각 x, y로 설정
26-29	그렇지 않고 만약 draw_action의 값이 2이면 (# 삼각형 그리기 상태이면)
27	좌표 x, oldy로 이동
28	좌표 (x+oldx)//2, y로 이동
29	좌표 oldx, oldy로 이동
30-34	그렇지 않고 만약 draw_action의 값이 3이면 (# 사각형 그리기 상태이면)
31	좌표 x, oldy로 이동
32	좌표 x, y로 이동
33	좌표 oldx, y로 이동
34	좌표 oldx, oldy로 이동

35-36	그렇지 않고 만약 draw_action의 값이 4이면 (# 원형 그리기이면)
36	클릭한 방향으로 원을 그림
38-40	마우스 드래그 동작 중에 draw() 함수를 호출하는 draw() 함수 선언
39-40	만약 draw_action의 값이 1이면 draw(x, y) 함수 호출
42-51	좌표 x, y로 이동하는 move() 함수 선언
43-44	변수 oldx, oldy를 전역변수로 선언
45	터틀의 펜 내림 상태를 구하여 변수 penstatus에 대입
46	펜을 올림
47	좌표 x, y로 이동
48-49	만약 penstatus의 값이 True이면 펜을 내림
50-51	x, y의 값을 각각 oldx, oldy에 대입
53-55	그리기 상태를 선으로 설정하는 key_l() 함수 선언
54	변수 draw_action를 전역변수로 선언
55	변수 draw_action의 값을 1로 설정(선)
56-58	그리기 상태를 삼각형으로 설정하는 key_t() 함수 선언
57	변수 draw_action를 전역변수로 선언
58	변수 draw_action의 값을 2로 설정(삼각형)
59-61	그리기 상태를 사각형으로 설정하는 key_r() 함수 선언
60	변수 draw_action를 전역변수로 선언
61	변수 draw_action의 값을 3로 설정(사각형)
62-64	그리기 상태를 원형으로 설정하는 key_c() 함수 선언
63	변수 draw_action를 전역변수로 선언
64	변수 draw_action의 값을 4로 설정(원형)
65-66	터틀 스크린의 그림들을 모두 지우는 key_n() 함수 선언
66	new_clear() 함수 호출
67-68	펜 올리기 설정을 하는 key_u() 함수 선언
68	펜 올리기
69-70	펜 내리기 설정을 하는 key_d() 함수 선언
70	펜 내리기
71-72	선의 두께를 1로 설정하는 key_1() 함수 선언
72	터틀의 펜 두께를 1로 설정
73-74	선의 두께를 3으로 설정하는 key_3() 함수 선언
74	터틀의 펜 두께를 3으로 설정
75-76	선의 두께를 5로 설정하는 key_5() 함수 선언
76	터틀의 펜 두께를 5로 설정
78	터틀 스크린 크기를 600, 600으로 설정
79	터틀 스크린 생성
80	터틀의 크기를 2로 설정
81	터틀의 속도를 0으로 설정(0:아주 빠름, 1:아주 느림, 3:느림, 6:보통, 10:빠름)
82	터틀을 왼쪽으로 90 이동
83	터틀 스크린을 초기화하기 위하여 new_clear() 함수 호출
85	터틀 스크린에서 마우스 드래그 동작이 이루어지면 draw() 함수 호출
86	l(L) 키가 눌러지면 key_l() 콜백 함수 호출
87	t 키가 눌러지면 key_t() 콜백 함수 호출

88	r 키가 눌러지면 key_r() 콜백 함수 호출
89	c 키가 눌러지면 key_c() 콜백 함수 호출
90	n 키가 눌러지면 key_n() 콜백 함수 호출
91	u 키가 눌러지면 key_u() 콜백 함수 호출
92	d 키가 눌러지면 key_d() 콜백 함수 호출
93	1 키가 눌러지면 key_1() 콜백 함수 호출
94	3 키가 눌러지면 key_3() 콜백 함수 호출
95	5 키가 눌러지면 key_5() 콜백 함수 호출
96	마우스 왼쪽 클릭이 이루어지면 draw() 콜백 함수 호출
97	마우스 오른쪽 클릭이 이루어지면 move() 콜백 함수 호출
98	터틀 스크린에서의 이벤트 확인

4 테스트/디버깅

프로그램을 실행하여 데이터 입력의 예상 결과가 나타나는지 결과를 확인해보자. 그리고 동작 상태를 확인하고 오류가 발생하는지 확인하여 디버깅해보자.

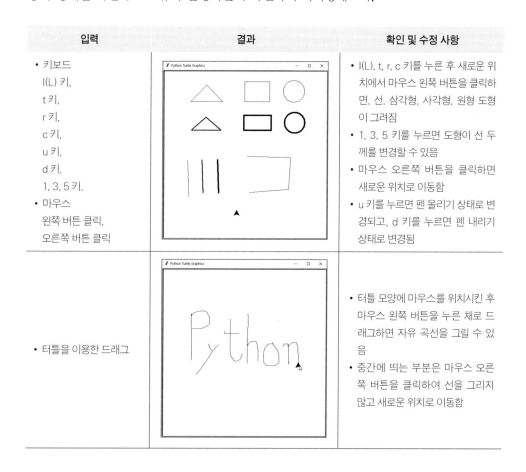

입력	결과	확인 및 수정 사항

• 키보드
  l(L) 키,
  t 키,
  r 키,
  c 키,
  u 키,
  d 키,
  1, 3, 5 키,
• 마우스
  왼쪽 버튼 클릭,
  오른쪽 버튼 클릭
		• l(L), t, r, c 키를 누른 후 새로운 위치에서 마우스 왼쪽 버튼을 클릭하면, 선, 삼각형, 사각형, 원형 도형이 그려짐
		• 1, 3, 5 키를 누르면 도형이 선 두께를 변경할 수 있음
		• 마우스 오른쪽 버튼을 클릭하면 새로운 위치로 이동함
		• u 키를 누르면 펜 올리기 상태로 변경되고, d 키를 누르면 펜 내리기 상태로 변경됨

• 터틀을 이용한 드래그		• 터틀 모양에 마우스를 위치시킨 후 마우스 왼쪽 버튼을 누른 채로 드래그하면 자유 곡선을 그릴 수 있음 • 중간에 띄는 부분은 마우스 오른쪽 버튼을 클릭하여 선을 그리지 않고 새로운 위치로 이동함

11.2 음계와 주파수를 이용한 피아노 건반 연주하기

피아노 88 건반의 49번째 음계인 A4(라) 음의 표준 주파수는 440Hz이다. A4(라) 음을 기준으로 1옥타브 증가할 때마다 주파수는 2배가 되고, 1옥타브 감소할 때마다 주파수는 1/2배가 된다. 예를 들면 A4(라)에서 1옥타브 증가한 A5(라)의 주파수는 880Hz이고, 1옥타브 감소한 A3(라)의 주파수는 220Hz이다.

A4 음의 주파수 440Hz를 기준으로 각 음계 간 주파수 차이를 공식화하여 계산할 수 있으며, 피아노의 나머지 87 건반 음의 주파수를 계산할 수 있다. 다음 표는 A4 음의 주파수를 기준으로 3옥타브 A3 음부터 5옥타브 G5# 음까지의 주파수를 구한 계산식과 주파수를 나타낸 것이다.

A3 = A4/2	계산식	주파수	A4 = 440	계산식	주파수
A3	round(A3 * 2**(0/12))	220	A4	round(A4 * 2**(0/12))	440
A3#	round(A3 * 2**(1/12))	233	A4#	round(A4 * 2**(1/12))	466
B3	round(A3 * 2**(2/12))	247	B4	round(A4 * 2**(2/12))	494
C4	round(A3 * 2**(3/12))	262	C5	round(A4 * 2**(3/12))	523
C4#	round(A3 * 2**(4/12))	277	C5#	round(A4 * 2**(4/12))	554
D4	round(A3 * 2**(5/12))	294	D5	round(A4 * 2**(5/12))	587
D4#	round(A3 * 2**(6/12))	311	D5#	round(A4 * 2**(6/12))	622
E4	round(A3 * 2**(7/12))	330	E5	round(A4 * 2**(7/12))	659
F4	round(A3 * 2**(8/12))	349	F5	round(A4 * 2**(8/12))	698
F4#	round(A3 * 2**(9/12))	370	F5#	round(A4 * 2**(9/12))	740
G4	round(A3 * 2**(10/12))	392	G5	round(A4 * 2**(10/12))	784
G4#	round(A3 * 2**(11/12))	415	G5#	round(A4 * 2**(11/12))	831

위 표의 계산식을 참고하여 다음과 같이 0옥타브 A0 음부터 8옥타브 G8# 음까지의 음계별 주파수를 계산할 수 있다.

```
a4base = 440
for i in range(9):
    abase = a4base / 2 ** (4-i)
    for j in range(12):
        freq = round(abase * 2**(j/12))
        print(freq, end=" ")
    print("")
print("")
```

실행결과

```
28 29 31 33 35 37 39 41 44 46 49 52
55 58 62 65 69 73 78 82 87 92 98 104
110 117 123 131 139 147 156 165 175 185 196 208
220 233 247 262 277 294 311 330 349 370 392 415
440 466 494 523 554 587 622 659 698 740 784 831
880 932 988 1047 1109 1175 1245 1319 1397 1480 1568 1661
```

```
1760  1865  1976  2093  2217  2349  2489  2637  2794  2960  3136  3322
3520  3729  3951  4186  4435  4699  4978  5274  5588  5920  6272  6645
7040  7459  7902  8372  8870  9397  9956  10548  11175  11840  12544  13290
```

위의 실행 결과를 참고하여 옥타브 및 음계별 표준 주파수 표를 만들 수 있다.

(단위 : Hz)

옥타브 음계	1	2	3	4	5	6	7	8
C(도)	33	65	131	262	523	1047	2093	4186
C#	35	69	139	277	554	1109	2217	4435
D(레)	37	73	147	294	587	1175	2349	4699
D#	39	78	156	311	622	1245	2489	4978
E(미)	41	82	165	330	659	1319	2637	5274
F(파)	44	87	175	349	698	1397	2794	5588
F#	46	92	185	370	740	1480	2960	5920
G(솔)	49	98	196	392	784	1568	3136	6272
G#	52	104	208	415	831	1661	3322	6645
A(라)	55	110	220	440	880	1760	3520	7040
A#	58	117	233	466	932	1865	3729	7459
B(시)	62	123	247	494	988	1976	3951	7902

📋 **프로그램** (p11-02) **음계와 주파수를 이용한 피아노 음 연주하기**

4옥타브 C4 음계부터 5옥타브 D5 음계까지의 음을 1~9의 키보드를 통해 연주해보자. 4옥타브 C4 음계부터 5옥타브 D5 음계까지의 음은 음계별 표준 주파수를 이용한다.

1 문제 분석

1~9 키보드 이벤트를 이용하여 4옥타브 C4 음계부터 5옥타브 D5 음계까지의 음을 연주한다. 음계별 표준 주파수인 4옥타브 C4의 주파수 262Hz부터 5옥타브 D5의 주파수 587까지를 미리 선언한 후 이용한다.

함수	• play_freq() : 매개변수 n의 값에 따라 지정된 주파수 음을 발생 • key_1()~key_9() : play_freq("c4")~play_freq("d5") 함수 호출
입력	• 1~9 : key_1()~key_9() 콜백 함수 호출
출력	• 4옥타브 C4의 주파수 262Hz부터 5옥타브 D5의 주파수 587까지 중에서 1~9 키에 대응하는 해당 주파수 음을 발생(소리 발생)
변수	• freq : 음계별 표준 주파수 선언 { "c4":262, "d4":294, "e4":330, "f4":349, "g4":392, "a4":440, "b4":494, "c5":523, "d5":587 } • t : 터틀 • s : 터틀 스크린

2 알고리즘 설계

문제 분석에서의 함수와 입력, 출력에 대한 알고리즘을 자연어로 표현하면 다음과 같다.

play_freq()	매개변수	n : 음계	반환	없음
	1. Beep() 함수를 이용하여 매개변수 n의 주파수 음을 발생				
key_1() ~ key_9()	매개변수	없음	반환	없음
	play_freq("c4")~play_freq("d5") 함수 호출				
터틀 생성	1. 터틀 스크린 크기를 600, 600으로 설정 2. 터틀 스크린 생성				
키보드 클릭	1. 터틀 스크린에서 1~9 키가 눌러지면 key_1()~key_9() 콜백 함수 호출 2. 터틀 스크린에서의 이벤트 확인				

3 코딩

알고리즘 설계를 이용하여 파이썬 프로그램을 코딩하면 다음과 같다.

```python
1   import turtle as t
2   from winsound import Beep
3
4   freq = { "c4":262, "d4":294, "e4":330, "f4":349, "g4":392, "a4":440, "b4":494,
        "c5":523, "d5":587 }
5
6   def play_freq(n):
7       Beep(freq[n], 300)
8
9   def key_1():
10      play_freq("c4")
11  def key_2():
12      play_freq("d4")
13  def key_3():
14      play_freq("e4")
15  def key_4():
16      play_freq("f4")
17  def key_5():
18      play_freq("g4")
19  def key_6():
20      play_freq("a4")
21  def key_7():
22      play_freq("b4")
23  def key_8():
24      play_freq("c5")
25  def key_9():
26      play_freq("d5")
27
28  t.setup(600, 600)
29  s = t.Screen()
30
31  s.onkey(key_1, "1")
32  s.onkey(key_2, "2")
33  s.onkey(key_3, "3")
34  s.onkey(key_4, "4")
35  s.onkey(key_5, "5")
36  s.onkey(key_6, "6")
37  s.onkey(key_7, "7")
```

```
38    s.onkey(key_8, "8")
39    s.onkey(key_9, "9")
40    s.listen()
```

1	터틀 그래픽 모듈인 turtle 모듈을 포함
2	winsound 모듈에서 Beep 함수를 포함
4	딕셔너리(dictionary) 자료형을 이용하여 값 선언
	freq는 9개의 키:값 쌍으로 구성됨("c4":262 원소에서 "c4"는 키, 262는 값임, freq["c4"]의 경우 "c4" 키에 해당하는 262 값이 구해짐)
6-7	매개변수 n의 값에 따라 주파수 음을 발생시키는 play_freq() 함수 선언
7	정수 형태의 주파수를 이용하여 300밀리 초 동안 주파수 음을 발생
9-26	key_1()~key_9() 함수 선언 및 play_freq("c4")~play_freq("d5") 함수 호출
28	터틀 스크린 크기를 600, 600으로 설정
29	터틀 스크린 생성
31-39	터틀 스크린에서 1~9 키가 눌러지면 key_1()~key9() 콜백 함수 호출
40	터틀 스크린에서의 이벤트 확인

4 테스트/디버깅

프로그램을 실행하여 데이터 입력의 예상 결과가 나타나는지 결과를 확인해보자. 그리고 동작 상태를 확인하고 오류가 발생하는지 확인하여 디버깅해보자.

입력	결과	확인 및 수정 사항
1~9	1~9 키에 해당하는 주파수의 음 발생	

Thinking!

2. 키보드를 이용하여 '학교종이 땡땡땡' 동요를 연주해보자.

>>> **잠깐! Coding**

2. 키보드를 이용하지 않고 '학교종이 땡땡땡' 동요를 프로그램에서 직접 연주해보자.

5 프로그램 코딩을 위한 관련 학습

1) ** 거듭제곱 연산자

** 연산자는 x^y와 같이 거듭제곱 계산을 위한 연산자이며, 정수형과 실수형 모두에 대해 연산이 가능하다. 거듭제곱 연산자는 다른 산술 연산자, 관계 연산자, 논리 연산자 등보다 연산자 우선순위가 더 높다.

```
ia = 2
fa = 2.0
ib = 3
fb = 3.0
print(ia**ib, ia**fb, fa**ib, fa**fb)
print(ia**(ib/ia))
print(ia**ib/ia)      # (ia**ib) / ia와 같음
```

실행결과

```
8 8.0 8.0 8.0
2.8284271247461903
4.0
```


2) winsound 모듈

winsound 모듈은 윈도우 플랫폼을 이용하여 wav 소리 파일을 재생하거나, 레지스트리에 등록된 소리를 재생하거나, 주파수를 이용한 소리를 발생시키는 모듈이다.

wav 소리 파일을 재생하는 PlaySound(sound, flags) 함수는 파일명, 시스템 사운드 별칭을 이용하여 해당 파일이나 시스템 사운드 별칭 소리를 재생한다. 레지스트리에 등록된 소리를 재생하는 MessageBeep(type=MB_OK) 함수는 type 인수로 MB_OK, MB_ICONASTERISK 등을 지정하여 소리를 재생한다. 37Hz부터 32,767Hz까지의 주파수 범위

에 해당하는 소리를 발생시키는 Beep(frequency, duration) 함수는 frequency 인수에 주파수 값을 지정하고 duration 인수에 소리 발생의 지속 시간(밀리 초)을 지정한다.

```
import winsound

winsound.PlaySound("Windows Logon.wav", winsound.SND_FILENAME)
winsound.PlaySound("SystemExit", winsound.SND_ALIAS)

c4 = 262
winsound.Beep(c4, 300)

winsound.MessageBeep(winsound.MB_ICONHAND)
```

winsound 모듈에 대한 보다 자세한 사항은 https://docs.python.org/3.8/library/winsound.html에서 확인할 수 있다.

>>> **잠깐! Coding**

3. 2의 0 거듭제곱부터 2의 8 거듭제곱까지 for 반복문을 이용하여 계산해보자.
4. "Windows" 폴더의 "Media" 폴더 내에 있는 wav 파일들을 활용하여 소리를 재생해보자.

1. '프로그램 p11-01'을 이용하여 다양한 형태의 도형과 그림을 그릴 수 있다. 마우스의 드래그 동작을 이용하여 선, 삼각형, 원형, 자유로운 곡선을 그릴 수 있다. 마우스 왼쪽 버튼 클릭은 그리기 동작 설정, 마우스 오른쪽 버튼 클릭은 좌표의 이동 동작을 설정하며, 키보드를 이용 하여 선의 두께 조정, 그리는 형태 변경, 펜 올리기와 펜 내리기 등의 동작을 설정한다. 직선 이나 도형이 아닌 자유로운 형태의 선을 그리는 경우 터틀 모양에 마우스 포인터를 위치시키 고 마우스를 클릭하여 드래그해야 한다.

2. '학교종이 땡땡땡' 동요는 다음과 같은 음계와 키보드 숫자로 변환할 수 있다. 해당 키보드 숫 자를 연속으로 눌러 동요를 연주한다.

솔솔라라 솔솔미 솔솔미미레 솔솔라라 솔솔미 솔미레미도
g4g4a4a4 g4g4e4 g4g4e4e4d4 g4g4a4a4 g4g4e4 g4e4d4e4c4 (음계)
5566 553 55332 5566 553 53231 (키보드 숫자)

1. '프로그램 p11-01'에서 k 키를 누를 때마다 0(검은색) → 1(빨간색) → 2(녹색) → 3(파란색)
→ 0(검은색) 순으로 순환되며 펜의 색상이 변경되어 설정되도록 기존 프로그램에서 변경되
는 부분은 다음과 같다.

```python
...
oldx = 0
oldy = 0
# 딕셔너리를 통한 펜의 색상 지정 및 초기 펜 색상 설정
pen_color_name = {0:"Black", 1:"Red", 2:"Green", 3:"Blue"}
pen_color = 0
...
def key_d():
    t.pendown()
def key_k():    # k 키를 누를 때마다 펜 색상 변경
    global pen_color
    pen_color = pen_color + 1
    if pen_color > 3:
        pen_color = 0
    t.color(pen_color_name[pen_color])
def key_1():
    t.pensize(1)
...
s.onkey(key_d, "d")     # d 키 => 펜 내리기
s.onkey(key_k, "k")     # k 키 => 펜의 색상 지정
s.onkey(key_1, "1")     # 1 키 => 선 두께 : 1
...
```

잠깐! Coding

2. '학교종이 땡땡땡' 동요의 음에 해당하는 키보드 값을 프로그램에서 선언하여 연주한다. 음에
해당하는 음표는 dddong_note에 선언하며, dddong_note의 값 중 0은 쉼표를 의미한
다. 해당 음표의 박자는 dddong_beat에 선언하며, dddong_beat의 값 중 1은 1박자, 2
는 2박자, 3은 3박자를 의미한다. 쉼표의 박자 처리를 위한 sleep() 함수를 위해 time 모듈
을 포함하며, sleep() 함수의 인수는 초(second) 단위이므로 Beep() 함수의 인수 단위인
밀리 초(millisecond)와 단위를 맞추기 위해 1000으로 나눈다.

```python
from winsound import Beep
import time

freq = [ 0, 262, 294, 330, 349, 392, 440, 494, 523, 587 ]
dddong_note = [ 5, 5, 6, 6, 5, 5, 3, 5, 5, 3, 3, 2, 0, 5, 5, 6, 6, 5, 5, 3, 5, 3,
2, 3, 1, 0 ]
dddong_beat = [ 1, 1, 1, 1, 1, 1, 2, 1, 1, 1, 1, 3, 1, 1, 1, 1, 1, 1, 1, 2, 1, 1,
1, 1, 3, 1 ]

for i in range(len(dddong_note)):
    print(dddong_note[i], end=" ")
    if dddong_note[i] != 0:
        Beep(freq[dddong_note[i]], int(dddong_beat[i]*300))
    else:
        time.sleep((dddong_beat[i]*300)/1000)
print(end="")
```

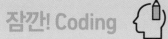
3. for 반복문에서 ** 거듭제곱 연산자를 이용하여 2의 0 거듭제곱부터 2의 8 거듭제곱까지 계산한다.

```
for i in range(9):
    print("2**%d=%d"%(i, 2**i), end=" ")
print("")
```

실행결과

```
2**0=1 2**1=2 2**2=4 2**3=8 2**4=16 2**5=32 2**6=64 2**7=128 2**8=256
```

4. "Windows" 폴더의 "Media" 폴더 내에 있는 wav 파일들은 winsound 모듈의 PlaySound() 함수를 이용하여 재생한다.

```
import winsound

winsound.PlaySound("Alarm01.wav", winsound.SND_FILENAME)
winsound.PlaySound("Ring01.wav", winsound.SND_FILENAME)
```

Basic Coding

1. ** 거듭제곱 연산자를 이용하여 전달받은 두 정수의 거듭제곱 값을 반환하는 pow_xy() 함수를 선언하고 호출해보자.

```
정수1 : 2
정수2 : 6
2**6 = 64
```

⧗ pow_xy(x, y) 형태로 선언된 함수 내에서 x ** y의 계산 결과를 반환한다.

2. x**y 거듭제곱 연산은 x의 값을 y번만큼 반복하면서 곱셈을 하여 구할 수 있다. 이러한 방법으로 거듭제곱을 구하여 반환하는 pow_xy2() 함수를 선언하고 호출해보자.

```
정수1 : 2
정수2 : 6
2**6 = 64
```

⧗ for 문을 이용하여 x의 값을 y번만큼 반복하면서 곱셈을 한다. 곱셈의 결과가 누적되는 변수의 초기값은 1로 정한다.

3. 루트 값은 math.sqrt() 함수를 이용하여 구할 수 있지만, 거듭제곱을 활용해서도 구할 수 있다. 즉 math.sqrt(3)의 값은 3**0.5의 거듭제곱 연산으로도 구할 수 있다. math.sqrt() 함수와 거듭제곱을 이용하여 루트 값을 구하여 값을 서로 비교해보자.

```
정수 : 3
sqrt(3) = 1.732051
3 ** 0.5 = 1.732051
```

⧗ math.sqrt(n)와 n**0.5로 계산하여 값을 출력한다.

4. 두 지점의 x, y 좌표를 입력받아 두 지점 간의 거리와 경사(기울기)를 구해보자. 피타고라스의 정리(임의의 직각삼각형에서 빗변을 한 변으로 하는 정사각형의 넓이는 다른 두 변을 각각한 변으로 하는 정사각형의 넓이의 합과 같다) $a^2 + b^2 = c^2$를 이용하여 두 지점 간의 거리에 해당하는 c 값을 구할 수 있다. 그리고 두 지점 간의 경사(기울기)는 (y2 − y1) / (x2 − x1)으로 구할 수 있다.

```
좌표1 x : 2
좌표1 y : 1
좌표2 x : 5
좌표2 y : 4
두 지점 간의 거리 = 4.242640687119285
두 지점 간의 경사 = 1.0
```

⌛ math.sqrt(math.pow((bx−ax),2)+math.pow((by−ay),2))로 두 지점의 거리를 구하고, slope = (by − ay) / (bx − ax)로 경사를 구한다.

5. 0부터 255까지의 R, G, B 자연수를 입력받아 16진수로 구성된 색상 값으로 변환하여 출력해보자.

```
R (0~255) : 255
G (0~255) : 0
B (0~255) : 255
RGB(255, 0, 255) = 0XFF00FF
```

⌛ R, G, B의 값은 R*65536 + G*256 + B*1의 계산으로 색상 값으로 변환하며, hex() 함수와 upper() 함수에 의해 16진수로 변환하고 대문자 형태로 변환한다.

Coding? Programming!

6. 'Basic Coding 5번 문제'를 참고하여, 0부터 255까지의 R, G, B 자연수를 입력받아 16
진수로 구성된 #000000 형태의 색상 코드(Hex color code)로 변환하여 출력해보자.

```
R (0~255) : 255
G (0~255) : 0
B (0~255) : 255
RGB(255, 0, 255) = #FF00FF
```

⏳ hex(r*65536 + g*255 + b*1).upper()[2:8] 형식으로 16진수 코드에서 2~7까지의 자리 문자열
을 구하고, 구한 문자열 앞에 "#"을 붙인다.

7. 16진수로 구성된 #000000 형태의 색상 코드(Hex color code)를 입력받아 R, G, B 색
상으로 각각 출력해보자.

```
Hex color code : #00FFFF
#00FFFF = RGB(0, 255, 255)
```

⏳ #000000 형태의 코드에서 #을 제외한 16진수 형태 문자열을 int("000000", 16) 형태의 문장으
로 변환이 가능하다.

8. 터틀 그래픽을 이용하여 10번 반복하면서 한 변의 크기가 50인 사각형을 임의의 위치에 그려
보자. 사각형의 선 색상은 빨간색으로 지정한다.

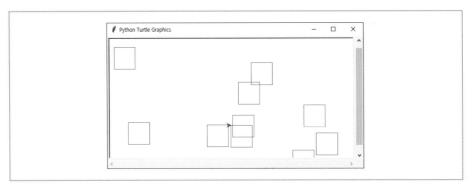

⏳ RGB 방식에서 0~255 사이 정수를 이용한 색상 모드 방식은 t.colormode(255) 함수로 지정한
다. 그리고 사각형 선 색상의 빨간색 지정은 t.color(255,0,0) 함수를 사용한다.

9. 'Basic Coding 8번 문제'를 참고하여, 터틀 그래픽을 이용하여 10번 반복하면서 한 변의 크기가 50인 사각형을 임의의 위치에 그려보자. 사각형의 선 색상은 빨간색으로, 내부는 초록색으로 채운다.

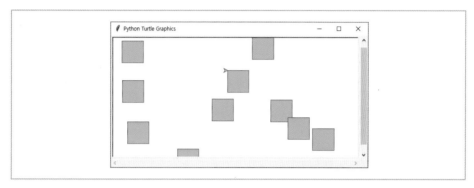

🏺 t.begin_fill() 함수를 실행하여 도형의 내부를 칠할 준비(칠할 시작 지점 지정)를 하고, 도형을 그린 후, t.end_fill() 함수를 실행하여 이 지점까지 그려진 도형의 내부를 칠한다.

10. 터틀 그래픽을 이용하여 마우스를 클릭한 위치에 한 변의 크기가 50인 사각형을 그려보자. 터틀이 클릭한 위치까지 움직일 때 선을 그리지 않아야 하며, 선을 이용하여 사각형을 그리는 방향은 위쪽 〉 오른쪽 〉 아래쪽 〉 왼쪽의 순서로 그려야 한다.

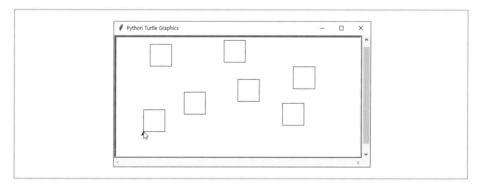

🏺 터틀의 penup() 함수를 사용하여 선을 그리지 않고 이동할 수 있으며, 이동 후에는 pendown() 함수를 사용하여 선을 그리는 상태로 바꿔야 한다. 터틀 그래픽 화면이 생성된 후 마우스를 클릭하기 이전에 먼저 터틀의 방향을 왼쪽을 변경해 두어야 하며, 위쪽 〉 오른쪽 〉 아래쪽 〉 왼쪽의 순서로 그리기 위하여 forward(50) 함수와 right(90) 함수를 4회 반복하면서 그린다.

Enhancement Coding

1. 2부터 100까지 중의 소수를 리스트 primelist = [2, 3, 5, 7, 11, 13, 17, 19, 23, 29, 31, 37, 41, 43, 47, 53, 59, 61, 67, 71, 73, 79, 83, 89, 97]로 선언하고, 전달받은 숫자를 소인수분해하여 (2, 3)의 (소수, 개수) 형태로 반환하는 factor() 함수를 선언하고 호출해보자.

```
소인수분해할 숫자 : 24
24 의 소인수분해 = [(2, 3), (3, 1)]

소인수분해할 숫자 : 72
72 의 소인수분해 = [(2, 3), (3, 2)]
```

⧖ factor(n) 형태로 선언된 함수 내에서 primelist 내의 소수를 이용하여 소수로 나누어 나머지가 0인 숫자를 찾는다.

2. 'Enhancement Coding 1번 문제'를 참고하여, 반환된 소인수분해 리스트로 연산을 하여 원래의 숫자가 나오는지 계산해보자.

```
소인수분해할 숫자 : 72
72 의 소인수분해 = [(2, 3), (3, 2)]
2**3 + 3**2 = 72
```

⧖ for i in range(len(rst))으로 반복하면서 s = s * rst[i][0] ** rst[i][1]로 누적하여 곱한다.

3. 터틀 그래픽을 이용하여 한 변의 길이가 70인 삼각형부터 정 18각형까지 그려보자.

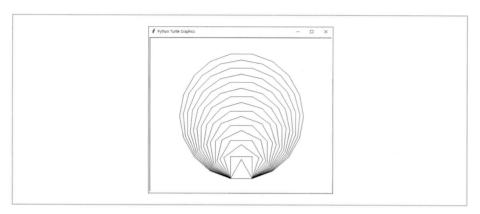

⏳ 두 개의 반복문이 중첩된 형태이며, 바깥쪽 반복은 for i in range(3, 19), 안쪽 반복은 for j in range(i) 형태로 이루어진다. 도형 그리기는 forward(7) 함수와 right(360 / i) 함수를 이용한다.

4. 'Enhancement Coding 3번 문제'를 참고하여, 다음과 같이 바깥쪽 정 18각형의 색상을 파란색(0,0,255)으로 그리기 시작하여 마지막 정 3각형의 색상을 초록색(0,255,0)으로 그려보자.

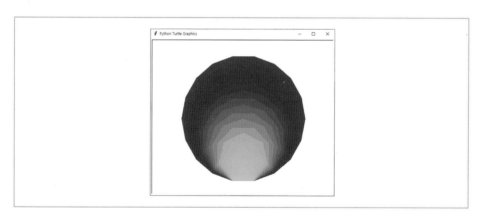

⏳ 'Enhancement Coding 3번 문제'와 다르게 도형의 채워지는 색상이 겹치지 않아야 하므로 바깥쪽 정 18각형 도형부터 안쪽 정 3각형 도형 순으로 그려야 한다. 색상의 변화는 파란색은 −17씩 감소하고 초록색은 +17씩 증가하면서 반복하면 파란색에서 초록으로 색의 변화가 이루어진다.

5. 터틀 그래픽을 이용하여 반지름이 120인 원을 60회 그려 다음 결과의 도형을 그려보자.

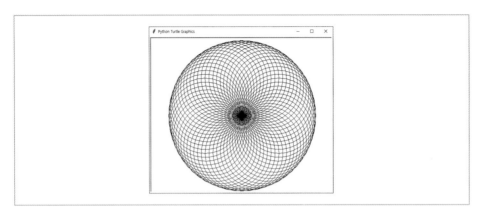

🖅 원을 그리기 위해 circle(120) 함수를 사용하고, 원의 위치를 오른쪽으로 6도 회전시키기 위해 right(360 / 60) 함수를 이용한다.

6. 'Enhancement Coding 5번 문제'를 참고하여, 다음과 같이 빨간색(255,0,0) 원으로 그리기 시작하여 마지막 초록색으로 끝나도록 그려보자.

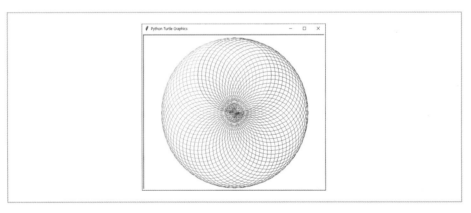

🖅 색상의 변화는 빨간은 −4씩 감소하고 초록색은 +4씩 증가하면서 반복하면 빨간색에서 초록색으로 색의 변화가 이루어진다.

7. 다음과 같이 선으로 구성된 삼각형 형태를 그리려고 한다. 360번 반복하면서 길이가 루프 제어 변수 * 2인 선을 그리고 삼각형 형태를 되기 위하여 왼쪽으로 120도 회전하자. 그리고, 태극문양 색상으로 선을 그리기 위하여 루프 제어 변수를 3으로 나누어 나머지가 0이면 빨간색, 1이면 노란색, 2이면 파란색을 지정한다.

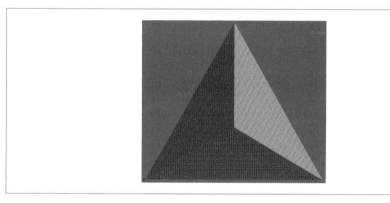

⌛ for x in range(360)로 반복하면서 x를 3으로 나누어 0이면 빨간색(t.color("red")), 1이면 노란색(t.color("yellow")), 2이면 파란색(t.color("blue"))을 지정하고 x*2의 길이로 선(t.forward(x*2))을 그린다. 그려진 선 형태가 삼각형 형태를 되기 위하여 왼쪽으로 120도 회전(t.left(120))한다.

8. 'Enhancement Coding 7번 문제'를 참고하여, 왼쪽으로 119도 회전하도록 변경해보자.

⌛ t.left(120)를 t.left(119)로 변경한다.

9. 'Basic Coding 4번 문제'를 참고하여, 터틀 스크린에서 두 지점을 클릭하면 해당 두 지점을 선으로 연결하고 거리와 경사를 구하여 출력해보자.

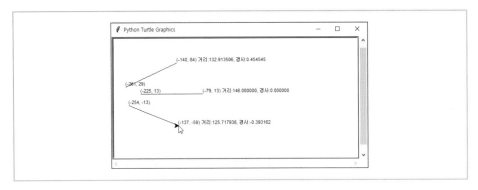

> 첫 번째 클릭에서 oldx, oldy에 좌표를 저장하고, 두 번째 클릭이 이루어지면 첫 번째 클릭한 oldx, oldy 좌표의 거리를 dist = math.sqrt(math.pow((x-oldx),2)+math.pow((y-oldy),2))로 구하고, 경사를 slope = (y - oldy) / (x - oldx)로 구하여 출력한다.

10. 'Basic Coding 10번 문제'를 참고하여, 클릭할 때마다 빨간색, 초록색, 파란색으로 채워진 사각형을 번갈아 가면서 그려보자.

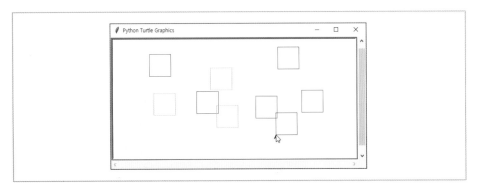

> 사각형 내에 채워질 색상은, 빨간색 지정은 t.fillcolor(255,0,0), 초록색 지정은 t.fillcolor(0,255,0), 파란색 지정은 t.fillcolor(0,0,255) 함수를 이용하여 지정한다. 색상의 변화는 changecolor 변수의 값을 변경하면서 changecolor의 값이 0이면 빨간색, 1이면 초록색, 2이면 파란색으로 지정한다.

11. 'Thinking! 2번'을 참고하여 '얼룩 송아지' 동요를 음계와 키보드 숫자로 변환해보자.

⌛ 도도레도 라라시라 솔파레파도 레파레도 파라도 도레도라솔파

12. 'Thinking! 3번'을 참고하여 '얼룩 송아지' 동요의 음에 해당하는 키보드 값을 프로그램에서 선언하여 연주해보자. 음에 해당하는 음표는 song_note에 선언하며, song_note의 값중 0은 쉼표를 의미한다. 해당 음표의 박자는 song_beat에 선언하며, song_beat의 값중 1은 1박자, 2는 2박자, 3은 3박자, 0.5는 0.5박자를 의미한다. 쉼표의 박자 처리를 위한 sleep() 함수를 위해 time 모듈을 포함하며, sleep() 함수의 인수는 초(second) 단위이므로 Beep() 함수의 인수 단위인 밀리 초(millisecond)와 단위를 맞추기 위해 1000으로 나눈다.

⌛ song_note는 [8,8,9,8, 6,6,7,6, 5,4,2,4,1, 0, 2,4,2,1, 4,6,8, 8,9,8,6,5, 4, 0]로 선언하고, song_beat는 [1,0.5,0.5,2, 1,0.5,0.5,2, 1.5,0.5,1,1,3, 1, 1,1,1,1, 1,1,2, 1,0.5,0.5,1,1,3, 1]로 선언한다.

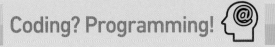

13. 딕셔너리 자료형을 이용하여 영문자 'A'부터 'Z'까지의 모스 부호를 선언한 후, 사용자로부터 영문 문자열을 입력받아 모스 부호를 표시하고 모스 부호 음을 발생시켜 보자.

```
영문 메세지 : SOS PYTHON
Morse code : ... --- ... .--. -.-- - .... --- -.
```

영문자 'A'부터 'Z'까지의 모스 부호(Morse code)는 다음과 같다.

영문자	모스 부호	영문자	모스 부호	영문자	모스 부호	영문자	모스 부호
A	.-	H	....	O	---	V	...-
B	-...	I	..	P	.--.	W	.--
C	-.-.	J	.---	Q	--.-	X	-..-
D	-..	K	-.-	R	.-.	Y	-.--
E	.	L	.-..	S	...	Z	--..
F	..-.	M	--	T	-		
G	--.	N	-.	U	..-		

모스 부호 음을 발생시킬 때 다음의 국제간에 협정된 모스 부호 구성 규칙을 따른다. 이 규칙을 참고하여 음을 발생시키는 morse_beep() 함수에서 다음과 같이 Beep() 함수를 이용하여 음을 발생시키고, sleep() 함수를 이용하여 음 사이의 간격을 조절한다.

① 선(dash) '–'의 음 발생 길이는 점(dot)'.'의 3배임

점(dot)'.'의 음 : Beep(700, 60), 선(dash) '–'의 음 : Beep(700, 180)

② 문자 한 글자를 형성하는 선과 점 사이의 간격에 따른 음 발생 길이는 한 개의 점과 같음

sleep(0.06)   # 단위 : 초, 0.06 = 60밀리초

③ 문자와 문자 사이의 간격에 따른 음 발생 길이는 세 개의 점과 같음

sleep(700, 0.18)

④ 단어와 단어 사이의 간격에 따른 음 발생 길이는 일곱 개의 점과 같음

sleep(0.42)

⌛ Beep() 함수를 사용하기 위하여 winsound 모듈을 임포트(import) 시켜야 하며, sleep() 함수의 경우도 time 모듈을 임포트(import) 시켜야 한다.

CHAPTER
12 수학(Mathematics)

 학습 목표

- 피보나치 수열의 원리를 이해하고 이 수열을 이용하여 피보나치 트리를 그리는 프로그램을 작성할 수 있다.
- 확률의 개념을 이해하고 동전 던지기를 통한 앞면 발생 비율을 계산하는 프로그램을 작성할 수 있다.
- 확률적 기반에 의한 두 동전의 앞면/뒷면 맞추기 게임 프로그램을 작성할 수 있다.

 관련 학습

- 함수의 재귀 호출
- 반복문과 변수를 통한 재귀 호출의 변환
- 난수(Random number)
- % 비율(백분율) 계산하기

12.1 피보나치 수열과 피보나치 트리 그리기

12.1.1 피보나치 수열 계산하기

피보나치 수(Fibonacci Numbers)는 0과 1로 시작하며, $F_0 = 0$, $F_1 = 1$, $F_i = F_{i-1} + F_{i-2}$ ($i \geq 2$)의 재귀식에 의해 정의된다. 피보나치 수로 구성된 피보나치 수열(Fibonacci Sequence)은 0, 1, 1, 2, 3, 5, 8, ...과 같은 순서의 숫자로 구성된 수열이다. 다음은 0과 1로 시작하여 피보나치 수를 구하는 방법이며, 피보나치 수를 이용한 사각형 채우기와 황금비율을 나타낸 것이다.

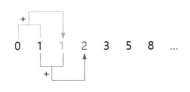

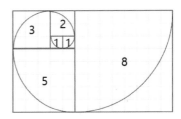

피보나치 수열의 형태는 자연에서 나뭇가지의 갈라짐이나 꽃씨의 배열 등에서 빈번하게 나타나며, 황금비율의 형태나 프렉탈 형태로 나타나기도 한다. 또한, 알고리즘 분야에서는 피보나치 탐색(Fibonacci Search)이나 피보나치 힙(Fibonacci Heap)으로, 증권 분야에서는 엘리어트 파동 이론(Elliott wave theory)에서 활용되고 있다.

📋 프로그램 **p12-01-1** **피보나치 수열 계산하기**

정숫값을 입력받아 해당 숫자까지의 모든 피보나치 수를 구해보자.

1 문제 분석

정숫값을 입력받아 해당 정숫값까지 반복하면서 피보나치 함수를 호출하여 피보나치 수를 계산한다.

함수	• fibo() : 피보나치 수 계산
입력	• fibo() 함수의 매개변수에 전달된 정숫값
출력	• 0부터 입력값까지의 모든 피보나치 수
변수	• n : 입력 정숫값 • rst : 0부터 n까지의 모든 정수에 대한 피보나치 수

2 알고리즘 설계

문제 분석에서의 함수와 입력, 출력에 대한 알고리즘을 자연어로 표현하면 다음과 같다.

	매개변수	n : n 항 정숫값	반환	0(n이 0일때), 1(n이 1일때), fibo(n − 1) + fibo(n − 2)

fibo()	1. 만약 n이 0이면
	   1.1 결과 값으로 0 반환
	그렇지 않고 만약 n이 1이면
	   1.1 결과 값으로 1 반환
	그렇지 않으면
	   1.1 fibo(n − 1) + fibo(n − 2)를 재귀 호출한 후 결과 반환			

정수 값 입력	1. "f(n), n : " 메시지 출력 후 정숫값을 입력받아 변수 n에 대입
fibo() 함수 호출 및 결과 값 출력	1. 0부터 n까지 for 문을 이용하여 반복 　1.1 fibo(i)를 호출한 후 반환 받은 결과를 변수 rst에 대입 　1.2 변수 i의 값과 변수 rst의 값을 출력

3 코딩

알고리즘 설계를 이용하여 파이썬 프로그램을 코딩하면 다음과 같다.

```
1    def fibo(n):
2        if n == 0:
3            return 0
4        elif n == 1:
5            return 1
6        else:
7            return fibo(n-1) + fibo(n-2)
8
9    n = int(input("f(n), n : "))
10
11   for i in range(0, n+1):
12       rst = fibo(i)
13       print("fibo(%d) = %d"%(i, rst))
```

1-7	매개변수 n에 따라 피보나치 수를 계산하는 fibo() 함수 선언
2-3	만약 n이 0이면 결과로 0 반환
4-5	그렇지 않고 만약 n이 1이면 결과로 1 반환
6-7	그렇지 않으면 fibo(n-1) + fibo(n-2)를 재귀 호출한 후 결과를 반환
9	"f(n), n : " 메시지 출력 후 정숫값을 입력받아 변수 n에 대입
11-13	0부터 n까지 반복
12	fibo(i)를 호출한 후 반환 받은 결과를 변수 rst에 대입
13	변수 i의 값과 변수 rst의 값을 출력

4 테스트/디버깅

프로그램을 실행하여 데이터 입력의 예상 결과가 나타나는지 결과를 확인해보자. 그리고 동작 상태를 확인하고 오류가 발생하는지 확인하여 디버깅해보자.

입력	결과	확인 및 수정 사항
6	f(n), n : 6 fibo(0) = 0 fibo(1) = 1 fibo(2) = 1 fibo(3) = 2 fibo(4) = 3 fibo(5) = 5 fibo(6) = 8	0부터 6까지의 각 숫자에 해당하는 피보나치 수를 구하여 출력하며, 출력 결과 0 1 1 2 3 5 8은 피보나치 수열임
-3	f(n), n : -3	음수 값을 입력할 경우 for 문의 반복이 이루어지지 않고 fibo() 함수가 호출되지 않아 결과 출력 없음

🔆 Thinking!

1. for 문을 사용하지 않고 입력된 값을 이용하여 fibo() 함수를 호출할 때, 입력된 값이 0 이상인 경우 문제가 없지만 0 미만의 값이면 "RecusionError" 오류가 발생할 수 있다. 이러한 문제를 해결하기 위하여 입력된 값이 0 미만이면 잘못된 입력임을 안내해보자.

```
...
n = int(input("f(n), n : "))
rst = fibo(n)
print("fibo(%d) = %d"%(n, rst))
```

실행결과

```
f(n), n : -3
Traceback (most recent call last):
...
RecursionError: maximum recursion depth exceeded in comparison
```

5 프로그램 코딩을 위한 관련 학습

1) 함수의 재귀 호출

함수의 재귀 호출(recursive call)은 함수의 내부에서 함수 자신을 반복적으로 다시 호출하는 경우를 말하며, 재귀 호출이 이루어진 함수를 재귀 함수(recursive function)라고 한다.

정숫값 n에 대한 팩토리얼(Factorial) 값을 구하는 반복적 정의식은 n! = n*(n-1)*(n-2)* ... *2*1이고, 재귀 호출에 의한 정의식은 n! = n*(n-1)! (단, 0! = 1)이다. 재귀 호출로 팩토리얼을 구하는 factorial() 함수와 실행 결과는 다음과 같다.

```python
def factorial(n):
    if n == 0:
        return 1
    else:
        return n * factorial(n-1)

n = int(input("Value : "))
rst = factorial(n)
print("%d! = %d"%(n, rst))
```

실행결과

```
Value : 3
3! = 6
```

n 값이 3일 때 factorial(3) 함수를 호출하여 실행된 후 결과를 반환하는 과정은 다음과 같다.

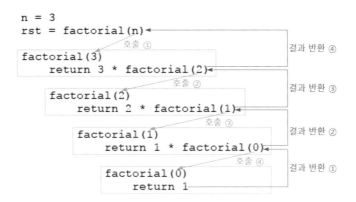

2) 반복문과 변수를 통한 재귀 호출의 변환

수학에서의 반복문과 변수를 이용하는 모든 종류의 반복적 알고리즘은 재귀 함수로 표현될 수 있으며, 그 반대의 경우도 역시 성립한다. 반복문과 변수를 이용한 반복적 알고리즘으로 표현한 factorial() 함수와 실행결과는 다음과 같다.

```python
def factorial(n):
    val = n
    for i in range(n-1, 0, -1):
        val = val * i
        return val


n = int(input("Value : "))
rst = factorial(n)
print("%d! = %d"%(n, rst))
```

실행결과

```
Value : 3
3! = 6
```

수학적으로 표현된 알고리즘의 경우 반복문과 변수를 이용하여 프로그램을 작성하기보다는 재귀 함수를 이용하면 더 쉽고 간결하게 프로그램을 작성할 수 있으며 프로그램의 가독성도 더 좋게 된다.

> >> 잠깐! Coding

1. '프로그램 p12-01-1'을 이용하여 fibo(4)를 호출하고 결과를 반환하는 과정을 필기로 작성해보자.

12.1.2 피보나치 트리 그리기

피보나치 수열은 자연 속에서 앵무조개의 껍데기 모양, 꽃잎의 개수, 나뭇가지의 모양 등에서 나타난다. n이 1부터 6까지의 피보나치 수열인 1, 1, 2, 3, 5, 8의 나뭇잎 개수를 가진 피보나치 트리 모양은 다음과 같다.

프로그램 p12-01-2 피보나치 수열을 이용한 피보나치 트리 그리기

정숫값을 입력받아 해당 숫자의 피보나치 수에 해당하는 나뭇가지를 가지는 피보나치 트리를 구해보자.

1 문제 분석

정숫값을 입력받아 해당 정숫값의 피보나치 수를 계산한다. 그리고 피보나치 수에 해당하는 나뭇가지를 가지는 피보나치 트리 모양을 출력한다.

함수	• fibo() : 피보나치 수 계산 • fibo_tree() : 피보나치 트리 모양 출력
입력	• 피보나치 수를 계산하기 위한 정숫값
출력	• 피보나치 수에 따른 나뭇가지를 갖는 피보나치 트리 모양 출력
변수	• n : 입력 정숫값 • fn : n 값에 따른 피보나치 수 • t : 터틀 • s : 터틀 스크린

2 알고리즘 설계

문제 분석에서의 함수와 입력, 출력에 대한 알고리즘을 자연어로 표현하면 다음과 같다.

	매개변수	n : n 항 정숫값	반환	0(n이 0일때), 1(n이 1일때), fibo(n − 1) + fibo(n − 2)

fibo()	1. 만약 n이 0이면
	  1.1 결과로 0 반환
	그렇지 않고 만약 n이 1이면
	  1.1 결과로 1 반환
	그렇지 않으면
	  1.1 fibo(n − 1) + fibo(n − 2)를 재귀 호출한 후 결과를 반환			

	매개변수	length : 한 변의 길이 n : n 항 정숫값	반환	없음

fibo_tree()	1. 만약 n이 0보다 크면
	  1.1 length만큼 앞으로 이동
	  1.2 오른쪽으로 30 이동
	  1.3 fibo_tree(length*3/4, n-1) 함수 호출
	  1.4 왼쪽으로 60 이동
	  1.5 fibo_tree(length*3/4, n-2) 함수 호출
	  1.6 오른쪽으로 30 이동
	  1.7 length만큼 뒤로 이동			

터틀 생성 스크린 생성 색상 변경 초기위치 이동	1. 터틀 스크린 크기를 500, 500으로 설정
	2. 터틀 스크린 생성
	3. 왼쪽으로 90 이동
	4. 터틀 색상을 녹색(green)으로 설정
	5. 펜을 올림
	6. (0, −200)의 좌표로 이동
	7. 펜을 내림
	8. 터틀의 속도를 0으로 설정(0:아주 빠름, 1:아주 느림, 3:느림, 6:보통, 10:빠름)
정수 값 입력	1. F(n)의 n 값을 입력받아 변수 n에 대입(기본값:6, 입력값 범위:1~12)
fibo(), fibo_tree() 함수 호출 결과 출력	1. fibo(n) 함수를 호출하고 결과를 변수 fn에 대입
	2. fibo_tree(100, n) 함수를 호출
	3. 펜을 올림
	4. 결과 출력을 위한 위치인 (−230, 230) 위치로 이동
	5. n 값에 따른 피보나치 수와 나뭇가지 수 출력

3 코딩

알고리즘 설계를 이용하여 파이썬 프로그램을 코딩하면 다음과 같다.

```python
1   import turtle as t
2
3   def fibo(n):
4       if n == 0:
5           return 0
6       elif n == 1:
7           return 1
8       else:
9           return fibo(n-1) + fibo(n-2)
10
11  def fibo_tree(length, n):
12      if n > 0:
13          t.forward(length)
14          t.right(30)
15          fibo_tree(length*3/4, n-1)
16          t.left(60)
17          fibo_tree(length*3/4, n-2)
18          t.right(30)
19          t.backward(length)
20
21  t.setup(500, 500)
```

```
22    s = t.Screen()
23    t.left(90)
24    t.color("green")
25    t.penup()
26    t.goto(0, -200)
27    t.pendown()
28    t.speed(0)
29
30    n = t.numinput("입력", "F(n), n : ", 6, 1, 12)
31    fn = fibo(n)
32    fibo_tree(100, n)
33    t.penup()
34    t.goto(-230, 230)
35    t.write("F(%d) = %d, 나뭇가지 : %d"%(n, fn, fn))
```

1-7	매개변수 n에 따라 피보나치 수를 계산하는 fibo() 함수 선언
2-3	만약 n이 0이면 결과로 0 반환
4-5	그렇지 않고 만약 n이 1이면 결과로 1 반환
6-7	그렇지 않으면 fibo(n - 1) + fibo(n - 2)를 재귀 호출한 후 결과를 반환
9	"f(n), n : " 메시지 출력 후 정숫값을 입력받아 변수 n에 대입
11-19	한 변의 길이가 length인 피보나치 트리 모양을 그리는 fibo_tree() 함수 선언
12-19	만약 n이 0보다 크면
13	length만큼 앞으로 이동
14	오른쪽으로 30 이동
15	fibo_tree(length*3/4, n-1) 함수 호출
16	왼쪽으로 60 이동
17	fibo_tree(length*3/4, n-2) 함수 호출
18	오른쪽으로 30 이동
19	length만큼 뒤로 이동
21	터틀 스크린 크기를 500, 00으로 설정
22	터틀 스크린 생성
23	터틀을 왼쪽으로 90만큼 이동시킴
24	터틀의 색상을 녹색(green)으로 설정
25	펜을 올림
26	(0, -200)의 좌표로 이동
27	펜을 내림
28	터틀의 속도를 0으로 설정 (0:아주 빠름, 1:아주 느림, 3:느림, 6:보통, 10:빠름)
30	F(n)의 n 값을 입력받아 변수 n에 대입(기본값:6, 입력값 범위:1~12)
31	fibo(n) 함수를 호출하고 결과를 변수 fn에 대입
32	fibo_tree(100, n) 함수를 호출
33	펜을 올림
34	결과 출력을 위한 위치인 (-230, 230) 위치로 이동
35	n 값에 따른 피보나치 수와 나뭇가지 수 출력

4 테스트/디버깅

프로그램을 실행하여 데이터 입력의 예상 결과가 나타나는지 결과를 확인해보자. 그리고 동작 상태를 확인하고 오류가 발생하는지 확인하여 디버깅해보자.

입력	결과	확인 및 수정 사항
6	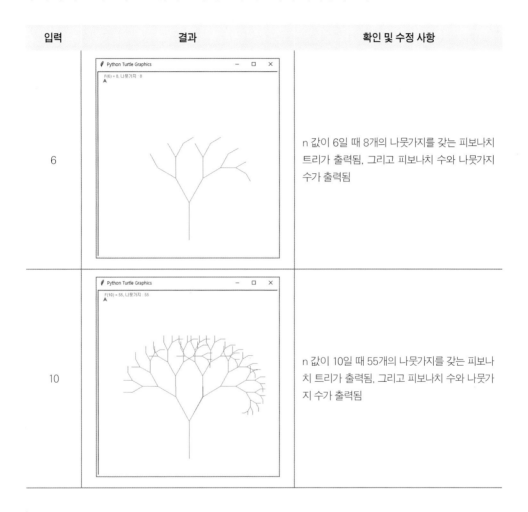	n 값이 6일 때 8개의 나뭇가지를 갖는 피보나치 트리가 출력됨, 그리고 피보나치 수와 나뭇가지 수가 출력됨
10		n 값이 10일 때 55개의 나뭇가지를 갖는 피보나치 트리가 출력됨, 그리고 피보나치 수와 나뭇가지 수가 출력됨

💡 Thinking!

2. fibo_tree() 함수 내에서 재귀 호출할 때 length * 3 / 4의 분수 값을 변경할 경우 트리의 모양은 어떻게 변하는지 확인해보자.

3. fibo_tree() 함수 내에서 t.right(30), t.left(60), t.right(30)의 값을 t.left(30), t.right(60), t.left(30)으로 변경할 경우 트리의 모양은 어떻게 변하는지 확인해보자.

12.2 확률에 기초한 동전의 앞면/뒷면 맞추기 게임하기

12.2.1 확률과 동전의 앞면/뒷면 발생 비율 계산하기

확률(Probability)은 영어 단어의 첫 글자를 따서 P라고 쓰며, 모든 경우의 수에서 사건 A가
일어날 경우의 수를 P(A)로 표현한다. 확률은 비율이라서 퍼센트(%)의 백분율로 표현하기
도 하며, 0.1이나 1/10과 같이 소수나 분수로 표현하기도 한다.

'수학적 확률(선험적 확률)'은 사건이 발생할 가능성이 같다는 것으로 예를 들어 동전을 던
져 앞면과 뒷면이 나올 수 있는 경우의 수는 앞면, 뒷면의 총 2가지이고 각 면이 나올 확률
은 1/2이다. 또한, 주사위 하나를 던질 때 나올 수 있는 경우의 수는 1, 2, 3, 4, 5, 6의 6가
지이고 각 면이 나올 확률은 1/6이다.

반면에 어느 날 비가 올 확률은 수학적 확률에 따라 계산할 수 없다. 다만 오랫동안 관찰
해서 얻은 자료를 기초로 어떤 조건이나 상황에서 비가 올 확률이 30% 또는 50%라고 말할
수 있다. 이처럼 경우의 수를 셀 수 없는 경우에 경험을 토대로 확률을 구하는 데 이를 '통
계적 확률(경험적 확률)'이라고 한다.

📑 **프로그램** (p12-02-1) 동전의 앞면/뒷면 중 앞면 발생 비율 계산하기

동전의 앞면/뒷면 중 지정된 횟수까지 발생하는 동전의 앞면 발생 비율을 계산하여 출력해보자.

1 문제 분석

지정한 범위 내의 횟수를 입력받아 반복하면서 동전의 앞면 발생 비율을 계산하여 출력한다.

함수	없음
입력	• 시뮬레이션 횟수 : 1~10000
출력	• 입력한 횟수까지의 동전의 앞면 발생 비율 • 1~10 범위는 횟수마다, 11~100 범위는 10단위마다, 101~1000 범위는 100단위마다, 1001~10000 범위는 1000단위마다 동전의 앞면 발생 비율 출력
변수	• n : 시뮬레이션 횟수 • coinF : 동전의 앞면 발생 횟수 • cFR : 난수에 의한 동전의 앞면(0)/뒷면(1)

2 알고리즘 설계

문제 분석에서의 입력, 출력에 대한 알고리즘을 자연어로 표현하면 다음과 같다.

시뮬레이션 횟수 입력	1. 시뮬레이션 횟수를 정숫값으로 입력받아 변수 n에 대입 2. 만약 n이 1보다 작거나 10000보다 크면 "Simul count = 1~10000" 출력 　그렇지 않으면 다음의 '앞면 발생 비율 출력' 부분 실행
앞면 발생 비율 출력	1. "Count : Ratio" 문자열 출력 2. 변수 coinF의 값을 0으로 초기화 3. 1부터 n + 1 미만(1 ~ n)의 값까지 반복 　3.1 0과 1의 정수형 난수를 변수 cFR에 대입 　3.2 만약 cFR의 값이 0과 같으면　(# 앞면이면) 　　3.2.1 변수 coinF의 값을 1 증가 　3.3 만약 변수 i의 값이 10보다 작으면, i의 값과 (coinF / i)의 계산 값 출력 　　(# 변수 i의 값이 1, 2, 3, ..., 9이면) 　그렇지 않고 만약 i의 값이 100보다 작고 i를 10으로 나눈 나머지가 0이면, 　　i의 값과 (coinF / i)의 계산 값 출력　(# 변수 i의 값이 10, 20, 30, ..., 90이면) 　그렇지 않고 만약 i의 값이 1000보다 작고 i를 100으로 나눈 나머지가 0이면, 　　i의 값과 (coinF / i)의 계산 값 출력　(# 변수 i의 값이 100, 200, 300, ..., 9000이면) 　그렇지 않고 만약 i의 값이 1000보다 크거나 같고 i를 1000으로 나눈 나머지가 0이면, 　　i의 값과 (coinF / i)의 계산 값 출력　(# 변수 i의 값이 1000, 2000, ..., 10000이면) 4. i의 값과 (coinF / i)의 계산 값 출력

3 코딩

알고리즘 설계를 이용하여 파이썬 프로그램을 코딩하면 다음과 같다.

```python
1    import random
2
3    n = int(input("Simul count : "))
4    if n < 1 or n > 10000:
5        print("Simul count = 1 ~ 10000")
6    else:
7        print("Count : Ratio")
8        coinF = 0
9        for i in range(1, n + 1):
10           cFR = random.randint(0, 1)
11           if cFR == 0:
12               coinF = coinF + 1
13           if i < 10:
14               print("%5d : %5.1f%%"%(i, coinF / i * 100))
15           elif i < 100 and i % 10 == 0:
16               print("%5d : %5.1f%%"%(i, coinF / i * 100))
17           elif i < 1000 and i % 100 == 0:
18               print("%5d : %5.1f%%"%(i, coinF / i * 100))
19           elif i >= 1000 and i % 1000 == 0:
20               print("%5d : %5.1f%%"%(i, coinF / i * 100))
21       print("%5d : %5.1f%%"%(i, coinF / i * 100))
```

1	난수 함수 사용을 위해 random 모듈을 포함
3	시뮬레이션 횟수를 정숫값으로 입력받아 변수 n에 대입
4-5	만약 n이 1보다 작거나 10000보다 크면 "Simul count = 1~10000" 문자열 출력
6-21	그렇지 않으면 앞면 발생 비율을 계산하여 출력
7	"Count : Ratio" 문자열 출력
8	앞면 발생 횟수를 계산하기 위해 변수 coinF의 값을 0으로 초기화
9-20	1부터 n + 1 미만(즉, 1 ~ n)의 값까지 반복
10	0과 1의 정수형 난수를 변수 cFR에 대입
11-12	만약 cFR의 값이 0과 같으면 (# 앞면이면)
12	변수 coinF의 값을 1 증가
13-14	만약 변수 i의 값이 10보다 작으면 (# 변수 i의 값이 1, 2, 3, ..., 9이면)
14	i의 값과 (coinF / i * 100)의 계산 값 출력
15-16	그렇지 않고 만약 i의 값이 100보다 작고 i를 10으로 나눈 나머지가 0이면 (# 변수 i의 값이 10, 20, 30, ..., 90이면)
16	i의 값과 (coinF / i * 100)의 계산 값 출력
17-18	그렇지 않고 만약 i의 값이 1000보다 작고 i를 100으로 나눈 나머지가 0이면 (# 변수 i의 값이 100, 200, 300, ..., 900이면)

18	i의 값과 (coinF / i * 100)의 계산 값 출력
19-20	그렇지 않고 만약 i의 값이 1000보다 크거나 같고 i를 1000으로 나눈 나머지가 0이면 (# 변수 i의 값이
	1000, 2000, 3000, ..., 9000, 10000이면)
20	i의 값과 (coinF / i * 100)의 계산 값 출력
21	i의 값과 (coinF / i * 100)의 계산 값 출력

▨ 테스트/디버깅

프로그램을 실행하여 데이터 입력의 예상 결과가 나타나는지 결과를 확인해보자. 그리고 동작 상태를 확인하고 오류가 발생하는지 확인하여 디버깅해보자.

입력	결과		확인 및 수정 사항
10000	Simul count : 10000 Count : Ratio 1 : 0.0% 2 : 0.0% 3 : 0.0% 4 : 25.0% 5 : 20.0% 6 : 33.3% 7 : 42.9% 8 : 37.5% 9 : 33.3% 10 : 40.0% 20 : 50.0% 30 : 43.3% 40 : 50.0% 50 : 48.0% 60 : 48.3% 70 : 47.1% 80 : 45.0% 90 : 45.6%	100 : 48.0% 200 : 51.5% 300 : 51.3% 400 : 50.0% 500 : 48.6% 600 : 48.0% 700 : 49.3% 800 : 50.1% 900 : 50.1% 1000 : 49.9% 2000 : 50.4% 3000 : 50.8% 4000 : 50.2% 5000 : 50.5% 6000 : 50.5% 7000 : 50.6% 8000 : 50.6% 9000 : 50.7% 10000 : 50.8% 10000 : 50.8%	1부터 1000까지의 횟수에서는 앞면이 나올 비율이 0.5를 기준으로 들쑥날쑥하지만 1000을 넘어서면 비율이 점차 0.5를 향해 수렴함 실험 횟수가 많아지면서 이론적인 확률과 같아지는 현상을 대수의 법칙(law of large numbers)이라고 함
0 (또는 10001)	Simul count : 0 Simul count = 1 ~ 10000		입력 값이 1~10000 범위에 해당하지 않을 경우 범위 안내 문자열 출력

🔆 **Thinking!**

4. '프로그램 p12-02-1'에서 13~20번 문장들은 if-elif를 사용하였지만 print() 함수 문장이 중복되어 사용되었다. 13번 문장에서 or를 추가하여 13, 15, 17, 19 문장을 하나의 문장으로 작성하고 print() 함수의 사용을 줄여보자.

5 **프로그램 코딩을 위한 관련 학습**

1) 난수(Random number)

난수(Random number)는 지정한 범위 내에서 무작위로 추출된 수이며, 추출되는 수가 충분히 추측하기 어려워야 한다. 난수는 발생하는 수들에 대한 추측이 어렵고 다양한 경우의 수가 발생하기 때문에 게임이나 시뮬레이션 분야 등에서 중요하게 사용되고 있다.

파이썬은 random 모듈의 random() 함수를 통하여 난수 발생을 지원하며, random() 함수는 0.0부터 1.0 미만의 실수의 구간에서 난수를 발생한다. 만약 0.0부터 10.0 미만의 실수 구간의 난수를 발생하려면 random()*10과 같이 계산을 하여 구할 수 있다.

```
import random

for i in range(3):
    print(random.random())
print("")
for i in range(5):
    print(random.random() * 10)
```

실행결과

```
0.9518632236855507
0.44189568568643267
0.0070149928769724538

0.935748259594571
1.1301956090483112
5.802939826927577
5.156765590303996
0.10503082815706999
```

정수 구간의 난수가 필요한 경우 randint() 함수나 randrange() 함수를 사용한다. randint (n, m) 함수의 경우 n부터 m 범위 내에서 난수를 발생하고, randrange(a, b) 함수의 경우 a부터 b-1 범위 내에서 난수를 발행한다. 문자열이나 리스트 내에서 임의의 한 항목을 선택하려면 choice() 함수를 사용한다.

```
import random

sText = "abcdefg"
seqList = [1, 2, 3, 4, 5]

print("Count randint() randrange() choice() choice()")
for i in range(5):
    print("%4d %8d %11d %8s %8d"%((i,
            random.randint(1, 6),
            random.randrange(1, 7),
            random.choice(sText),
            random.choice(seqList))))
```

실행결과

```
Count   randint()   randrange()   choice()   choice()
    0       2           1             d          3
    1       2           6             f          5
    2       6           3             e          5
    3       4           4             b          4
    4       1           1             d          4
```

2) % 비율(백분율) 계산하기

일상의 경우에서 '전체 값에서 일부 값은 몇 퍼센트?'와 같이 % 비율, 즉 백분율을 계산하는 경우가 많다. 그렇지만 파이썬에서는 백분율을 계산하기 위한 함수가 기본적으로 제공되지 않기 때문에 다음과 같은 방법으로 백분율을 계산한다.

'전체 값'에서 '일부 값'이 몇 퍼센트인지 계산하는 방법은 '(일부 값 / 전체 값) * 100'의 계산식으로 구할 수 있다. 전체 값에서 일부 값을 구하기 위한 사용자 정의 함수 percent()와 활용 예는 다음과 같다.

```
def percent(pnum, tnum):
    return (pnum / tnum) * 100

n1 = int(input("전체 값: "))
n2 = int(input("일부 값: "))
p = percent(n2, n1)
print("%d의 %d은 %d%%입니다."%(n1, n2, p))
```

실행결과

```
전체 값: 30
일부 값: 6
30의 6은 20%입니다.
```

'전체 값'의 '몇 퍼센트'는 얼마인지 계산하는 방법은 '(전체 값 * 몇 퍼센트) / 100'의 계산식으로 구할 수 있다. 전체 값의 몇 퍼센트 값을 구하기 위한 사용자 정의 함수 percentile()과 활용 예는 다음과 같다.

```python
def percentile(pnum, tnum):
    return (tnum * pnum) / 100

n1 = int(input("전체 값: "))
n2 = int(input("퍼센트(%): "))
v = percentile(n1, n2)
print("%d의 %d%%는 %d입니다."%(n1, n2, v))
```

실행결과

```
전체 값: 30
퍼센트(%): 20
30의 20%는 6입니다.
```

>>> 잠깐! Coding

2. 키보드의 네 방향(위/아래/왼쪽/오른쪽)을 지정하기 위한 0, 1, 2, 3을 randint() 함수를 사용하여 난수로 5회 발생시켜 보자. 또한, 각각의 대각선을 포함하여 여덟 방향을 지정하기 위한 0~7 사이의 수를 randrange() 함수를 사용하여 난수로 10회 발생시켜 보자.

3. 월급이 185만 원일 때 음식 및 식료품 구매에 45만 원을 사용한다면 월급에서 음식 및 식료품 구매에 소비한 금액의 비율은 몇 퍼센트인지 계산해보자.

4. 1000만 원에 대한 대출이자가 년 8.4 퍼센트일 때 1000만 원에 대한 월 이자 지급액을 계산해보자.

12.2.2 두 동전의 앞면/뒷면 맞추기 게임하기

첫 번째 동전에서 앞면이 나올 확률 P(A)는 1/2이고, 두 번째 동전에서 앞면이 나올 확률 P(B)는 1/2일 때, 두 개의 동전을 동시에 던졌을 때 모두 앞면이 나올 확률은 다음과 같이 1/4이다.

$$P(A \cap B) = P(A)P(B) = \frac{1}{2} \times \frac{1}{2} = \frac{1}{4}$$

또한, 두 동전을 동시에 던졌을 때 발생할 수 있는 앞면/뒷면의 경우는 앞앞, 앞뒤, 뒤앞, 뒤뒤의 네 개 중 하나의 경우이며, 각각의 확률도 1/4이다.

앞앞 $\frac{1}{4}$ 앞뒤 $\frac{1}{4}$ 뒤앞 $\frac{1}{4}$ 뒤뒤 $\frac{1}{4}$

'프로그램 p12-02-1'을 활용하여 두 개의 동전에서 발생 가능한 앞면/뒷면의 경우를 시뮬레이션하면 각 경우가 1/4 확률에 수렴함을 알 수 있다.

```
...
    coinF1 = 0
    coinF2 = 0
    coinFR = [0, 0, 0, 0]     # 앞앞, 앞뒤, 뒤앞, 뒤뒤
    for i in range(1,n+1):
        cFR1 = random.randint(0,1)
        cFR2 = random.randint(0,1)
        if cFR1 == 0:
            coinF1 = coinF1 + 1
        if cFR2 == 0:
            coinF2 = coinF2 + 1
        if cFR1 == 0 and cFR2 == 0:      # 앞앞
            coinFR[0] = coinFR[0] + 1
        elif cFR1 == 0 and cFR2 == 1:    # 앞뒤
            coinFR[1] = coinFR[1] + 1
        elif cFR1 == 1 and cFR2 == 0:    # 뒤앞
```

```
            coinFR[2] = coinFR[2] + 1
        elif cFR1 == 1 and cFR2 == 1:      # 뒤뒤
            coinFR[3] = coinFR[3] + 1
...
    print("FF :%5.1f%%"%(coinFR[0]/n*100))
    print("FR :%5.1f%%"%(coinFR[1] / n * 100))
    print("RF :%5.1f%%"%(coinFR[2] / n * 100))
    print("RR :%5.1f%%"%(coinFR[3] / n * 100))
```

실행결과

```
...
FF : 25.5%
FR : 24.8%
RF : 25.2%
RR : 24.5%
```

프로그램   p12-02-2   동전의 앞면/뒷면 맞추기 게임하기

두 개의 동전을 이용하여 두 개의 면을 모두 맞춰 보자. 정해진 횟수의 게임을 진행한 후, 두 개의 면을 모두 맞춘 횟수와 맞춘 비율을 출력한다.

1 문제 분석

지정한 범위 내의 게임 횟수를 입력받아 반복하면서 두 동전의 앞면/뒷면을 맞춘다. 반복이 종료되면 앞면/뒷면을 맞춘 횟수와 맞춘 비율을 출력한다.

함수	• coin_game() : 난수로 생성된 동전 두 개의 앞면/뒷면을 맞춘 횟수를 계산
입력	• 게임 횟수 : 1~100, 기본값(5) • 게임 도중의 동전 앞면과 뒷면 값(0:앞면, 1:뒷면) : 2회 입력
출력	• 난수로 생성된 두 개의 동전 앞면과 뒷면 그림 • 게임 중 맞춘 횟수와 맞춘 비율
변수	• coin_face : 동전의 앞면/뒷면 그림 파일("coin-100-f.gif", "coin-100-b.gif") • c_cnt : 두 개의 면을 모두 맞춘 횟수 • n : 정숫값으로 입력받은 게임 횟수 • t : 터틀 • s : 터틀 스크린

2 알고리즘 설계

문제 분석에서의 함수와 입력, 출력에 대한 알고리즘을 자연어로 표현하면 다음과 같다.

	인수	없음	반환	없음

coin_game()	1. 변수 c_cnt를 전역변수로 선언
	2. 이전에 표시한 터틀 흔적을 모두 지움
	3. 0과 1의 정수형 난수를 각각 변수 coin1, coin2에 대입
	4. 동전의 앞면/뒷면 값을 입력받아 각각 변수 cq1, cq2에 대입
	    (기본값:0, 최솟값:0, 최댓값:1)
	5. 터틀의 위치를 −100, 30으로 변경
	6. 첫 번째 동전 모양을 coin1의 값 모양으로 변경
	7. 터틀을 나타냄
	8. 터틀의 흔적을 남김
	9. 터틀의 위치를 100, 30으로 변경
	10. 두 번째 동전 모양을 coin2의 값 모양으로 변경
	11. 터틀의 흔적을 남김
	12. 터틀을 숨김
	13. 1초 동안 멈춤
	14. 이전에 표시한 터틀 흔적을 모두 지움
	15. 터틀의 위치를 −50, 0으로 변경
	16. 만약 coin1, coin2의 모양이 입력한 모양 cq1, cq2와 모두 같으면
	    16.1 "동전 면을 맞추었습니다." 출력
	    16.2 c_cnt 값을 1 증가
	그렇지 않으면
	    16.1 "동전 면을 맞추지 못하였습니다." 출력
	17. 1초 동안 멈춤			

터틀 생성 스크린 생성 터틀 모양 추가	1. 터틀 스크린 크기를 500, 500으로 설정 2. 터틀 스크린 생성 3. 터틀 숨김 4. 터틀 펜 올림 5. 터틀의 초기 위치(0, −200)으로 이동 6. 터틀의 속도를 0으로 설정(0:아주 빠름, 1:아주 느림, 3:느림, 6:보통, 10:빠름) 7. "coin-100-f.gif", "coin-100-b.gif" 이미지를 터틀 모양으로 등록			
게임 횟수 입력 게임 진행 결과 출력	1. 변수 c_cnt의 값을 0으로 초기화 2. 게임 횟수를 입력받아 n에 대입(기본값:5, 최솟값:1, 최댓값:100) 3. 0부터 n − 1까지 반복하면서 coin_game() 함수 호출 4. 이전에 표시한 터틀 흔적을 모두 지움 5. 터틀의 위치를 −130, 0으로 변경 6. 총 게임 횟수(n), 맞춘 횟수(c_cnt)와 맞춘 비율(c_cnt/n*100) 출력			

3 코딩

알고리즘 설계를 이용하여 파이썬 프로그램을 코딩하면 다음과 같다.

```python
1    import turtle as t
2    import random
3    import time
4
5    coin_face = [ "coin-100-f.gif", "coin-100-b.gif" ]
6
7    def coin_game():
8        global c_cnt
9
10       t.clear()
11       coin1 = random.randint(0,1)
12       coin2 = random.randint(0,1)
13
14       cq1 = int(t.numinput("입력", "동전1 (0:앞면, 1:뒷면) : ", 0, 0, 1))
15       cq2 = int(t.numinput("입력", "동전2 (0:앞면, 1:뒷면) : ", 0, 0, 1))
16
17       t.goto(-100, 30)
18       t.shape(coin_face[coin1])
19       t.showturtle()
20       t.stamp()
21
22       t.goto(100, 30)
23       t.shape(coin_face[coin2])
24       t.stamp()
25       t.hideturtle()
26
27       time.sleep(1)
28
29       t.clear()
30       t.goto(-50, 0)
31       if coin1 == cq1 and coin2 == cq2:
32           t.write("동전 면을 맞추었습니다.")
33           c_cnt = c_cnt + 1
34       else:
35           t.write("동전 면을 맞추지 못하였습니다.")
36       time.sleep(1)
37
38   t.setup(500, 500)
```

```
39    s = t.Screen()
40    t.hideturtle()
41    t.penup()
42    t.goto(0, -200)
43    t.speed(0)
44
45    s.addshape(coin_face[0])
46    s.addshape(coin_face[1])
47
48    c_cnt = 0
49    n = int(t.numinput("입력", "게임 횟수 : ", 5, 1, 100))
50    for i in range(n):
51        coin_game()
52
53    t.clear()
54    t.goto(-130, 0)
55    t.write("%d 게임 중 %d번을 맞추었습니다. 맞춘 비율은 %d%%입니다."%(n, c_cnt,
      c_cnt / n * 100))
```

1	터틀 그래픽 모듈인 turtle 모듈을 포함
2	난수 사용을 위해 random 모듈을 포함
3	sleep() 함수 사용을 위해 time 모듈을 포함
5	coin_face 리스트를 동전의 앞면/뒷면 그림 파일 이름인 "coin-100-f.gif", "coin-100-b.gif"로 초기화
7-36	동전 맞추기 게임을 진행하는 coin_game() 함수 선언
8	변수 c_cnt를 전역변수로 선언
10	이전에 표시한 터틀 흔적을 모두 지움
11-12	0과 1의 정수형 난수를 각각 변수 coin1, coin2에 대입
14-15	동전의 앞면/뒷면 값을 입력받아 각각 변수 cq1, cq2에 대입(기본값:0, 최솟값:0, 최댓값:1)
17	터틀의 위치를 -100, 30으로 변경
18	첫 번째 동전 모양을 coin1의 값 모양으로 변경
19	터틀을 나타냄
20	터틀의 흔적을 남김
22	터틀의 위치를 100, 30으로 변경
23	두 번째 동전 모양을 coin2의 값 모양으로 변경
24	터틀의 흔적을 남김
25	터틀을 숨김
27	1초 동안 멈춤
29	이전에 표시한 터틀 흔적을 모두 지움
30	터틀의 위치를 -50, 0으로 변경
31-35	만약 coin1, coin2의 모양이 입력한 모양 cq1, cq2와 모두 같으면
32	"동전 면을 맞추었습니다." 출력
33	c_cnt 값을 1 증가
34	그렇지 않으면 (# 둘 중 하나라도 맞추지 못하였다면)

35	"동전 면을 맞추지 못하였습니다." 출력
36	1초 동안 멈춤
38	터틀 스크린 크기를 500, 500으로 설정
39	터틀 스크린 생성
40	터틀 숨김
41	터틀 펜 올림
42	터틀의 초기 위치(0, -200)으로 이동
43	터틀의 속도를 0으로 설정(0:아주 빠름, 1:아주 느림, 3:느림, 6:보통, 10:빠름)
45-46	"coin-100-f.gif", "coin-100-b.gif" 이미지를 터틀 모양으로 등록
48	변수 c_cnt의 값을 0으로 초기화
49	게임 횟수를 입력받아 n에 대입(기본값:5, 최솟값:1, 최댓값:100)
50-51	0부터 n-1까지 반복하면서 coin_game() 함수 호출
53	이전에 표시한 터틀 흔적을 모두 지움
54	터틀의 위치를 -130, 0으로 변경
55	총 게임 횟수(n), 맞춘 횟수(c_cnt)와 맞춘 비율(c_cnt / n * 100) 출력

4 테스트/디버깅

프로그램을 실행하여 데이터 입력의 예상 결과가 나타나는지 결과를 확인해보자. 그리고
동작 상태를 확인하고 오류가 발생하는지 확인하여 디버깅해보자.

입력	결과	확인 및 수정 사항
게임 횟수 : 5		
동전1(앞면:0, 뒷면:1): 0 동전2(앞면:0, 뒷면:1): 1	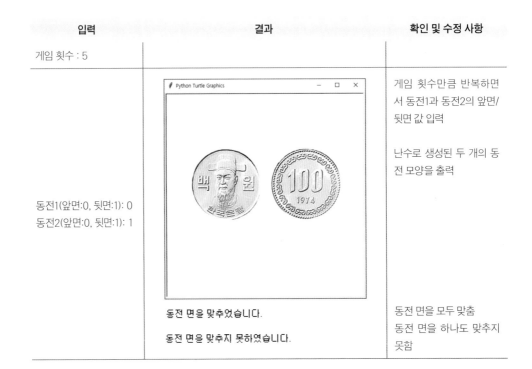	게임 횟수만큼 반복하면 서 동전1과 동전2의 앞면/ 뒷면 값 입력 난수로 생성된 두 개의 동 전 모양을 출력 동전 면을 모두 맞춤 동전 면을 하나도 맞추지 못함

입력	결과	확인 및 수정 사항
반복 종료	5 게임 중 1번을 맞추었습니다. 맞춘 비율은 20%입니다.	게임 횟수만큼 반복이 종료되면 총 게임 횟수, 맞춘 게임 수, 맞춘 비율 출력

Thinking!

5. 계속 동전의 같은 면 값을 입력해도 4~5번에 1번 정도 맞추었고, 이 비율이 기본적으로 두 개의 동전을 던졌을 때 발생하는 앞앞, 앞뒤, 뒤앞, 뒤뒤의 발생 비율과 비슷함을 확인해보자. 그리고 12.2.2 본문의 시뮬레이션 프로그램을 응용하여 두 동전의 앞면/뒷면을 맞추기 위한 입력을 난수로 생성하고 앞서 생성된 두 동전의 앞면/뒷면과 비교하여 맞춘 횟수와 비율을 구해보자.

1. 입력이 이루어진 후 입력이 0보다 작으면 "입력 값은 0이상이어야 합니다."를 출력하고 프로
   그램을 종료하며, 0 이상이면 fibo() 함수를 호출하고 결과를 출력한다.

```
...
n = int(input("f(n), n : "))
if n < 0:
    print("입력 값은 0이상이어야 합니다.")
else:
    rst = fibo(n)
    print("fibo(%d) = %d"%(n, rst))
```

실행결과

```
f(n), n : -3
입력 값은 0이상이어야 합니다.
```

2. fibo_tree() 함수 내에서 재귀 호출할 때 length * 3 / 4의 분수 값을 변경할 경우 트리의 모
   양은 분수의 비율이 작을 때 트리의 크기와 가지의 크기가 함께 줄어들고, 분수의 비율이 커
   질 때 트리의 크기와 가지의 크기가 함께 늘어난다.

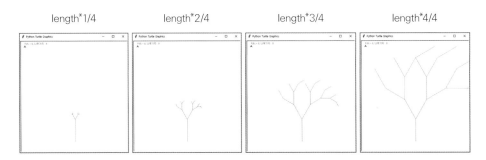

length*1/4   length*2/4   length*3/4   length*4/4

3. fibo_tree() 함수 내에서 t.right(30), t.left(60), t.right(30)의 값을 t.left(30), t.right(60), t.left(30)으로 변경할 경우 트리의 모양은 반대로 된다. 즉, 트리가 그려지는 방향이 반대로 된다.

t.right(30), t.left(60), t.right(30)

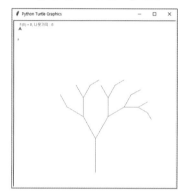

t.left(30), t.right(60), t.left(30)

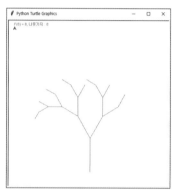

4. '프로그램 p12-02-1'에서 13~20번 문장들은 if-elif 문을 사용하였지만, print() 함수가 중복되어 사용되었다. 13번 문장에서 or를 추가하여 13, 15, 17, 19번 문장을 하나의 문장으로 작성하고 print() 함수의 사용을 줄일 수 있다. if 문 내의 조건이 여러 줄로 작성될 경우 줄의 끝에 백슬래시(Back slash) 문자를 사용하거나 조건 전체를 소괄호()로 감싸 작성하면 된다. '프로그램 p12-02-1'에서 수정되는 부분은 다음과 같다.

```
...     # 백슬래시 사용 경우
    if (i < 10) or (i < 100 and i % 10 == 0) or \
        (i < 1000 and i % 100 == 0) or \
        (i >= 1000 and i % 1000 == 0):
        print("%5d : %5.1f"%(i, coinF / i * 100))
...
...     # 소괄호 사용 경우
    if ((i < 10) or (i < 100 and i % 10 == 0) or
        (i < 1000 and i % 100 == 0) or
        (i >= 1000 and i % 1000 == 0)):
        print("%5d : %5.1f"%(i, coinF / i * 100))
...
```

5. 게임 진행 도중 동전의 면 값을 입력하는 대화상자에서 계속 같은 값을 입력해도 4~5번에 1
    번 정도는 맞추며, 이 비율은 기본적으로 두 개의 동전을 던졌을 때 발생하는 앞앞, 앞뒤, 뒤
    앞, 뒤뒤의 발생 비율인 1/4(25%)와 비슷하게 된다. 그리고 12.2.2 본문의 시뮬레이션 프
    로그램을 응용하여 두 동전의 앞면/뒷면을 맞추기 위한 입력을 난수로 생성하고 앞서 생성
    된 두 동전의 앞면/뒷면과 비교하여 맞춘 횟수와 비율을 구하면 1/4(25%)에 수렴하게 된다.

```python
import random

n = int(input("Simul count : "))
if n < 1 or n > 10000:
    print("Simul count = 1 ~ 10000")
else:
    coinF1 = 0
    coinF2 = 0
    coinFR = [0, 0, 0, 0]    # 앞앞, 앞뒤, 뒤앞, 뒤뒤
    correct_FR = 0       # 두 동전의 면을 모두 맞춘 횟수
    for i in range(1,n+1):
        cFR1 = random.randint(0,1)
        cFR2 = random.randint(0,1)
        if cFR1 == 0:
            coinF1 = coinF1 + 1
        if cFR2 == 0:
            coinF2 = coinF2 + 1
        if cFR1 == 0 and cFR2 == 0:      # 앞앞
            coinFR[0] = coinFR[0] + 1
        elif cFR1 == 0 and cFR2 == 1:    # 앞뒤
            coinFR[1] = coinFR[1] + 1
        elif cFR1 == 1 and cFR2 == 0:    # 뒤앞
            coinFR[2] = coinFR[2] + 1
        elif cFR1 == 1 and cFR2 == 1:    # 뒤뒤
            coinFR[3] = coinFR[3] + 1

        ct1 = random.randint(0,1)
        ct2 = random.randint(0,1)
        if cFR1 == ct1 and cFR2 == ct2:
            correct_FR = correct_FR + 1
```

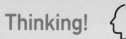
```python
print("FF :%5.1f%%"%(coinFR[0] / n * 100))
print("FR :%5.1f%%"%(coinFR[1] / n * 100))
print("RF :%5.1f%%"%(coinFR[2] / n * 100))
print("RR :%5.1f%%"%(coinFR[3] / n * 100))
print("Match : %d, %5.1f%%"%(correct_FR, correct_FR / n * 100))
```

실행결과

```
Simul count : 10000
FF : 25.3%
FR : 24.9%
RF : 25.0%
RR : 24.9%
Match : 2473,  24.7%
```

1. '프로그램 p12-01-1'을 이용하여 fibo(4)를 호출하고 결과를 반환하는 과정은 다음과 같다. 빨간색 원의 숫자들은 호출 및 반환을 하는 실행의 순서이며, 파란색 숫자들은 해당 fibo() 함수 및 연산 문장의 반환 값을 나타낸다.

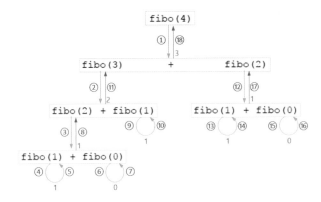

2. 키보드의 네 방향(위/아래/왼쪽/오른쪽)을 지정하기 위한 0, 1, 2, 3은 randint() 함수를 사용하여 난수로 5회 발생시킨다. 또한, 각각의 대각선을 포함하여 여덟 방향을 지정하기 위한 0~7 사이의 수는 randrange() 함수를 사용하여 난수로 10회 발생시킨다.

```
import random

for i in range(5):
    print(random.randint(0, 3), end=" ")
print("")
for i in range(10):
    print(random.randrange(0, 8), end=" ")
```

실행결과

```
0 3 2 1 0
1 0 6 2 7 4 1 7 1 4
```

3. 월급이 185만 원일 때 음식 및 식료품 구매에 45만 원을 사용한다면 월급에서 음식 및 식료품 구매에 소비한 금액의 비율은 다음과 같이 계산할 수 있다.

```python
def percent(pnum, tnum):
    return (pnum / tnum) * 100


n1 = int(input("월급: "))
n2 = int(input("음식/식료품비: "))
p = percent(n2, n1)
print("%d%%를 소비하였습니다."%p)
```

실행결과

```
월급: 1850000
음식/식료품비: 450000
24%를 소비하였습니다.
```

4. 1000만 원에 대한 대출이자가 년 8.4 퍼센트일 때 1000만 원에 대한 월 이자 지급액을 계산하기 위해서는 먼저 년 이자를 구한 후, 년의 개월 수인 12로 나누어야 한다.

```python
def percentile(pnum, tnum):
    return (tnum * pnum) / 100


n1 = int(input("대출금: "))
n2 = float(input("년 이자(%): "))
yv = percentile(n1, n2)
mv = yv / 12
print("월 이자는 %d입니다."%mv)
```

실행결과

```
대출금: 10000000
년 이자(%): 8.4
월 이자는 70000입니다.
```

Coding? Programming!

Basic Coding

1. 1부터 n까지의 합을 재귀 호출 방식으로 구하는 rsum() 함수를 선언하고, n에 해당하는 정
   숫값을 입력받아 rsum() 함수를 호출해보자.

```
1 + ... + n, n : 10
1 + ... + 10 = 55
```

⧗ 재귀 호출이 이루어지는 재귀 함수를 선언할 때 주의할 점은 종료 조건(본 문제에서는 n <= 1 조건)
   을 지정하여 반드시 재귀 호출이 종료되도록 작성한다.

2. 'Basic Coding 1번 문제'를 참고하여, 재귀 호출 방식의 rsum() 함수를 반복문을 이용한
   방식의 isum() 함수로 변경해보자.

```
1 + ... + n, n : 10
1 + ... + 10 = 55
```

⧗ 재귀 호출 방식으로 작성된 함수는 for 문 등의 반복문을 이용한 반복적 방식으로 변환하여 작성할
   수 있다.

3. 1부터 100까지의 난수를 10회 생성하여 합계와 평균을 구하여 출력해보자.

```
Random number : 4 82 24 54 49 39 1 56 55 47
합 : 411, 평균 : 41.10
```

⧗ 난수를 생성하는 random(), randint(), randrange() 함수 등을 사용하기 위하여 import random
   문을 사용해야 한다. 1부터 100 사이의 난수는 다른 함수에 비해 randint(1, 100) 함수 사용이 더
   편리하다.

4. 주사위의 값에 해당하는 1부터 6까지의 난수를 생성한다. 1부터 6까지의 값 중 하나를 입력하여 생성된 난수와 비교하고 맞추면 "주사위 : 3, 맞추었습니다." 형식으로 출력하고, 맞추지 못하면 "주사위 : 2, 맞추지 못하였습니다." 형식으로 출력해보자.

```
예상값 : 7
1~6 숫자를 입력해주세요.

예상값 : 3
주사위 : 3 - 맞추었습니다.

예상값 : 5
주사위 : 2 - 맞추지 못하였습니다.
```

⌛ 주사위 값에 해당하는 1부터 6 사이의 난수는 randint(1, 6) 함수를 사용하여 생성한다.

5. 1부터 100까지의 난수 두 개를 생성하여 덧셈 연산을 하고, 그 결과를 입력한 값과 비교하여 같으면 "올바른 답입니다."를 출력하고, 같지 않으면 "답은 20입니다." 형식으로 출력해보자.

```
21 + 46 = 67
올바른 답입니다.

12 + 8 = 21
답은 20입니다.
```

⌛ 1부터 100 사이의 난수는 randint(1, 100) 함수를 사용하여 생성한다.

6. 'Basic Coding 5번 문제'를 참고하여, 1부터 9까지의 난수 두 개를 생성하여 곱셈 연산을 하고, 그 결과를 입력한 값과 비교하여 같으면 "올바른 답입니다."를 출력하고, 같지 않으면 "답은 27입니다." 형식으로 출력해보자.

```
2 * 7 = 14
올바른 답입니다.

3 * 9 = 28
답은 27입니다.
```

⌛ 1부터 9 사이의 난수는 randint(1, 9) 함수를 사용하여 생성한다.

7. 소수점 이하 값을 입력받아 % 백분율로 계산하여 출력해보자.

```
값 : 0.014
 0.014 =>    1.40%


값 : 14.2
14.200 => 1420.00%
```

⌛ 백분율 값으로 계산하기 위하여 100을 곱해준다.

8. 리스트 num = [33, 42, 14, 20, 5, 9, 30, 45, 90]으로 선언하고, 평균값의 초과 비율(%)을 입력받아 평균값의 초과 비율보다 큰 값들을 출력해보자.

```
[33, 42, 14, 20, 5, 9, 30, 45, 90] , 평균: 32.0
초과 비율(%) : 30
평균+초과 비율 값 41.6 : 42 45 90
```

⌛ 리스트 내의 모든 값의 합은 sum(num)으로 계산하고, 평균값은 sum(num) / len(num)으로 계산한다. 평균의 초과 비율은 avg * (1 + p / 100)으로 계산한다.

9. 터틀 스크린 내에서 20번 반복하면서 임의의 좌표에 해당하는 난수를 생성하고 해당 좌표에 점을 출력해보자. 터틀 스크린의 크기는 가로 500, 세로 400으로 정한다.

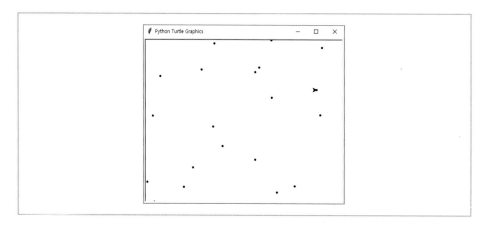

터틀 스크린의 크기인 가로 500, 세로 400 내에서의 좌표에 해당하는 난수는 randint(-250, 250), randint(-200, 200) 함수를 사용하여 생성한다. 점을 출력하기 위한 좌표로 이동은 goto(x,y) 함수를, 점을 출력하는 것은 dot() 함수를 사용한다.

10. 'Basic Coding 9번 문제'를 참고하여, 터틀 스크린 내에서 20번 반복하면서 임의의 좌표에 해당하는 난수를 생성하고 해당 좌표에 반지름이 10인 원을 출력해보자. 터틀 스크린의 크기는 가로 500, 세로 400으로 정한다.

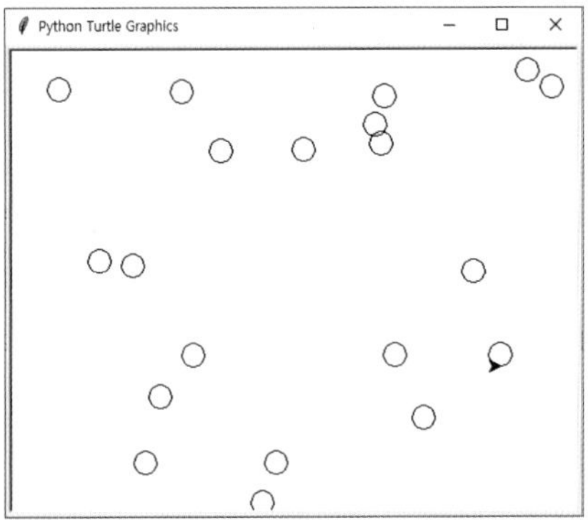

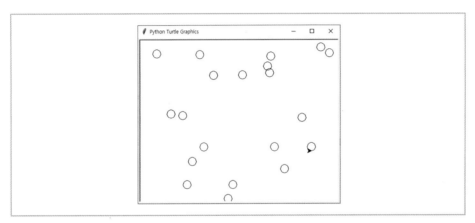

터틀 스크린의 크기인 가로 500, 세로 400 내에서의 좌표에 해당하는 난수는 randint(-250, 250), randint(-200, 200) 함수를 사용하여 생성한다. 점을 출력하기 위한 좌표로 이동은 goto(x,y) 함수를, 점을 출력하는 것은 dot() 함수를 사용한다.

11. 터틀 그래픽을 이용하여 sin 그래프를 그려보자.

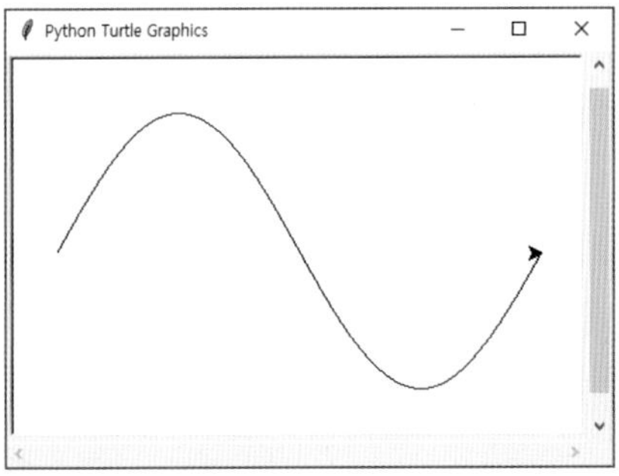

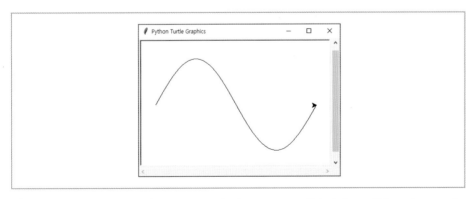

sin() 함수를 이용하기 위하여 math 모듈을 임포트(import)해야 하며, sin 값은 sin(math.pi * i / 180)으로 계산할 수 있다(i 범위 : 0~359)

12. 'Basic Coding 11번 문제'를 참고하여, 터틀 그래픽을 이용하여 cos 그래프를 그려보자.

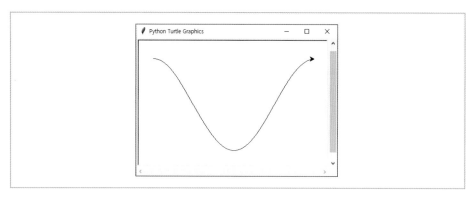

🕰 cos() 함수를 이용하기 위하여 math 모듈을 임포트(import)해야 하며, cos 값은 cos(math.pi * i / 180)으로 계산할 수 있다(i 범위 : 0~359)

Enhancement Coding

1. 재귀 호출 방식으로 두 수의 최대공약수를 계산하는 gcd() 함수를 선언하고, 두 정숫값을 입력받아 gcd() 함수를 호출해보자.

```
정수1 :  12
정수2 :  24
GCD :  12
```

🕰 최대공약수(Greatest Common Divisor, GCD)는 적어도 하나가 0이 아닌 정수들에서 그들 모두의 약수 중에서 가장 큰 수를 의미한다. 최대공약수를 구하는 방법 중 유클리드 방식은 최대공약수 gcd(m, n) = gcd(b, a % b) 성질과, gcd(m, 0) = m 성질을 이용하여 구할 수 있다.

2. 'Enhancement Coding 1번 문제'를 참고하여, 재귀 호출 방식의 gcd() 함수를 반복문을 이용한 방식의 igcd() 함수로 변경해보자.

```
정수1 :  12
정수2 :  24
GCD :  12
```

🕰 재귀 호출 방식으로 작성된 gcd() 함수는 while 문을 이용한 반복적 방식으로 변환하여 작성할 수 있다.

3. 'Basic Coding 5번과 6번 문제'를 참고하여, 1부터 100까지의 난수 두 개를 생성하여 사칙 연산을 하고, 그 결과를 입력한 값과 비교하여 같으면 "올바른 답입니다."를 출력하고, 같지 않으면 "답은 782입니다." 형식으로 출력해보자.

```
2 + 45 = 47
올바른 답입니다.


34 * 23 = 772
답은 782입니다.
```

> 1부터 100 사이의 난수는 randint(1, 100) 함수를 사용하여 생성하고, 사칙 연산에 해당하는 연산의 값은 radint(1, 4) 함수를 사용하여 생성한다.(1:+, 2:-, 3:*, 4:/)

4. 1부터 100까지의 난수를 생성하여 생성된 숫자를 맞춰보자. while 문을 이용한 무한 반복을 하면서 숫자를 입력받아 입력한 숫자가 생성된 숫자보다 크면 "*은(는) 큽니다"를 출력하고, 작으면 "*은(는) 작습니다."를 출력한다. 생성된 숫자가 입력한 숫자와 일치하면 "*(이)가 일치합니다."를 출력하고 무한 반복을 종료한다. 또한, 입력한 숫자가 −1이면 무한 반복을 종료한다. 무한 반복이 종료된 후 몇 번의 입력 만에 맞추었는지, 또는 게임을 포기하였는지 정보를 출력한다.

```
수 입력 : 55
55은(는) 작습니다.
수 입력 : 77
77은(는) 큽니다.
수 입력 : 66
66은(는) 작습니다.
수 입력 : 70
70은(는) 작습니다.
수 입력 : 74
74은(는) 큽니다.
수 입력 : 72
72은(는) 큽니다.
수 입력 : 71
71이(가) 일치합니다.
7회 만에 숫자를 맞추었습니다.
```

> 1부터 100까지의 난수는 randint(1, 100) 함수로 생성하며, 무한 반복을 하면서 입력되는 숫자의 횟수를 계산하여, 무한 반복이 종료된 후 횟수를 출력한다.

5. 원금 3000만 원을 년 이율 3.4%로 정기예금에 들었을 때 1년 이자는 얼마이고, 1년 후 원금
    과 이자의 합계는 얼마인지 계산해보자. 또한, 하루 치 이율과 이자는 얼마인지 계산해보자.

```
원금   : 30,000,000원
이율(년) : 3.4%
기간(년) : 1
이자(년) : 1,020,000원
이율(일) : 0.009315%
이자(일) : 2,794원
```

연이자는 원금*연이율로 계산하고, 하루 이율은 연이율/365, 하루 이자는 원금*하루이자로 계산
한다. 금액을 표시할 때 1000단위마다 콤마(,)를 넣으려면 format(pv, ",") 형식으로 사용하며
format() 함수의 결과는 문자열 형태이다.

6. 'Basic Coding 9번, 10번 문제'를 참고하여, 터틀 스크린 내에서 50번 반복하면서 현재
    의 좌표에서 x 방향으로 −50에서 50 사이의 임의 위치로, y 방향으로 −50에서 50 사이
    의 임의 위치로 이동하면서 선을 그려보자. 터틀 스크린의 크기는 가로 500, 세로 400으
    로 정한다.

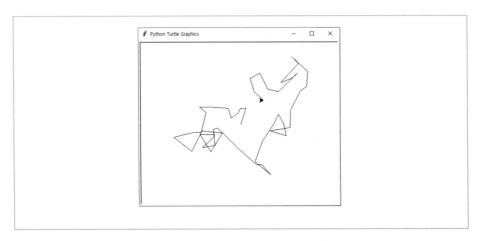

현재의 좌표에서 x 방향으로 −50에서 50 사이의 임의 위치로, y 방향으로 −50에서 50 사이의 임
의 위치로 이동하기 위한 난수를 생성하기 위하여 각각 randint(−50, 50) 함수를 사용한다. 생성
된 방향 값을 현재 좌표에 더해서 goto(cx, cy) 함수로 이동한다.

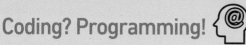
7. 'Basic Coding 11번 문제'를 참고하여, 다음과 같이 기준선을 그리고 sin 그래프를 그려보자.

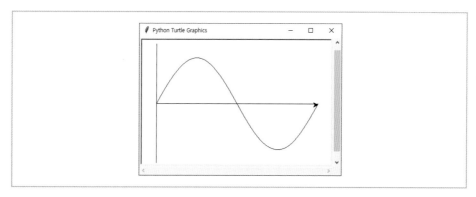

⌛ n = 180을 기준으로 t.goto(-n, 130), t.goto(-n, -130)으로 y축선을 그리고, t.goto(n,0), t.goto(-n,0)으로 x축선을 그린다.

8. 'Basic Coding 12번 문제'를 참고하여, 다음과 같이 기준선을 그리고 cos 그래프를 그려보자.

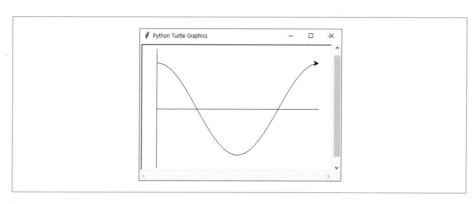

⌛ n = 180을 기준으로 t.goto(-n, 130), t.goto(-n, -130)으로 y축선을 그리고, t.goto(n,0), t.goto(-n,0)으로 x축선을 그린다.

9. 함수 f(x) = x2 + 1을 계산한 값을 이용하여 함수 그래프를 그려보자. x의 값 범위는 0부터 149까지로 한다.

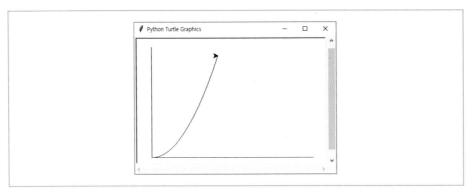

> for i in range(150)으로 반복하면서 f(x) 함수의 값을 계산한다. 이 값을 이용하여 y 좌표로 그래 프를 그린다. 함수의 값이 터틀 그래픽의 좌표보다 크므로 함수의 값에 0.01을 곱하여 y 좌표로 사 용한다.

10. 평형 저울을 이용하여 1kg 이하의 물건의 무게를 재려고 한다. 준비된 추는 1g, 3g, 9g, 27g, 81g, 243g, 729g과 같이 7개의 추뿐이다. 평형 저울의 양쪽 접시에 물건과 추를 적 절히 놓음으로써 물건의 무게를 잴 수 있는데, 예를 들어, 38g의 물건을 재기 위해서는 저울 의 왼쪽 접시에 38g, 1g을 놓고 오른쪽 접시에 3g, 9g, 27g의 추를 올려놓으면 된다. 물건 의 무게가 입력되었을 때 양쪽의 접시에 어떤 추들을 올려놓아야 평형을 이루는지 결정해보 자. 물건의 무게는 1~999g으로 제한하여 입력을 받는다.

```
무게 : 9
9 : 9

무게 : 25
25 3 : 1 27

무게 : 38
38 1 : 3 9 27
```

> 추의 사용법은 '왼쪽 접시에 사용', '오른쪽 접시에 사용', '사용하지 않음'의 3가지 중 하나이며, 이 러한 상태를 검사하기 위하여 chk 리스트를 사용한다. chk 리스트의 값 0은 '사용하지 않음', 1은 ' 오른쪽 접시에 사용', 2는 '왼쪽 접시에 사용'을 의미한다. 문제 해결을 위한 함수 호출은 다음과 같 이 재귀 호출 방식을 사용한다.

```python
def solve(k, sum):
    ...
    ...
    for i in range(0, 7):
        if chk[i] == 0:
            chk[i] = 1
            solve(k, sum + scale[i])
            chk[i] = 2
            solve(k + scale[i], sum)
            chk[i] = 0
```

APPENDIX

부 록

부록

▰A.1▰ 파이썬 언어 개요

파이썬 언어에 대한 공식적인 문서는 https://docs.python.org/3/reference/index.html이며, 해당 문서를 통해 파이썬 언어에 대한 문법적인 구문 소개, 자료형, 수식, 문장 등에 대한 정보를 제공하고 있다.

A.1.1 자료형

■ 표준 자료형

파이썬의 표준 자료형(data type)은 numbers, string, list, tuple, dictionary이다.

numbers 자료형은 int, long, float, complex의 세부 자료형을 지원한다.

자료형	예
int (signed integers)	-1, 0, 1, 2, 3, 080(8진수), 0x69(16진수)
long (long integers)	123456789L, 01234L(8진수), 0x1234L(16진수)
float (floating point real values)	3.14, 0.12, 3.2e2, 3.2e-1
complex (complex numbers)	3.14j, 30.j, .56j, 3e+24j, 3.1e-7j

string 자료형은 큰따옴표(")나 작은따옴표(') 등을 이용하여 감싼 연속적인 문자의 집합이다. string 자료형은 원소의 위치를 나타내는 인덱스(index)를 사용하여 데이터를 참조한다.

```
>>> x = "Any String"
>>> y = 'Other String'
>>> print(x[0]+y[1])
At
```

list 자료형은 대괄호([ ]) 안에 임의의 객체를 순서 있게 나열한 자료의 집합이다. list 자료형은 원소의 위치를 나타내는 인덱스(index)를 사용하여 데이터를 참조한다.

```
>>> list_data = [1, 2, 3]
>>> list_data[1]
2
```

tuple 자료형은 리스트와 비슷하지만, 원소의 값을 변경할 수 없는 자료의 집합이며 원소의 값을 변경할 경우 오류가 발생한다. tuple 자료형은 원소의 위치를 나타내는 인덱스(index)를 사용하여 데이터를 참조한다.

```
>>> tuple_data = (1, 2, 3)
>>> tuple_data[1]
2
>>> tuple_data[1] = 4
Traceback (most recent call last):
  File "<pyshell#36>", line 1, in <module>
    tuple_data[1] = 4
TypeError: 'tuple' object does not support item assignment
```

dictionary 자료형은 중괄호({ }) 안에 '키:값' 형태의 쌍이 원소로 구성된 순서가 없는 자료의 집합이다. dictionary 자료형은 원소의 위치를 나타내는 인덱스(index) 대신에 '키' 이름을 통해 데이터를 참조한다.

```
>>> dict_data = {0:False, 1:True, 'a':'A', 'ab':"AB"}
>>> dict_data
{0: False, 1: True, 'a': 'A', 'ab': 'AB'}
>>> dict_data[1]
True
>>> dict_data['a']
'A'
>>> dict_data['ab']
'AB'
>>> dict_data
{0: False, 1: True, 'a': 'A', 'ab': 'AB'}
```

2 기타 자료형

파이썬에서는 기타 자료형으로 boolean, byte, set 자료형 등을 지원한다.

boolean 자료형은 True 또는 False의 값을 갖는다.

```
bool_data = True
```

byte 자료형은 ASCII 코드의 0~255 사이의 문자들로 구성된 것이다. 참고로 string 자료형은 유니코드(Unicode)의 문자들로 구성된다.

```
>>> x = "1234"      # string
>>> y = b"1234"     # byte
>>> x
'1234'
>>> y
b'1234'
>>> x[0]
'1'
>>> y[0]
49
```

set 자료형은 원소의 값들이 순서에 상관없이 모여 있고 중복된 원소를 허용하지 않는 자료의 집합이다. set 자료형은 원소의 위치를 나타내는 인덱스(index)를 사용할 수 없으며, 인덱스를 이용하여 데이터를 참조하면 리스트나 튜플로 변환한 후 사용해야 한다. set 자료형은 집합의 연산 등에 활용되며, set 자료형이 원소의 중복을 허락하지 않는 특징을 이용하여 list나 tuple의 원소 중복을 제거하는데 활용될 수 있다.

```
>>> set_data = {2, 3, 1}
>>> set_data
{1, 2, 3}
>>> set_data[1]
Traceback (most recent call last):
  File "<pyshell#28>", line 1, in <module>
    set_data[1]
TypeError: 'set' object does not support indexing
```

```
>>> list1 = list(set_data)
>>> list1[1]
2
```

A.1.2 상수

상수(constant)는 자료형에 의해 표현되는 값이며, 프로그램 코드 상에서 값이 변하지 않는 존재이다. 파이썬에서는 어떤 값을 '문자 그대로' 적었다는 의미로 상수라는 용어 대신에 리터럴(literal)이란 용어를 사용하기도 한다. 다음 프로그램 코드에서 1은 정수형 상수, 3.14는 실수형 상수, "text"는 문자열 상수이다.

```
>>> x = 1
>>> y = 3.14
>>> z = "text"
```

파이썬에서는 사용자 정의 상수를 선언할 수는 없지만, 편법으로 상수명을 모두 대문자로 작성하여 상수'처럼' 선언할 수 있다.(파이썬 코딩 스타일에 의해 상수명은 대문자로 작성) 그러나 이러한 방식으로 선언한 상수는 변수일 뿐이므로 언제든 값을 변경할 수 있다는 점에 주의해야 한다.(그러나 대부분의 파이썬 프로그래머는 대문자로 작성된 상수명에 대해 값을 대입하지 않음을 또한 참고하기 바란다.)

```
>>> CONST_VALUE = 1234
>>> print(CONST_VALUE)
1234
>>> CONST_VALUE = 1        # 대문자로 구성된 상수명에 대한 대입문 사용 자제
>>> print(CONST_VALUE)
1
```

A.1.3 식별자

식별자(identifier)는 변수, 함수, 클래스, 모듈, 객체들을 구분하는 이름이다. 식별자는 A부터 Z까지의 문자, a부터 z까지의 문자, 밑줄(_)로 시작하고, 이어서 문자, 숫자, 밑줄(_)들이 위치할 수 있다. @, $, % 등의 특수문자는 식별자로 사용할 수 없으며, 영문자의 대문자와 소문자를 구분하여 사용한다.

식별자 이름의 작성 규칙은 다음과 같다.

- 클래스명의 첫 문자는 대문자로, 나머지 문자는 소문자로 작성한다.
- 함수나 블록 등 내부에서 제한적으로 사용할 경우 하나의 밑줄(_)로 시작하여 작성한다.
- 파이썬 예약어 이름을 식별자로 사용할 경우 예약어 이름 끝에 하나의 밑줄(_)을 붙여 기존 예약어와의 혼동 및 충돌을 방지한다.
- 클래스 내에서 제한적으로 사용할 경우 두개의 밑줄(__)로 시작하여 작성한다.
- 두개의 밑줄(__)로 끝나는 식별자는 파이썬에서 특별히 정의된 이름을 의미한다.

A.1.4 변수

변수(variable)는 값을 저장하기 위해 예약된 메모리 영역에 이름을 부여한 것이다. 변수를 선언하여 생성할 때 메모리의 일부 영역을 할당 받게 되고, 대입 연산자에 의해 해당 영역에 값을 저장하게 된다. 변수의 자료형에 따라 할당되는 메모리 크기가 달라지며 저장되는 값의 형태가 결정된다. 파이썬은 별도로 변수를 선언하지 않고 변수에 값을 대입함으로써 변수의 자료형이 결정된다.

```
x = 1                    # 정수
x = 3.14                 # 실수
x = "Text string"        # 문자열
```

A.1.5 예약어

파이썬 예약어(keyword, reserved word)는 이미 문법적인 용도로 정의되어 사용되고 있으므로 다른 용도로 사용할 수 없는 단어들이다. 즉 예약어는 상수(constant)나 식별자로 사용할 수 없다. 파이썬의 예약어는 import keyword 명령과 keyword.kwlist 명령을 이용하여 확인할 수 있다.

```
>>> import keyword
>>> keyword.kwlist
['False', 'None', 'True', 'and', 'as', 'assert', 'async', 'await', 'break', 'class',
'continue', 'def', 'del', 'elif', 'else', 'except', 'finally', 'for', 'from', 'global',
'if', 'import', 'in', 'is', 'lambda', 'nonlocal', 'not', 'or', 'pass', 'raise',
'return', 'try', 'while', 'with', 'yield']
```

A.1.6 연산자

1 연산자(operator)

파이썬은 산술 연산자, 관계 연산자, 논리 연산자, 비트 연산자, 대입 연산자, 복합 대입 연산자, 소속 연산자, 아이덴티티 연산자를 지원한다.

연산자 종류	연산자	기능, 예(a = 7, b = 2)
산술 연산자	+	덧셈, a + b → 9
	−	뺄셈, a − b → 5
	*	곱셈, a * b → 14
	/	실수 나눗셈, a / b → 3.5
	//	정수 나눗셈, a // b → 3
	%	나머지, a % b → 1
	**	지수(거듭제곱), a ** b → 49
관계 연산자	〉	크다(초과), a 〉 b → True
	〉=	크거나 같다(이상), a 〉= b → True
	〈	작다(미만), a 〈 b → False

연산자 종류	연산자	기능, 예(a = 7, b = 2)
관계 연산자	<=	작거나 같다(이하), a <= b → False
	==	같다, a == b → False
	!=	같지 않다, a != b → True
논리 연산자	and	논리곱(논리 AND), a > 5 and b < 3 → True
	or	논리합(논리 OR), a > 5 or b < 3 → True
	not	논리부정(논리 NOT), not a > 5 → False
비트 연산자	&	비트곱(비트 AND), a & b → 2 (a=7=00000111, b=2=00000010)
	|	비트합(비트 OR), a | b → 7
	^	배타적 비트 합(비트 XOR), a ^ b → 5
	~	비트 반전(비트 Complement), ~a → -8
	<<	왼쪽 비트 이동, a << 2 → 28
	>>	오른쪽 비트 이동, a >> 2 → 1
대입 연산자	=	대입(할당), c = a → 7
증분 대입 연산자	+=	c += 1 → 8 (c = 7일 때)
	-=	c -= 1 → 6 (c = 7일 때)
	*=	c *= 2 → 14 (c = 7일 때)
	/=	c /= 2 → 3.5 (c = 7일 때)
	//=	c //= 2 → 3 (c = 7일 때)
	%=	c %= 2 → 1 (c = 7일 때)
	**=	c **= 2 → 49 (c = 7일 때)
소속 연산자	in	3 in m → True, 6 in m → False (m = [1,2,3,4,5]일 때)
	not in	3 not in m → False, 6 not in m → True
아이덴티티 연산자	is	e = a > b, e is True → True
	not is	e = a > b, e is not True → False

2 연산자 우선순위(operator precedence)

한 수식에 여러 개의 연산자가 사용될 경우 연산자 우선순위가 높은 순서부터 먼저 계산이 이루어진다.

순위	연산자	설명	순위	연산자	설명
1	**	지수 연산	8	〈 〉〈= 〉=	관계 연산(비교)
2	~ + −	비트 반전, +부호, −부호	9	== !=	관계 연산(동등)
3	* / // %	곱셈, 실수 나눗셈, 정수 나눗셈, 나머지	10	is, is not	아이덴티티 연산
4	+ −	덧셈, 뺄셈	11	in, not in	소속 연산
5	《 》	왼쪽 비트 이동, 오른쪽 비트 이동	12	not	논리 부정
6	&	비트 AND	13	and, or	논리 AND, 논리 OR
7	^ │	비트 XOR, 비트 OR	14	= += −= *= /= //= %= **=	대입 연산

A.1.7 수식

수식(expression)은 피연산자들과 연산자의 조합으로 구성되며, 피연산자(operand)는 연산의 대상이 되는 것이고, 연산자(operator)는 어떤 연산을 나타내는 기호를 의미한다. 수식의 연산으로 결과가 생성된다.

수식은 단일 존재로 존재할 수 있으며, 또 다른 수식 일부로 포함되어 자신의 값을 수식의 피연산자로 활용할 수 있다. 또한, 수식은 문장(statement) 일부가 되어 자신의 값을 문장의 제어에 활용할 수 있다.

A.1.8 문장

파이썬은 대입문, 선택문, 반복문 등 다양한 종류의 문장(statement)을 지원하며, 한 줄로 구성된 단일 문장이나 여러 줄에 걸쳐서 구성되는 복합 문장으로 구성된다. 단일 문장

(simple statement)은 대입문이 대표적이며, return, break, continue 문 등이 있다. 복합 문장(compound statement)은 if, while, for 등의 문장이 있다.

한 줄에 여러 개의 문장을 작성할 수 있는데, 이 경우 문장과 문장의 구분을 세미콜론(;)을 사용하여 구분한다.

```
>>> a = 1
>>> b = 2
>>> c = 3
>>> a, b, c
(1, 2, 3)
>>> a = 1; b = 2; c = 3
>>> a, b, c
(1, 2, 3)
```

1 대입문

변수에 값을 대입할 때 사용하였던 = 기호를 대입 연산자(assignment operator)라고 하며, 배정 연산자 또는 할당 연산자라고도 한다. 대입 연산자인 = 기호는 '같다'라는 의미가 아니고, 변수에 값을 대입하여 저장하는 연산자이다.

대입 연산자가 사용된 문장을 대입문(assignment statement)이라고 하며 배정문, 할당문이라고도 한다. 대입문에서 대입 연산자의 왼쪽은 반드시 변수이어야 하며, 오른쪽은 변수, 상수를 포함한 어떠한 형태의 수식도 위치할 수 있다. 대입문에서 대입 연산자가 여러 개 사용될 수 있으며, 이 경우 여러 개의 변수에 동일한 값을 대입하는 것도 가능하다.

```
>>> x = 1
>>> y = x
>>> z = x + y + 1
>>> x, y, z
(1, 1, 3)
>>> x = y = z = 1
>>> x, y, z
(1, 1, 1)
```

2 선택문

선택문(selective statement)은 관계 연산자나 논리 연산자를 이용한 조건을 판별하여 결과 (True 또는 False)에 따라 해당 구문을 실행한다. 선택문에는 if 문, if-else 문, if-elif-else 문이 있다.

1) if 문

if 문은 expression 조건 수식의 결과에 따라 참(True)이면 statement(s) 부분의 문장(또는 문장들)을 실행하고, 거짓(False)이면 statement(s) 부분의 문장(또는 문장들)을 건너뛴다.

```
if expression:
    statement(s)
```

2) if-else 문

if-else 문은 expression 조건 수식의 결과에 따라 참(True)이면 t_statement(s) 부분의 문장(또는 문장들)을 실행하고, 거짓(False)이면 f_statement(s) 부분의 문장(또는 문장들)을 실행한다.

```
if expression:
    t_statement(s)
else:
    f_statement(s)
```

3) if-elif-else 문

if-elif-else 문은 expression_1 조건 수식의 결과에 따라 참(True)이면 t_statement(s) 부분의 문장(또는 문장들)을 실행한다. expression_1 조건 수식의 결과가 거짓(False)이면 elif 구문의 expression_2 조건 수식을 계산하여 결과가 참(True)이면 ft_statement(s) 부분의 문장(또는 문장들)을 실행하고, 거짓(False)이면 ff_statement(s) 부분의 문장(또는 문장들)을 실행한다.

```
if expression_1:
    t_statement(s)
elif expression_2:
    ft_statement(s)
else:
    ff_statement(s)
```

3 반복문

반복문(iterative statement)은 반복 범위, 리스트, 횟수, 조건에 따라 문장들을 반복하여 실행한다. 반복문에는 for 문, while 문이 있다.

1) for 문

for 문은 sequence의 값들이 순서대로 iterating_var 변수에 대입되어 statement(s) 부분의 문장(또는 문장들)을 반복 실행한다. sequence 부분에 리스트 객체가 위치할 경우 해당 리스트 객체의 원소가 순서대로 iterating_var 변수에 대입된다. 또한, sequence 부분에 range() 함수의 값이 위치할 경우 해당 범위 내의 값이 순서대로 iterating_var 변수에 대입된다.

```
for iterating_var in sequence:
    statement(s)
```

2) while 문

while 문은 expression 조건 수식의 결과에 따라 참(True)이면 statement(s) 부분의 문장(또는 문장들)을 반복 실행하고, 거짓(False)이면 반복을 종료한다.

```
while expression:
    statement(s)
```

일반적으로 while 문을 실행하기 전에 조건 수식의 변수 값을 초기화한다. while 문의 조건을 비교하여 참(True)이면 반복을 시작하며, 다음 조건 비교를 위해 반복되는 문장들의 마지막에서 조건 수식의 변수 값을 변경한다.

```
iterating_var = 0
while iterating_var < 10:
    statement(s)
    iterating_var += 1
```

3) 무한 반복문

while 문의 조건이 참(True)일 경우 반복을 계속하기 때문에 무한 반복문은 while 문의 조건을 True로 설정하여 작성할 수 있다.

```
while True:
    statement(s)
```

무한 반복 중에 상황에서 반복을 빠져나오는 break 문을 사용하지 않으면 프로그램을 종료할 수 없으므로 if 문과 break 문을 사용하여 적절한 조건에서 무한 반복을 종료시켜야 한다.

```
while True:
    statement(s)
    if expression:
        break
    statement(s)
```

4) 반복문에서의 else 문

다른 언어와 다르게 파이썬은 반복문에서 else 문을 사용할 수 있다. else 문이 for 문과 함께 사용되면 else 문은 for 반복이 끝났을 때 실행된다. data_list의 값이 [3, 2, 7, 4, 5]인 경우 print() 함수에 의해 3 2 7이 출력된 후, if 조건에 의해 break 문이 실행되어 for 반복을 종료한다. 만약 data_list의 값이 [3, 2, 1, 4, 5]인 경우 if 조건에 의해 break 문이 실행되지 않아 3 2 1 4 5를 출력하고 for 반복을 정상적으로 종료한다. 그때 else 문이 실행되어 "5보다 큰 수 없음" 문자열이 출력된다.

```python
data_list = [ 3, 2, 7, 4, 5 ]
for i in data_list:
    print(i)
    if i > 5:
        break
else:
    print("5보다 큰 수 없음")
```

else 문이 while 문과 함께 사용되면 else 문은 while 조건이 거짓이 될 때 실행된다. data_list의 값이 [3, 2, 7, 4, 5]인 경우 print() 함수에 의해 3 2 7이 출력된 후, if 조건에 의해 break 문이 실행되어 while 반복을 종료한다. 만약 data_list의 값이 [3, 2, 1, 4, 5]인 경우 if 조건에 의해 break 문이 실행되지 않아 3 2 1 4 5를 출력하고 while 조건이 거짓이 될 때 else 문이 실행되어 "5보다 큰 수 없음" 문자열이 출력되고 반복을 종료한다.

```python
data_list = [ 3, 2, 7, 4, 5 ]
i = 0
while i < len(data_list):
    print(data_list[i])
    if data_list[i] > 5:
        break
    i += 1
else:
    print("5보다 큰 수 없음")
```

4 기타 제어문

기타 제어문은 반복문의 중단이나 블록의 탈출을 위한 break 문, 반복문의 계속 진행을 위한 continue 문, 문장의 실행을 건너뛰는 pass 문 등이 있다.

1) break 문

break 문은 반복문의 반복 상태인 루프(loop)에서 벗어나는 문장이며, 주로 for 문이나

while 문의 반복 상태에서 조건에 따라 반복을 벗어날 때 사용된다. 다음 프로그램의 for 반복에서는 Py를 출력한 후 변수 ch의 값이 't'와 같으므로 break 문에 의해 for 반복을 중단한다. while 반복에서는 Pyt를 출력한 후 변수 i의 값이 3과 같으므로 break 문에 의해 while 반복을 중단한다.

```python
st = "Python"
for ch in st:
    if ch == 't':
        break
    print(ch, end="")
print("")
i = 0
while i < len(st):
    if i >= 3:
        break
    print(st[i], end="")
    i += 1
```

2) continue 문

continue 문이 for 문이나 while 문에서 실행되면 continue 문 다음 문장들을 실행하지 않고 다음 반복으로 건너뛴다. 다음 프로그램의 for 반복에서는 5보다 큰 경우 continue 문이 실행되어 data_list의 값 중 7을 제외하고 나머지 값들인 3 2 4 5만 출력된다.

```python
data_list = [ 3, 2, 7, 4, 5 ]
for i in data_list:
    if i > 5:
        continue
    print(i)
```

3) pass 문

pass 문은 널(null) 연산이며, 실행할 때 아무 일도 하지 않는다. 다음 프로그램에서 pass 문이 실행되더라도 아무 일도 하지 않은 채로 다음 문장인 print("[Pass]") 함수가 실행되고, 3 2 [Pass] 7 4 5가 출력된다.

```
data_list = [ 3, 2, 7, 4, 5 ]
for i in data_list:
    if i > 5:
        pass
        print("[Pass]")
    print(i)
```

A.1.9 주석(설명문)

주석(comment, 설명문)은 프로그램 코드에서 이해를 위해 작성하는 문장이다. 파이썬의 주석은 # 기호를 붙여서 작성하며, 줄의 처음에 # 기호가 위치하거나, 문장이 작성된 줄의 끝부분에 # 기호를 붙여 설명을 작성한다. # 기호 이후에 작성된 것은 실행에서 제외된다.

```
data_list = [ 3, 2, 7, 4, 5 ]     # 리스트 객체
# data_list 객체의 원소 순으로 반복
for i in data_list:
    if i > 5:
        pass    # 아무 동작도 실행하지 않음
        print("[Pass]")
    print(i)
```

여러 줄에 걸친 주석은 주석이 작성된 줄의 처음에 모두 # 기호를 붙여서 작성한다. 또한, 블록 주석(block comment)은 문자열 작성 방식 중 하나인 큰따옴표나 작은따옴표 세 개를 사용하는 방식을 활용하여 작성할 수 있으며, """ 주석 내용 """이나 ''' 주석 내용 '''과 같이 큰따옴표(")나 작은따옴표(') 세 개를 연속으로 사용하여 작성한다.

```
# 프로그램 : 주석 작성
# 단일 줄을 통한 주석 작성
# 이렇게 여러 줄에 걸쳐 주석 작성

"""
블록 주석의 시작
큰따옴표 연속 세 개로 블록 주석의 내용을 감싸야함
큰따옴표와 주석 내용들의 첫 위치가 일치해야 함
print("주석")
"""
```

A.1.10 입력과 출력

파이썬에서의 입력과 출력은 input() 함수와 print() 함수를 사용한다.

1 입력

파이썬에서 사용자로부터 문자열을 입력받기 위해서는 input() 함수를 사용한다. 파이썬 내장 함수인 input() 함수는 사용자가 키보드로 입력한 값을 문자열로 반환한다. input() 함수의 인수는 사용자 입력을 돕기 위한 안내 문구 등을 표시하는 문자열을 작성한다.

```
>>> name = input("첫 번째 이름 : ")
첫 번째 이름 : 홍길동
```

input() 함수를 통해 문자열 입력이 아닌 정수 입력을 받기 위해서는 입력받은 문자열을 정수로 변환하는 형 변환(type conversion) 과정을 거쳐야 한다. 정수로 변환하기 위해서는 문자열을 정수로 변환하는 int() 함수를, 실수로 변환하기 위해서는 문자열을 실수로 변환하는 float() 함수를 사용한다.

```
>>> x = int(input("정수 : "))
정수 : 10
>>> x
10
>>> y = float(input("실수 : "))
실수 : 3.14
>>> y
3.14
```

2 출력

프로그램에서 파이썬 셀 창으로 값을 출력하기 위해서는 print() 함수를 사용한다. print() 함수 인수에 출력하려는 값을 전달하여 실행하면 파이썬 셀 창에 해당 값이 출력된다. 출력 인수로 %d, %f 등의 서식 문자를 포함한 서식 문자열을 사용할 수 있으며 해당 서식 문자에 값이 대입되어 출력된다.

```
>>> print("문자열", 3, 3.14)
문자열 3 3.14
>>> print("값 : %d, %f"%(3, 3.14))
값 : 3, 3.140000
```

파이썬은 다음과 같은 서식 문자를 지원한다.

서식 문자	설명	서식 문자	설명
%d	정수에 대응	%c	문자나 기호 한 개에 대응
%f	실수에 대응	%s	문자열에 대응
–	지정한 자릿수의 왼쪽 맞춤	d.n	전체 자릿수(d)와 소수점 이하 자릿수(n)

A.1.11 함수

함수(function)는 특정 기능을 수행하는 코드의 묶음에 이름을 붙여 놓은 것이며, 큰 프로그램을 만드는데 사용할 수 있는 작은 프로그램 조각과 같다. 함수는 입력을 받아 함수 내부에서 계산 등의 처리를 한 후 결과를 함수 밖으로 반환한다.

함수는 파이썬에서 미리 만들어져 제공되는 input(), print() 함수 등과 같은 내장함수(built-in function)와 사용자가 직접 만들어 사용하는 사용자 정의 함수(user-defined function)로 구분된다.

1 내장함수

내장함수(built-in function)는 파이썬에서 미리 만들어져 제공되는 함수이며, 내장함수들에 대한 자세한 사항은 파이썬 공식문서인 https://docs.python.org/3/library/functions.html을 통해 확인할 수 있다.

abs()	delattr()	hash()	memoryview()	set()
all()	dict()	help()	min()	setattr()
any()	dir()	hex()	next()	slice()
ascii()	divmod()	id()	object()	sorted()
bin()	enumerate()	input()	oct()	staticmethod()
bool()	eval()	int()	open()	str()
breakpoint()	exec()	isinstance()	ord()	sum()
bytearray()	filter()	issubclass()	pow()	super()
bytes()	float()	iter()	print()	tuple()
callable()	format()	len()	property()	type()
chr()	frozenset()	list()	range()	vars()
classmethod()	getattr()	locals()	repr()	zip()
compile()	globals()	map()	reversed()	__import__()
complex()	hasattr()	max()	round()	

▣ 사용자 정의 함수

사용자가 직접 만든 함수를 사용자 정의 함수(user-defined function)라고 하며, 특정 기능의 코드 부분을 한데 묶어 이름을 붙여 둔 후, 필요한 곳에서 이름만을 사용하여 특정 기능의 코드 부분을 사용할 수 있다.

1) 함수 정의(함수 선언)

사용자 정의 함수를 작성하는 것을 함수 정의(function definition) 또는 함수 선언(function declaration)이라고 한다.

사용자 정의 함수는 def 예약어를 이용하여 정의할 수 있으며, 매개변수(parameter)가 사용되지 않고 함수 결과를 반환하지 않는 기본적인 형태, 매개변수를 포함하고 함수 결과를 반환하지 않는 형태, return 문에 의해서 함수의 결과를 반환하는 형태 등으로 정의할 수 있다.

```
def 함수이름():
    문장들

def 함수이름(매개변수1, 매개변수2, ...):
    문장들

def 함수이름(매개변수1, 매개변수2, ...):
    문장들
    return 결과값
```

2) 함수 호출

함수가 정의되면 함수를 사용할 수 있으며, 함수를 사용하는 것을 '함수를 호출(call)한다'라고 한다. 함수 이름과 괄호 내에 인수를 작성하여 함수를 호출한다. 만약 함수를 정의할 때 매개변수를 사용하지 않은 형태로 작성한 경우 함수를 호출할 때 인수를 제공하지 않으므로 빈 괄호를 작성한다. 다음은 함수를 정의한 형태에 따른 함수 호출의 예이다.

```
def fpython():
    print("Python")
    print("파이썬")

def fadd(n, m):
    s = n + m
    print(n, "+", m, "=", s)

def radd(n, m):
    s = n + m
    return s

fpython()
a = 3
b = 4
fadd(a, b)
r = radd(a, b)
```

A.1.12 모듈

모듈(module)은 함수나 변수, 클래스들을 모아 놓은 파일이다. 모듈은 다른 파이썬 프로그램에서 불러와 사용할 수 있게끔 만들어진 파이썬 코드 파일이며, 이미 만들어진 모듈들을 작성 중인 프로그램 코드 내로 불러와(모듈을 결합(bind) 또는 임포트(import)하여) 사용(참조(reference))할 수 있다.

다음과 같이 module.py 파일에 usum() 함수가 정의되어 있고, "B:₩" 폴더 위치에 저장되어 있다고 가정한다.

```
# module.py
def usum(a, b):
    return a + b
```

다음 과정을 거쳐 module.py 파일을 불러와 usum() 함수를 호출하여 실행하거나, 다른 프로그램 코드 내에서 module을 임포트(import)하여 usum() 함수를 호출할 수 있다.

```
>>> import sys                    # sys.path 사용 위한 sys 모듈 임포트(import)
>>> sys.path.append("B:/")        # 모듈이 저장된 폴더 위치 추가
>>> sys.path                      # 설치된 파이썬 라이브러리 폴더 리스트 출력
[... 일부 생략 ..., 'B:/']        # 모듈이 저장된 폴더 위치가 추가됨
>>> import module                 # module 모듈 임포트(import)
>>> print(module.usum(2, 3))      # module 모듈 내의 usum() 함수 호출
5                                 # 결과 출력
```

A.1.13 클래스와 객체

클래스(class)는 어떤 존재를 만들기 위한 선언적 존재이며, 변수 형태의 속성(attribute)과 함수 형태의 메서드(method)로 구성된다. 클래스를 이용하여 객체(object)를 생성할 수 있으며, 선언적 존재인 클래스를 이용하여 실체화 된 객체(object)를 만들게 된다.

프로그램으로 표현 가능한 존재를 클래스로 선언하고, 이 클래스를 이용하여 객체를 만들며, 이 객체를 이용하여 프로그램을 작성하는 것을 객체 지향 프로그래밍(OOP; Object-

Oriented Programming)이라고 한다.

1 클래스 선언

파이썬에서의 클래스 선언은 class 예약어를 이용하여 선언하게 된다. 덧셈 기능만을 가진 간이 계산기를 Calc 클래스로 선언하면 다음과 같다. self.disp는 Calc 클래스의 속성이고, setdisp(), add(), printdisp() 함수는 Calc 클래스의 메서드 함수이다. 메서드 함수의 첫 번째 매개변수는 항상 self로서 현재 객체를 가리킨다.

```python
class Calc:
    def setdisp(self, st):
        self.disp = st
    def add(self, a, b):
        result = a + b
        self.disp = str(result)
    def printdisp(self):
        print(self.disp)
```

2 객체 생성

선언된 클래스를 이용하여 다음과 같이 객체를 생성할 수 있다.

```python
addCalc = Calc()
```

3 객체의 속성 사용과 메서드 실행

객체가 생성되면 객체 내의 속성을 참조하여 사용하거나 메서드를 실행할 수 있다.

```python
addCalc.setdisp("")        # setdisp() 메서드 함수를 통한 self.disp 속성 초기화
addCalc.add(3, 4)          # add() 메서드 함수 호출
addCalc.printdisp()        # printdisp() 메서드 함수 호출, 7 출력
print(addCalc.result)      # result 속성 값 참조, 7 출력
```

A.1.14 예외 처리

프로그램의 실행 도중에 오류가 발생할 가능성이 있거나 예외가 발생할 가능성이 있는 의심되는 코드(suspicious code)가 있다면 try-except-else 문을 이용하여 발생하는 예외적 상황을 처리할 수 있다.

```python
try:
    statement
except Exception1:
    statement(s)        # Exception1이 발생했을 때 처리할 문장(들)
except Exception2:
    statement(s)        # Exception2가 발생했을 때 처리할 문장(들)
    ...
else:
    statement(s)        # Exception들이 발생하지 않았을 때 처리할 문장(들)
```

나눗셈 연산에서 나누는 수가 0일 경우 다음과 같이 오류가 발생한다.

```python
n1 = int(input("정수1: "))
n2 = int(input("정수2: "))
rst = n1 / n2
print(rst)
```

```
정수1: 6
정수2: 0
Traceback (most recent call last):
  File "try.py", line 3, in <module>
    rst = n1 / n2
ZeroDivisionError: division by zero
```

try-except-else 문을 사용하여 오류가 발생하는 예외적 상황을 처리할 수 있다.

```python
n1 = int(input("정수1: "))
n2 = int(input("정수2: "))
rst = n1 / n2
try:
    rst = n1 / n2
except ZeroDivisionError as e:
    print(e)
else:
    print(rst)
```

```
정수1: 6
정수2: 0
division by zero

정수1: 6
정수2: 2
3.0
```

A.1.15 파일 처리

파이썬은 프로그램 코드 내에서 외부 파일에 대한 열기, 닫기, 읽기, 쓰기 등의 파일 처리를 지원하고 있다.

1 파일 열기

파일을 읽고 쓰기 위해서는 open() 함수를 사용하여 먼저 파일을 열어야 한다. open() 함수는 파일과 관련된 기능들을 사용할 수 있도록 파일 객체를 생성한다. open() 함수의 첫 번째 매개변수는 열고자 하는 파일의 이름이고, 두 번째 매개변수는 파일을 여는 모드(mode)이며 기본적으로 "r"(읽기 모드), "w"(쓰기 모드), "a"(추가 모드)가 있다. 다음 문장은 B:₩ 폴더에서 data.txt 파일을 읽기 모드로 열고 해당 파일 객체를 infile에 대입한다.

```
infile = open("b://data.txt", "r")
```

2 파일 닫기

파일 작업이 모두 완료된 후 프로그램을 종료하기 전에 열려 있는 파일 객체를 닫아야 하며, 파일을 닫지 않으면 다른 프로그램에서 해당 파일에 접근할 수 없기 때문에 사용할 수 없는 문제가 발생한다. 파일 닫기 작업은 close() 함수를 사용한다.

```
infile.close()
```

3 파일에서 데이터 읽기

파일에서 데이터를 읽기 위해서는 read() 함수를 사용하며, 파일 객체에서 전체 데이터를 읽는다.

```
read_data = infile.read()
print(read_data)
```

```
Python
Programming
```

만약 지정된 개수의 문자만 읽으려면 read(6)과 같이 문자의 개수를 지정하면 된다.

```
read_data = infile.read(6)          Python
print(read_data)
```

파일의 전체 줄을 읽어 들이면 readlines() 함수를 사용할 수 있다. readlines() 함수는 파일에 저장된 각각의 줄을 읽어 리스트에 저장하며, 리스트 안의 하나의 원소는 파일에 저장된 하나의 줄에 해당한다. 각 원소의 끝에는 줄 바꿈 기호인 'Wn'이 붙어 있다.

```
read_data = infile.readlines()      ['Python\n', 'Programming']
print(read_data)
```

파일에서 전체 줄이 아닌 한 줄씩 읽어 들여야 하는 경우가 많다. 이 경우 readline() 함수를 이용하여 한 번에 한 줄만 읽을 수 있다. 다만 파일에 몇 줄의 데이터가 있는지 미리 알 수가 없기 때문에 while 문을 이용하여 반복하면서 한 줄씩 읽게 된다. 줄 끝에 위치한 줄 바꿈 기호를 삭제하고 읽기 위하여 rstrip() 함수를 사용한다.

```
read_data = infile.readline().rstrip()      Python
while read_data != "":                       Programming
    print(read_data)
    read_data = infile.readline().rstrip()
```

4 파일에 데이터 쓰기

파일에 데이터를 쓰려면 파일 객체가 open() 함수에서 "w" 모드로 생성되어야 하며, write() 함수를 이용하여 파일 객체에 데이터를 쓸 수 있다. 만약 동일한 파일 이름이 이미 존재한다면 기존의 데이터는 없어지고 새로운 데이터가 기록된다.

```
outfile = open("b://data.txt", "w")      (data.txt의 내용)
outfile.write("파이썬\n")                 파이썬
outfile.write("프로그래밍\n")              프로그래밍
outfile.close()
```

기존 파일에 데이터를 추가하여 쓰려면 파일 객체가 open() 함수에서 "a" 모드로 생성되어야 하며, write() 함수를 이용하여 파일 객체에 데이터를 추가하여 쓸 수 있다. 만약 같은 파일 이름이 이미 존재하더라도 기존 데이터에 이어서 새로운 데이터가 기록되며, 파일 이름에 해당하는 파일이 존재하지 않는다면 새로운 파일이 만들어지고 새로운 데이터가 기록된다.

```python
outfile = open("b://data.txt", "a")
outfile.write("데이터 추가\n")
outfile.close()
```

```
(data.txt의 내용)
파이썬
프로그래밍
데이터 추가
```

A.2 파이썬 코드 스타일 가이드

파이썬은 PEP(Python Enhance Proposal) 8 문서(https://www.python.org/dev/peps/pep-0008/)를 통해 코드 스타일 가이드를 규정하고 있다. 다음 내용은 PEP 8 문서의 내용 중 일부를 간략히 정리한 것이다.

A.2.1 코드의 작성

1 들여쓰기

들여쓰기(indentation)는 4개의 공백(Space) 문자를 사용한다. 탭(Tab) 문자와 공백(Space) 문자를 함께 사용하는 것을 금하며, 탭(Tab) 문자보다는 공백(Space) 문자의 사용을 권장한다.

```python
def long_function_name(var_one):
    print(var_one)
```

함수를 선언할 때 인수들을 나열하여 작성할 경우 들여쓰기를 하여 인수의 첫 글자에 맞추거나, 함수 이름 안쪽으로 추가 들여쓰기를 한다.

```python
def long_function_name(var_one, var_two,
                       var_three, var_four):
    print(var_one)

def long_function_name(
        var_one, var_two,
        var_three, var_four):
    print(var_one)
```

2 한 줄에서의 코드 길이 제한

코드에 대한 시각적인 빠른 이해를 위해 한 줄에서의 코드 길이는 최대 79자로 제한한다. 부득이하게 긴 코드를 작성하는 경우에는 백슬래스(₩)를 사용하여 줄을 나눈다.

```python
with open('/path/to/some/file/you/want/to/read') as file_1, \
     open('/path/to/some/file/being/written', 'w') as file_2:
    file_2.write(file_1.read())
```

3 빈 줄

최상위 함수 선언이나 클래스 정의부는 다른 코드와 구분하기 위하여 2개의 빈 줄(blank line)을 사용하고, 클래스 내의 메서드는 한 개의 빈 줄을 사용하여 구분한다. 또한, 서로 연관된 함수들을 다른 코드와 구분하기 위하여 여러 개의 빈 줄을 사용할 수 있으며, 함수 내에서 코드의 블록을 다른 코드와 구분하기 위해 한 개의 빈 줄을 사용할 수 있다.

```python
def tsum(n):
    print(n)

    s = 0
    i = 0
    while i < n:
        s = s + i
        i = i + 1
```

```
    print(s)


rst = tsum(10)
print(rst)
```

4 임포트(import) 선언

import 선언은 한 줄에 하나의 모듈만 선언한다.

```
import math
import turtle          # Yes

import math, turtle    # No
```

A.2.2 띄어쓰기

공백(space) 문자를 적절히 사용하며 무의미한 공백의 사용은 피한다.

1) 이항 연산자의 좌우

```
i = i + 1    # Yes
i=i+1        # No
```

2) 괄호(소, 중, 대) 안의 양쪽 끝

```
spam(ham[1], {eggs: 2})         # Yes
spam( ham[ 1 ], { eggs: 2 } )   # No
```

3) 콤마(,)와 닫는 소괄호 사이

```
foo = (0,)    # Yes
bar = (0, )   # No
```

4) 콤마(,), 세미콜론(;), 콜론(:) 앞

```
if x == 4: print x, y; x, y = y, x         # Yes
if x == 4 : print x , y ; x , y = y , x    # No
```

5) 함수 호출에서의 소괄호 앞

```
spam(1)     # Yes
spam (1)    # No
```

6) 리스트나 딕셔너리의 대괄호 앞

```
dct['key'] = lst[index]       # Yes
dct ['key'] = lst [index]     # No
```

- 대입 연산자 앞과 뒤는 공백 사용을 권장한다. 단, 키워드 인수나 디폴트 인수에 사용되는 대입 연산자의 경우 공백을 사용할 수 없다.

```
x = 1
y = 2
long_variable = 3   # Yes

x=1
y=2
long_variable=3     # No
```

```
x               = 1
y               = 2
long_variable = 3   # No

def complex(real, imag=0.0):               # Yes
    return magic(r=real, i=imag)

def complex(real, imag = 0.0):             # No
    return magic(r = real, i = imag)
```

- 문장의 마지막에 위치한 빈 공백 문자는 삭제한다.

```
x = 1     # Yes
y = 2     # No
```

A.2.3 문자열 따옴표

문자열을 사용할 때 큰따옴표("), 작은따옴표(') 둘 중 어느 것을 사용해도 무방하다.

```
x = "Any String"
y = 'Other String'
```

A.2.4 다중 라인 문장

하나의 문장이 여러 구문으로 구성된 경우 한 줄의 문장으로 사용하는 것은 권장하지 않는다.

```
if foo == 'blah':                 # Yes
    do_blah_thing()
do_one()
do_two()

if foo == 'blah': do_blah_thing()        # No
do_one(); do_two();
```

A.2.5 주석(설명문) 작성

PEP 8 문서에서 주석(comment)의 작성은 영어 형태로 완전한 문장 형태가 되어야 하며, 첫 글자 대문자, 마침표 사용, 마침표 뒤 두 칸의 공백을 준다. 다만 이 규칙은 영어권 위주로 되어 있어 한글의 사용과 조금 맞지 않는 경향이 있다. 그렇지만 주석으로 적절히 한글을 사용하면서도 파이썬 코드 스타일 유지라는 측면에서 기존 주석 작성 방침을 따르는 것이 좋을 것으로 판단된다.

문장 뒤에 작성되는 주석(inline comment)의 경우 꼭 필요한 경우만 사용하며 명백히 파악되는 문장의 경우에는 작성하지 않는다. 단 해당 문장의 작성 의미를 반드시 표시할 때는 사용을 하여도 된다.

```
x = x + 1    # 증가              # No
y = y + 2    # 경계 위치 값 보정   # Yes
```

A.3 파이썬 식별자 이름 작성 규칙

식별자(identifier)는 어떤 대상을 유일하게 구별할 수 있는 이름을 뜻하며, 식별자에는 변수명, 상수명, 함수명 등이 있다. 식별자 이름 작성 규칙은 프로그래밍 언어마다 조금씩 다르고 예외적인 경우가 있을 수 있지만, 다음과 같은 일반적 규칙이 있다.

- 영문 대문자와 소문자, 숫자로 구성된다.
- 숫자로 시작할 수 없으며, 반드시 영문자로 시작해야 한다.
- 예약어(keyword)는 식별자로 사용할 수 없다.

A.3.1 초기 프로그래밍 언어의 식별자 이름작성 규칙

■ FORTRAN 언어의 식별자 이름 작성 규칙

초기 프로그래밍 언어 중 하나인 FORTRAN 언어의 식별자(변수명)는 6자 이내로, 영문자/숫자로 작성한다. 변수명을 규정할 때 선언하지 않은 변수명의 경우 I, J, K, L, M, N으로 시작하는 변수명의 경우 정수형(integer type)으로 규정되며, I, J, K, L, M, N 이외의 문자로 시작되는 경우 실수형으로 규정된다. 단, 변수를 선언하는 선언자인 INTEGER, REAL 등으로 선언한 변수명의 경우 위의 규정에 따르지 않는다.

- I, J, K, ICOUNT, LSTEP : 정수형

- X, Y, STOTAL, TSUM : 실수형

- INTEGER BSUM : 정수형

- REAL JAVG : 실수형

FORTRAN 언어는 프로그램 라인 한 줄에 기입할 수 있는 코드의 길이가 제한되어 있었고 언어의 특징상 과학기술 계산을 위한 수식 표현이 많았다. 이런 이유로 식별자 이름을 한 글자로 표현하는 경우가 많았고, 최대한 간략히 작성하고 약칭을 사용하곤 하였다. 그렇지만 식별자 이름만으로는 정확한 의미와 기능 파악이 어려웠으며, 불분명한 식별자 이름을 설명하기 위하여 프로그램 내에서 설명문(주석)을 통해 식별자 이름을 별도로 정리하는 방식을 사용하였다.

■ COBOL 언어의 식별자 이름 작성 규칙

또 다른 초기 프로그래밍 언어 중 하나인 COBOL 언어의 식별자 작성 기본 규칙은 30자 이내, 영문자/숫자/하이픈(−) 만으로 구성하며 하이픈이 처음이나 마지막에 위치할 수 없었다. 그리고 정수(9), 영문자(A), 영숫자(X)를 지정하는 픽처(picture) 방식의 자료형 지정이 있지만, 사용자 정의 단어(user defined word)인 데이터명(data−name)의 작성에서는 별도의 자료형 표기를 하지 않았다.

그리고 COBOL 프로그램에서 입출력이 많다는 특징으로 인하여 입력을 나타내는 IN-이나 I-를 앞에 붙여 데이터명을 작성하고, 출력을 나타내는 OUT-, O-, PR-, P- 등을 앞에 붙여 데이터명을 작성하곤 하였다. 또한, 레코드명의 첫 글자를 레코드 내의 데이터명에 활용하곤 하였으며, 독립 변수인 77 항목의 경우 자유롭게 데이터명을 작성하였다. 국내에서의 경우 데이터명으로 한글 발음의 영문 표기 방식을 많이 사용하였는데, 번호(number)를 뜻하는 식별자 이름의 경우 BYUNHO 등과 같이 작성하곤 하였다.

```
FD IN-F LABEL RECORD STANDARD.
01 IN-R.
    02 IN-NAME PIC A(10).
    02 IN-DATA PIC 99.
FD OUT-R LABEL RECORD STANDARD.
    02 OUT-R PIC X(80).
77 SW PIC 9 VALUE 0.
77 CNT PIC 99 VALUE 0.
01 LIST-REC.
    02 FILLER PIC X(5) VALUE SPACE.
    02 LBYUNHO PIC 999.
    02 LTOT PIC ZZ9.9.
```

COBOL 언어는 프로그램 라인 한 줄에 작성할 수 있는 코드의 길이가 제한되어 있었지만, 사무적 업무의 데이터 처리와 영문 위주의 언어적 특징으로 인하여 식별자 이름을 작성할 때 기능이나 의미 등을 함께 작성하거나 한글 발음의 영문 표기 방식을 사용하여 기능이나 의미 등을 부여하기도 하였다.

A.3.2 C 언어, Pascal 언어, Java 언어의 식별자 이름 작성 규칙

1 C 언어의 식별자 이름 작성 규칙

C 언어의 식별자는 영문자/숫자/밑줄(_)로 구성되며 숫자가 첫 글자로 사용될 수 없다. 식별자는 대소문자를 구분하여 작성하였지만, 전통적으로 대문자를 사용하지 않고 소문자를 사용하였다. 특히 식별자 이름으로 여러 단어를 사용할 경우 소문자만으로 밑줄(_)을 사용하여 단어를 연결하는 방식을 사용하였다.

```
int count;
int index_count;
char my_name[10];
```

전통적으로 C 언어에서 식별자를 작성할 때 cnt(count 의미), idx(index 의미) 등과 같이 단어를 축약하여 작성하곤 하였다. 그러나 C 언어의 초기에는 식별자의 길이 제한이 있었지만, 점차 식별자의 길이 제한이 사실상 없어져서 식별자를 작성할 때 기능이나 의미에 해당하는 단어를 축약하지 않고 그대로 사용하였다.

② Pascal 언어의 식별자 이름 작성 규칙

Pascal 언어의 식별자는 영문자/숫자로 구성되며, 숫자가 첫 글자로 사용될 수 없고 대소문자를 구분하여 작성하였다.

식별자를 작성할 때 기능이나 의미에 해당하는 단어를 축약하지 않고 그대로 사용하였고, 여러 단어로 구성될 경우 단어의 첫 글자들을 모두 대문자로 표기하는 방식을 사용하였다. 이러한 식별자 표기법을 파스칼 표기법(Pascal Notation)이라고 하며, 다른 언어들의 식별자 작성 규칙에 영향을 끼치게 되었다.

```
var
  Count, Index : Integer;
  AverageNumber : Real;
  TrueFalseDecision : Boolean;
  KBChar : char;
  MyName : String;
```

③ Java 언어의 식별자 이름 작성 규칙

Java 언어의 식별자는 영문자/숫자/밑줄(_)/$로 구성되며, 숫자/밑줄(_)/$가 첫 글자로 사용될 수 없고 대소문자를 구분하여 작성하였다.

식별자의 길이 제한은 없이 작성하며, 여러 단어로 식별자를 구성할 때 뒷 단어의 첫 글자를 대문자로 표기한다. 클래스명의 경우 앞 단어의 첫 글자도 대문자로 표기하고, 변수명의 경우 앞 단어의 첫 글자는 소문자로 표기하는 방법이다. 이 방법은 식별자를 구성하는 한 글자가 대문자로 표기되는 모양이 마치 낙타의 등처럼 표기된다고 하여 카멜 표기법 (Camel Notation)이라고 한다.

```
int count;
String myName;
public class MyClass{}
```

A.3.3 헝가리언 표기법

Microsoft 사의 개발자 중 헝가리 출신의 프로그래머에 의해서 사용된 후 Microsoft 사 내부의 프로그래밍 식별자 이름 작성의 표준적인 관례 방식이 되었다. 헝가리언 표기법 (Hungarian Notation)을 이용한 식별자 이름 작성 규칙은 다음과 같다.

```
x_xXxxxxxxYyyy
0123456789
0 : 식별자의 위치 지정 [g(전역변수), m(멤버변수), 없음(지역변수)]
1 : 0 위치에 g나 m을 지정한 경우 _ 작성
2 : 자료형의 종류
    n, i : 정수형(n : 카운트, i : 인덱스)    sz : char 배열(문자열)
    l : long                                u : unsigned long
    w : unsigned 2byte 정수형                dw : unsigned 4byte 정수형
    p : pointer                             f, d : real(f : float, d : double)
3 부터 : 의미 있는 이름 작성, 3 위치는 대문자 사용. 이름이 긴 경우 축약하여 작성
다음 단어 : 단어의 첫 글자 대문자, 나머지 소문자 사용. 이름이 긴 경우 축약하여 작성
```

헝가리언 표기법의 특징은 식별자의 선언된 위치(지역변수, 전역변수 등)를 나타내고, 자료형의 종류를 명확히 하며, 의미나 기능을 보다 더 자세히 표현할 수 있다는 점이다.

```
int nCnt, iIdx;    // nCount, iIndex 도 가능
long lBigDigit;
int *pPosition = &iIdx;
char szName[10];
```

A.3.4 파이썬 식별자 이름 작성 규칙

파이썬은 PEP(Python Enhance Proposal) 8 문서(https://www.python.org/dev/peps/pep-0008/)를 통해 코드 스타일 가이드와 식별자 이름 작성 규칙을 규정하고 있다.

파이썬 언어의 식별자는 영문자/숫자/밑줄(_)로 구성되며 대소문자를 구분하고 숫자가 첫 글자로 사용될 수 없다. 파이썬은 밑줄(_)의 사용 위치에 따라 다음과 같은 의미가 있다.

- _var : 함수나 블록 등 내부에서 제한적으로 사용한다는 의미
- var_ : 파이썬 예약어와의 혼동 및 충돌을 방지한다는 의미
- __var : 클래스 내에서 제한적으로 사용한다는 의미
- __var__ : 파이썬에서 특별히 정의된 이름을 의미

파이썬에서 식별자 이름의 일반적인 작성 규칙은 다음과 같다.

- 폰트에 따라 가독성이 좋지 않을 수 있으므로 소문자 l, 대문자 O, 대문자 I는 변수명에 가능한 사용하지 않는다.
- 변수명, 함수명, 모듈명, 패키지명은 소문자로 구성하며 필요한 경우 밑줄(_)로 나눈다.(var_name, function_name, module_name, package_name)
- 메서드명은 함수명과 같으나, 비공개 메서드 또는 변수이면 밑줄(_)을 앞에 붙인다.(method_name)
- 클래스명은 단어의 첫 글자를 대문자로 작성한다.(ClassName)
- 예외처리명은 단어의 첫 글자를 대문자로 작성한다.(ExceptionName)
- 상수명은 모듈 단위에서만 정의하고, 모두 대문자로 구성하며 필요한 경우 밑줄(_)로 나눈다.(CONSTANT_VALUE)

A.4 파이썬 키보드 키 이름

터틀 그래픽에서 키보드 이벤트가 발생하였을 때 처리하는 콜백 함수를 등록하기 위한
onkey(), onkeypress(), onkeyrelease() 함수에서는 해당 함수의 인수로 키보드 지정을 위
해 키 이름(key name)이 사용된다.

함수	기능	인수
onkey(f, key)	키를 누르고 띄는 이벤트 처리	f: 콜백 함수 key: 키 이름(예:"a")
onkeypress(f, key)	키를 누르고 있는 이벤트 처리	
onkeyrelease(f, key)	누르고 있던 키를 놓는 이벤트 처리	

onkey(), onkeypress(), onkeyrelease() 함수를 이용하여 키보드의 3 키, a 키, Enter 키, 왼
쪽 컨트롤 키에 대한 각각의 키보드 이벤트를 처리하는 방법은 다음과 같다.

```python
import turtle as t

def print_key(char):
    print(char, end="")
def key_3():
    print_key("3")
def key_Enter():
    print_key("Enter")
def key_Ctrl_L():
    print_key("Ctrl_L")
def key_ap():
    print_key("a_")
def key_ar():
    print_key("a^")

s = t.Screen()
s.onkey(key_3, "3")
s.onkey(key_Enter, "Enter")
s.onkey(key_Ctrl_L, "Control_L")
s.onkeypress(key_ap, "a")
s.onkeyrelease(key_ar, "a")
s.listen()
```

일반적인 키보드의 각 키에 해당하는 키 이름은 다음과 같으며, 보다 자세한 키 이름은 다음 홈페이지를 참고하기 바란다.

- http://www.tcl.tk/man/tcl8.4/TkCmd/keysyms.htm
- http://infohost.nmt.edu/tcc/help/pubs/tkinter/web/key-names.html

1 숫자 키 이름

키	키 이름	키 번호	키	키 이름	키 번호
0	0	48	5	5	53
1	1	49	6	6	54
2	2	50	7	7	55
3	3	51	8	8	56
4	4	52	9	9	57

2 영문자 키 이름

키	키 이름	키 번호	키	키 이름	키 번호
A	A	65	N	N	78
B	B	66	O	O	79
C	C	67	P	P	80
D	D	68	Q	Q	81
E	E	69	R	R	82
F	F	70	S	S	83
G	G	71	T	T	84
H	H	72	U	U	85
I	I	73	V	V	86
J	J	74	W	W	87
K	K	75	X	X	88
L	L	76	Y	Y	89
M	M	77	Z	Z	90

3 기호 키 이름

키	키 이름	키 번호	키	키 이름	키 번호
(스페이스)	space	32	₩(\)	backslash	92
`	quoteright	39	|	bar	124
~	asciitilde	126	[	bracketleft	91
!	exclam	33	]	bracketright	93
@	at	64	{	braceleft	123
#	numbersighn	35	}	braceright	125
$	dollar	36	;	semicolon	59
%	percent	37	:	colon	58
^	asciicircum	94	'	quoteleft	96
&	ampersand	38	"	quotedbl	34
*	asterisk	42	,	comma	44
(	parenleft	40	.	period	46
)	parenright	41	⟨	less	60
−	minus	45	⟩	greater	62
+	plus	43	/	slash	47
_	underscore	95	?	question	63
=	equal	61			

⁴ 특수 기능 키 이름

키	키 이름	키 번호	키	키 이름	키 번호
Enter(Return)	Return	65293	BS(BackSpace)	BackSpace	65288
TAB	Tab	65289	CapsLock	Caps_Lock	65549
왼쪽 Ctrl	Control_L	65507	ESC	Escape	65307
오른쪽 Ctrl	Control_R	65508	INS(Insert)	Insert	65379
왼쪽 Shift	Shift_L	65505	DEL(Delete)	Delete	65535
오른쪽 Shift	Shift_R	65506	PrintScreen	Print	65377
왼쪽 Alt	Alt_L	65513	ScrollLock	Scroll_Lock	65300
오른쪽 Alt	Alt_R	65514	Pause	Pause	65299

⁵ 기능 키 이름

키	키 이름	키 번호	키	키 이름	키 번호
F1	F1	65470	F7	F7	65476
F2	F2	65471	F8	F8	65477
F3	F3	65472	F9	F9	65478
F4	F4	65473	F10	F10	65479
F5	F5	65474	F11	F11	65480
F6	F6	65475	F12	F12	65481

⁶ 방향 키 이름

키	키 이름	키 번호	키	키 이름	키 번호
위로	Up	65362	Home	Home	65360
아래로	Down	65364	End	End	65367
왼쪽	Left	65361	PageUp	Prior	65365
오른쪽	Right	65363	PageDown	Next	65366

7 패드 이름

키	키 이름	키 번호	키	키 이름	키 번호
키패드_NUM	Num_Lock	65407	키패드_−	KP_Subtract	65453
키패드_0	KP_0	65438	키패드_*	KP_Multiply	65450
키패드_1	KP_1	65436	키패드_/	KP_Divide	65455
키패드_2	KP_2	65433	키패드_INS	KP_Insert	65458
키패드_3	KP_3	65435	키패드_DEL	KP_Delete	65439
키패드_4	KP_4	65430	키패드_Up	KP_Up	65431
키패드_5	KP_5	65437	키패드_Down	KP_Down	65433
키패드_6	KP_6	65432	키패드_Left	KP_Left	65430
키패드_7	KP_7	65429	키패드_Right	KP_Right	65432
키패드_8	KP_8	65431	키패드_Begin	KP_Begin	65437
키패드_9	KP_9	65434	키패드_Home	KP_Home	65429
키패드_.	KP_Decimal	65439	키패드_End	KP_End	65436
키패드_Enter	KP_Enter	65421	키패드_PgUp	KP_Prior	65434
키패드_+	KP_Add	65451	키패드_PgDown	KP_Next	65435

A.5 파이참 설치

A.5.1 파이참 다운로드 및 설치

파이참(Pycharm)은 JetBrains 사에서 개발한 파이썬 통합 개발 환경(IDE) 도구이며, 프로그램 코드를 작성할 수 있는 에디터 기능, 코드의 자동 완성, 문법 체크 등 편리하고 효율적인 기능들을 제공하고 있다. 또한 Windows, OS X, Linux 등의 운영체제를 모두 지원한다.

파이참 공식 사이트인 https://www.jetbrains.com/pycharm에서 파이참 설치 파일을 다운로드 받을 수 있다.

Windows용 파이참 설치 파일을 다운로드 받아 설치하는 과정은 다음과 같다.

① 파이참은 Professional 버전과 Community 버전을 제공하고 있다. Professional 버전은 유료이지만 파이썬 개발을 위한 전체 프레임워크를 제공하고 있다. 추후 Django나 Flask, Angular 개발을 하기 위해서는 Professional 버전 설치를 권장한다. Professional 버전은 유료 구입이 아닌 경우 30일 시험(trial) 사용이 가능하며, 대학 이메일을 보유한 경우 1년에 한 번씩 라이선스 갱신을 통해 비상업적인 용도로 무료 사용이 가능하다. Community 버전은 파이썬 개발을 위한 기본적 기능을 제공하며 무료 사용이 가능하다.

파이참 공식 홈페이지의 초기화면에서 'DOWNLOAD' 항목을 클릭하여 다운로드 페이지로 이동하고, 'Community'의 'DOWNLOAD'를 클릭한다.

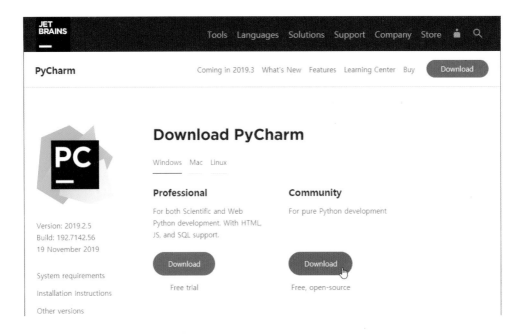

② 화면 하단의 [저장]이나 [다른이름으로 저장]을 클릭하여 설치 파일을 다운로드하여 저장한다. 다운로드가 완료되면, 다운로드 폴더 위치로 이동하여 파이참 설치 파일 아이콘을 더블 클릭하여 파일을 실행한다.

③ [Next]를 클릭하여 설치 화면의 다음 단계로 진행한다.

④ 파이참이 설치될 폴더 위치를 확인하고 [Next]를 클릭한다. 설치될 폴더를 변경하고 싶다면 [Browse]를 선택하고 원하는 설치 위치를 지정한다.

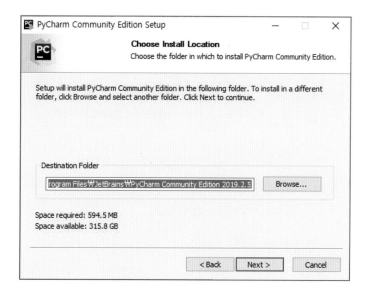

⑤ 'Create Desktop Shortcut' 항목의 '64-bit launcher' 항목을 선택하면 바탕화면에 파이참 바로가기 아이콘이 생성된다. 'Create Associations' 항목의 '.py'를 선택하면 확장자가 py인 파일(파이썬 프로그램 소스 코드 파일)을 더블 클릭하여 열 때 해당 파일의 코드가 실행되는 콘솔 창이 열리지 않고, 파이참이 실행되어 해당 파일을 열게 된다. IDLE 셸과 파이썬 에디터를 기본으로 사용할 경우 선택을 하지 않고, 파이참 위주로 코딩할 계획이면 선택을 한다. 환경 변수에 파이참 런처를 추가할 경우 'Update PATH variable' 항목의 'Add launchers dir to the PATH' 항목을 선택한다. 윈도우 탐색기 창에서 마우스 오른쪽 버튼을 클릭할 때 "Open Folder as Project" 메뉴 항목을 추가할 경우 선택한다. 필요한 항목을 모두 선택하였다면 [Next]를 클릭한다.

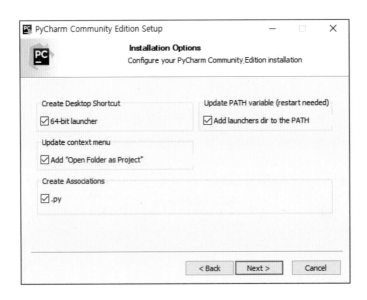

⑥ 시작 메뉴에 등록될 파이참 폴더명을 지정하거나 변경하고, [Install]을 클릭한다.

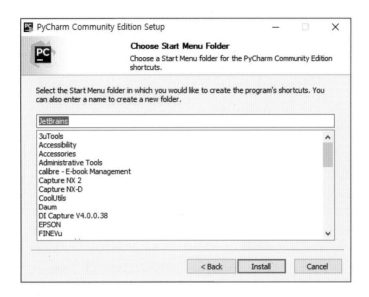

⑦ 파이참의 설치가 진행된다.

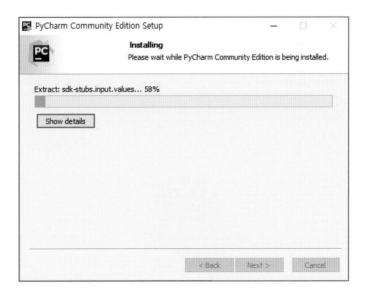

⑧　파이참의 설치가 완료되면 [Finish]를 클릭한다.

A.5.2 파이참 환경 설정

파이참의 설치가 종료된 후 처음 실행하는 과정을 통해 환경 설정이 진행된다.

①　바탕화면의 [JetBrains PyCharm Community Edition 2019.2.5 x64] 바로가기 아이콘
　　을 실행한다.

② 이전에 설정한 세팅을 포함시킬지 여부를 묻는 [Import PyCharm Settings From…] 대화상자가 나타난다. 처음 설치인 경우 'Do not import settings' 항목을 선택하고 [OK]를 클릭한다.

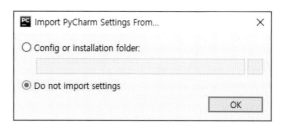

③ 파이참이 개인 정보 정책 동의 대화상자가 나타난다. 개인 정보 활용 내용 등을 확인한 후, 체크 항목을 선택하고 [Continue]를 클릭한다.

④ 파이참 기능 개선에 참여하기 위하여 익명으로 파이참 관련 사용 통계 등의 전송을 요
청하는 대화상자가 나타난다. 전송하려면 [Send Usage Statistics]를 클릭하고, 전송하
지 않으려면 [Don't send]를 클릭한다.

⑤ 파이참 유저인터페이스(UI) 테마를 선택하는 대화상자가 나타난다. 희망하는 테마를
선택한 후 [Skip Remaining and Set Defaults]를 클릭한다. 다른 테마를 다운로드하려
면 [Next Featured plugins]를 클릭하여 필요한 테마를 다운로드 받는다.

⑥ 파이참이 실행되어 초기 화면이 나타난다

A.5.3 프로젝트 생성 및 파이썬 프로그램 작성

① 파이참 초기 화면에서 'Create New Project' 항목을 클릭한다.

② [New create] 대화상자에서 프로젝트가 저장될 위치를 지정하고 [Create]를 클릭한다.

③ [Tip of the Day] 대화상자에서 [Close]를 클릭한다. 이후에 팁 화면을 다시 나타내지 않을 경우에는 'Show tips on startup' 항목의 체크를 해제한다.

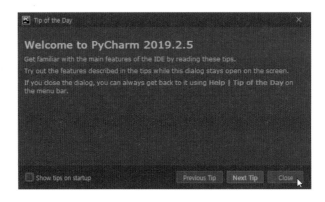

④ ②단계에서 변경한 'test'에서 마우스 오른쪽 버튼을 클릭하고, [New] 〉 [Python File]을 실행한다.

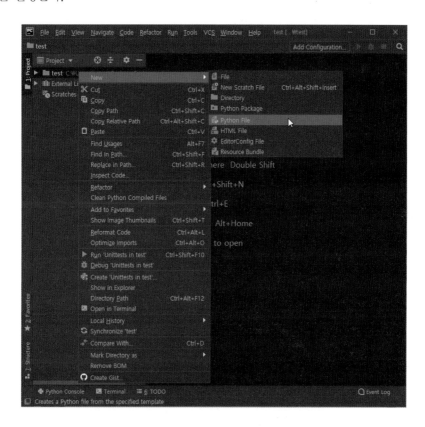

⑤ [New Python file] 대화상자에서 'Name' 항목에 test를 입력하고 Enter 키를 누른다.

⑥ 오른쪽 에디터 화면에 print("Hello world")라고 입력한다.

⑦ 작성한 코드를 실행하기 위하여, [Run] 〉 [Run]을 실행한다.

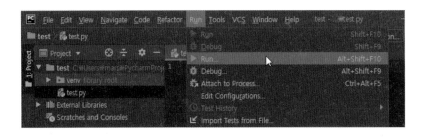

⑧ 'test'를 클릭한다.

⑨ 작성한 코드의 실행 결과가 출력된다.

INDEX

찾아보기